한국의 젊은 부자들

한국의 젊은 부자들

무일푼에서
100억 원대 회사 만든
60인의 현재 진행형
성공기

이신영 지음

메이븐
MAVEN

우리가 이들을 주목해야 하는 이유

서울 금천구 가산동의 한 빌딩. 198제곱미터(60평)쯤 되는 공간에 빨강, 주황 등 화려한 색깔의 원단을 담은 선반이 천장에 닿을 정도로 수북이 쌓여 있었다. '드르륵드르륵' 소리를 내며 재봉틀 앞에 앉은 직원들이 천 조각을 잘라 내고 있었다. 일부 직원은 널찍한 대형 테이블 앞에 서서 정사각형, 직사각형으로 잘라 놓은 천 조각을 이어 옷을 만드느라 분주했다. 사무실 귀퉁이에는 한 증권사 대표 이사가 보낸 화환이 놓여 있었다.

"내년에 저희가 주식 시장에 상장할 계획이라서요."

하얀색 카디건을 입은 앳된 얼굴의 여성이 말을 걸어왔다. 의류 회사 'SYJ'의 김소영(28) 대표다.

불과 3년 전만 해도 그녀는 전문대를 졸업한 평범한 중소기업 사무직 직원이었다. 그런데 회사 창립 2년 만에 매출 164억 원, 영업 이익 17억 원을 내는 혁신적인 기업인으로 변신했다. 창업 첫해인 2014년 36억 원의 매출을 기록했고, 2015년 45억 원으로 성장하더니 2016년에는 100억 원을 훌쩍 넘어서며 이른바 '대박'을 낸 것이다.

40여 명이 근무하는 회사 현장은 말을 붙이기가 미안할 정도로 분주했다. 그간 매일 2.5톤 트럭으로 맨투맨 티셔츠 등 각종 옷가지 5000~7000장을 전국으로 배송해 왔다. 경영 기획을 담당하는 한 직원은 걱정스러운 말투로 말했다.

"주문량은 폭주하는데 생산량이 부족해 최근 562제곱미터(170평)짜리 물류 센터 겸 생산 공장을 임대했어요. 매일 1만~1만 1000장의 옷을 생산하는데 이마저도 동이 나고 있어요. 재고를 안정적으로 쌓아 놔야 하는 상황입니다. '배송이 느리다'는 고객들의 불만이 늘어날 수 있어서……"

직원 40명으로 모자라 40명 정도를 빠른 시일 내에 더 뽑아야 한다. 2016년 11월에만 2015년 전체 매출과 맞먹는 41억 원의 매상을 올려 회사에 비상이 걸렸기 때문이다. 주요 백화점들로부터 '하루빨리 오프라인 매장을 내야 한다'며 미팅 요청이 쇄도하고 있다.

온라인 쇼핑몰들은 매년 평균 14% 성장하는데, SYJ는 3년 만에 500%에 가까운 '미친 성장세'를 보이고 있다. 다른 벤처 기업들은 경영이 어려워 고용과 인건비는 물론 제품 생산까지 줄이느라 바쁜데 이 회사는 워낙 뭐든 만들기만 하면 팔려서 남부러운 걱정을 하고 있는 것이다. 정신없이 전화하고 옷을 만드는 현장을 보고 있으니 별다른 설명이 없어도 회사가 역동적으로 성장하고 있다는 것이 피부로 느껴졌다.

스물여덟 살의 젊디젊은 SYJ의 CEO 주위에 많은 인재가 몰렸다. 유니클로에서 25년간 봉제와 패턴을 담당한 관록의 임원, 서울 패션 컬렉션에서 세 차례나 입상한 유명 디자이너, 명문대 출신의 연구원, 굴지의 금융회사를 다니던 재무 전문가까지. 이 모두가 20대 CEO가 지휘하는 '로켓'

"저는 스펙이 별로 좋지 않아요.
그래도 '호랑이를 쫓아가면 고양이라도 잡는다'는 마음으로
꿈을 크게 꾸었어요.
한국의 유니클로 같은 기업을 만들고 싶어요."

에 올라탄 사람들이다.

이 회사가 경쟁이 치열한 온라인 패션 업계에서 이처럼 빠른 시간에 폭발적으로 성장한 데는 그만한 이유가 있었다. 패션 업계에서 유례가 없는 새로운 시도를 했고 그에 세상이 환호했기 때문이다. 버려지는 자투리 원단으로 새 옷을 만드는 역발상적 접근을 한 것이다.

"LG패션, 제일모직 같은 큰 기업에서는 쓰다 남은 '자투리' 원단이 하루에 5톤 차량으로 20대분이 나옵니다. 그런데 자투리 원단을 버리려면 돈을 내야 해요. 저희는 그 버려지는 자투리 원단을 무료로 혹은 돈을 조금 주고 가져와서 새로운 옷을 만듭니다. 어차피 버리려면 돈이 드는데 저희가 돈을 주고 사 간다고 하니 너무 좋아하셨죠."

아무리 많이 팔아도 적자에 시달리는 의류 업계의 가장 큰 고민은 비용 절감이다. 글로벌 유통망을 가진 유니클로, 자라 같은 세계적인 스파(SPA) 브랜드가 성공할 수 있었던 핵심 요인도 빠른 속도와 규모의 경제로 원가를 줄인 데 있다. 국내의 여러 토종 의류 브랜드는 뛰어난 디자인과 품질을 가지고 있으면서도 '다윗과 골리앗' 전쟁에서 더 이상 버티지 못하고 쓰러졌다. 무조건 새 원단으로 옷을 만들었기 때문이다. 그러나 김 대표의 접근 방식은 180도 달랐다. 자투리 원단을 이용해 비용을 40% 가까이 줄일 수 있었다. 좋은 품질의 옷을 파격적인 가격으로 선보이면 성공할 거라는 생각이 결국 통한 것이다.

이 회사는 맨투맨 티셔츠(칼라나 모자가 달리지 않은 면 소재의 스웨트 셔츠, 우리나라에서만 쓰는 용어)나 패딩 점퍼를 만들 때 앞판은 자투리 원단을, 뒤판은 새 원단을 쓴다. 50% 정도를 자투리 원단으로 구성하는 맨투맨 티셔츠의 온라인 소비자가는 5000원. 백화점에선 1만 원 정도에 팔린다. 원가는 1300원 선.

"원가가 2000원이 넘는 게 없어요. 이게 경쟁력입니다. 새 원단 같은 경우 보통 의류 업체는 1야드를 3000~4000원에 떼어 와요. 자투리 원단은 1야드(0.9미터)에 300원이면 되니까 돈을 많이 아낄 수 있습니다."

김 대표는 누가 봐도 평범한 여성이었다. 인천에서 태어나 공인 중개사인 부모님 밑에서 자랐다. 남다른 점이 있었다면 옷을 유난히 좋아했다는 것. '옷은 나의 자신감을 가장 북업시켜 주는 최고의 아이템'이라고 생각해 왔다. 옷으로 돈을 벌어 보겠다는 생각으로 스커트, 청바지, 티셔츠를 사들여 '옥션'에 팔기 시작했다. 인천에서 동대문 시장까지 왕복 2시간씩 걸리는 길을 다니며 부지런히 옷을 떼어 왔다. 1만 원에 가져온 옷을 1만 5000원 정도에 팔았는데 많이 팔 때는 하루에 최대 100벌을 팔아 300만 ~400만 원을 벌기도 했다. 누구나 가지고 있는 패션이라는 취미는 점점 그녀의 '업'으로 발전해 갔다. 만들어진 옷을 파는 데서 그치지 않고 직접 옷을 만들어서 팔고 싶다는 마음이 생긴 것이다.

하지만 창업은 옷에 대한 감각만으로 할 수 있는 것이 아니었다. 2년 동안 프리랜서 의류 디자이너를 따라 현장을 다니며 원단 고르는 법부터 디자인, 바느질, 패턴 뜨는 법까지 옷에 대해 닥치는 대로 배웠다. 창업 자금을 모으기 위해 2009년부터는 옷을 파는 일을 하면서 중소기업에 사무직으로 취직해 '투잡'을 뛰었다. 그렇게 5년간 1억 원 가까운 돈을 모아 회사를 세웠다. 창업 자금을 모으려고 들어간 회사였지만 회사를 세우는 게 목표였기 때문에 회사 운영 방식을 꼼꼼히 배웠다. 보통 사람들은 대수롭지 않게 여기는 것들도 허투루 넘기지 않았다.

"저는 스펙이 별로 좋지 않아요. 그래도 '호랑이를 쫓아가면 고양이라도 잡는다'는 마음으로 꿈을 크게 꾸었어요. 우리 회사는 아직 너무 작아요. 제 꿈은 한국의 유니클로 같은 기업을 만드는 겁니다."

'한국에서 사업하는 것은 위험하다'는 편견을 깨다

우리나라에는 아직도 사회 경험을 어느 정도 쌓은 나이인 30대 후반이나 40대 초반이 되어야 그나마 사업할 재주가 생긴다는 통념이 있다. 대학을 중퇴하고 사업하는 것은 해외에서나 있는 일이라고 생각한다. 또 젊은 나이에 창업하는 사람들을 '부모 잘 만난 금수저들이고 나와는 거리가 멀다'고 치부한다. 일반인과 달리 그들은 사업 자금도 넉넉하게 지원 받아 위험을 감수할 만한 여유가 있고, 집안 형편이 좋기 때문에 설령 사업이 망하더라도 아주 큰 타격은 입지 않는다고 생각하는 것이다.

필자의 생각도 크게 다르지 않았다. 2012년부터 약 2년 동안 미국과 유럽 글로벌 기업의 CEO와 유망 벤처 창업자 100여 명을 인터뷰했는데 특히 젊은 나이에 큰 성공을 거둔 사업가들에게 깊은 인상을 받았다. 하지만 우리나라에는 그 정도 수준의 비전이나 배짱, 아이디어, 추진력을 지닌 글로벌 사업가가 거의 없으며, 전 세계를 무대로 활약하며 업계에 큰 획을 그을 만큼 앞서가는 사업가는 극소수일 것이라고 생각했다.

그런데 2016년 들어 그 편견이 깨져 버렸다. 조선일보사와 네이버의 합작 법인인 '잡스엔(jobsN)'에 파견 근무를 하게 되면서다. 잡스엔은 창업과 취업 기사 콘텐츠를 제공하는 네이버 'JOB&' 플랫폼을 운영하는데, 이 플랫폼에 직업 관련 기사를 쓰기 위해 한국의 젊은 사업가들을 만나기 시작했다. 그런데 세계적으로 그 누구와 붙어도 밀리지 않을 비전과 아이디어, 실행력, 열정을 가진 뛰어난 사업가가 예상 외로 많았다. 때를 잘 만나기만 하면 마크 저커버그 못지않게 큰 성공을 거둘 수 있는 젊은 CEO들이었다.

우리나라는 창업 친화적인 미국이나 이스라엘과는 달리 창업을 하기에 호락호락한 환경이 아니다. 천편일률적인 입시 교육, 군 입대, 쉽지 않은 여성들의 사회 진출, 젊은 청년들의 창업과 도전적인 프로젝트를 가로막는 각종 규제와 경직된 공무원 사회, 야박한 민간 투자와 금융 지원……. 이렇게 척박한 환경 속에서도 그들은 회사를 만들고 빠르게 매출을 내고 재산을 불려 나갔다. 한번 빠지면 탈출하기 어려운 늪지대에서 솟아 기적적으로 성장을 만들어 낸 사례가 하나둘 모였다. 이들의 연령대는 주로 20~30대. 40대 이상도 있지만 그들도 사업을 처음 시작한 시기는 20대 또는 30대 초반이었다.

1조 원! 앞으로 등장할 60여 개의 작은 사업체와 기관을 이끄는 우리나라 젊은 부자들이 공개한 최근 연간 매출 내역과 재산을 합한 숫자다. 미국에서 유튜브와 페이스북의 최고 재무 책임자, 샌프란시스코 포티나이너스(49ers) 구단주를 거치며 실리콘밸리의 큰손으로 떠오른 유기돈 B&W 회장의 재산(5839억 원)까지 합하면 1조 6000억 원에 이른다. 1만 원짜리 지폐로 지구(둘레가 4만 킬로미터)를 세 바퀴 반 감는 액수다. 수천, 수만 명의 임직원을 거느린 오랜 역사의 다국적 기업들이나 가능한 액수의 매출을 이제 막 사회에 발을 내디딘 소수의 청년들이 만들어 낸 것이다.

필자는 우리나라에서 사업을 한다는 것은 너무 위험하다고 생각해 왔다. 실패한 사람들에게 너무 가혹한 사회 분위기 때문이다. 한 번 실패한 사람이 두 번째 기회를 갖는 게 너무 어렵다. 그런데 젊은 사업가들을 만

나면서 그 고정 관념이 크게 흔들렸다. 그래서 '젊은 나이에 부를 이룬 한국 젊은 사업가들의 성공 비법을 파헤쳐 보자'는 생각이 들었다.

젊은 부자 61인의 공통점과 차이점

이 책을 써야겠다는 확신을 갖게 된 것은 단지 이들이 돈을 많이 벌고 있기 때문만은 아니었다. 오히려 이들의 성공 과정이 일반적인 상식과 다른 경우가 많았기 때문이다. 흔히 젊은 시절 사업을 성공적으로 하려면 좋은 학교와 부모의 지원이 필수 아이템이라고 생각한다. 하지만 이 책에 등장하는 대다수 젊은 부자들은 좋은 학교와 인맥, 사회 경험, 부모들의 넉넉한 지원과는 거리가 멀다.

그리고 1000만 원도 안 되는 자본금으로 시작한 사업가가 한둘이 아니다. 아르바이트나 직장에서 한 푼 두 푼 모은 돈으로 집이나 카페에서 시작한 이들이 대부분이었고, 심지어 대부 업체에서 고금리로 돈을 빌려 시작한 청년들도 있었다. 한 가지 공통적인 것은 이들 대부분이 부모의 도움에 질색한다는 점이다. 일부는 부모가 충분한 능력이 있음에도 '내 힘으로, 내 능력으로 일궈 보고 싶다'며 밑바닥부터 뛰어들었다. 부모에게 돈을 빌린 사람도 돈을 벌자마자 은행 이자보다 훨씬 많은 이자를 계산해 바로 갚아 버렸다. 부모의 도움을 받는 경우는 부모를 직접 고용해서 월급을 주면서 일을 하거나, 부모가 세운 부진한 사업체를 이어받은 사례뿐이었다.

젊은 사업가들이 큰돈을 벌었다고 하면 주로 인터넷이나 모바일 사업을 했을 것 같지만 이들의 업종은 첨단과 전통을 가리지 않고 다양하다.

'하이 리스크 하이 리턴(고수익 고위험)' 분야인 IT 플랫폼과 O2O(Offline to Online, 온라인과 오프라인을 결합한 형태의 서비스)는 물론이고, 의류, 패션, 화장품, 스마트 워치, 자동차, 과일, 막국수, 금융, 부동산, 광고, 만화, 동영상 콘텐츠, 베이킹, 마케팅, 디자인까지……. 심지어 한국에는 없던 새로운 직업이나 상품을 만들어 자리를 잡은 사람도 있고, 아예 처음부터 해외에서 사업을 시작한 사람도 있었다.

흥미로운 점은 이들의 창업 시점이 글로벌 금융 위기 이후 경제에 찬바람이 불어닥친 2010~2013년에 몰려 있다는 사실이다. 사업이 정상 궤도에 오르기까지 짧게는 2년, 평균적으로는 5~6년이 걸렸다.

이들에게 학력이나 자격증 같은 '스펙'은 창업 성공과는 무관한, 불필요한 훈장이었다. 중졸에서부터 고등학교 재학생, 하버드 경영대학원까지 출신 학교는 다양했고, 학교가 일에 미치는 영향은 없다고는 할 수 없지만 결정적인 요소는 아니었다.

5년간 '투잡'을 뛰며 모은 1억 원으로 시작해 2년 만에 160억 원의 매출을 기록한 김소영 대표는 사실 매우 풍족하게 시작한 축에 속한다. 2016년 상반기 매출 500억 원을 기록한 화장품 회사 코스토리의 김한균 대표는 300만 원으로 사업을 시작했고, 3000억 원대의 투자금을 운용하는 투자 운용사 밸류시스템자산운용의 정환종 대표는 100만 원으로 투자를 시작했다. 200만 원으로 시작해 2년 6개월 만에 매출 500억 원을 만들어 낸 시각 장애인용 시계 '닷'의 김주윤 대표, 200만 원으로 수십 억 원의 매출 신화를 만든 라고디자인의 하성용 대표…….

젊은 나이에 창업에 성공한 이들에 대해 많은 사람이 가지고 있는 선입견 중 하나가 이들이 자신이 정말 사랑하는 일에 뛰어들었을 거라는 점이다. 하지만 꼭 그렇지만도 않다. 대부분 자신이 좋아하고 애착을 가진 영역에서 시작했지만 전혀 생각도 하지 않았는데 우연히 지금 몸담고 있는 업계에 입문한 경우도 있었다. 2016년 9월 누적 주문수 2억 건을 돌파한 국내 대표 벤처 신화 '배달의민족'을 만든 우아한형제들의 김봉진 대표는 "음식에 관한 일을 하고 싶지 않았어요. 이쪽 일이 워낙 힘들어서요"라고 털어났다.

그의 부모는 고깃집 주인이었다. 어렸을 때 삼겹살과 갈비를 아침부터 저녁까지 거의 매일 먹었다. '배달의민족' 같은 서비스는 그의 꿈 '버킷 리스트'에는 없는 일이었다. 하지만 일단 시작하기로 마음먹자 무한정 확장되는 모바일 플랫폼에서 자신의 디자인적 상상력을 마음껏 발휘할 수 있었고 결국 성공을 거두었다.

이들은 성공을 위해 무엇을 준비했는가?

한국의 젊은 부자들은 무조건 모험에 뛰어들거나 위험을 감수하지는 않았다. 그리고 실패를 무작정 받아들이거나 '모 아니면 도' 식으로 시작하지도 않았다. 그들은 충분히 도전할 만한 준비가 되었을 때, 남들에게 없는 자신만의 아이디어와 인맥, 실행 계획이 준비됐을 때 뛰어들었다. 5년간 동대문을 휘젓고 다니면서 자신을 차별화하고 중소기업 근무 경험까지 한 김소영 SYJ 대표처럼 말이다.

모바일 식권 서비스로 매출 100억 원을 달성한 조정호 대표는 2011년 창업에 뛰어들었다. 당시 나이 스물다섯 살. 투자를 못 받거나 개발 중인 서비스가 망가질 때마다 버팀목으로 삼은 정신은 '망하면 언제든지 취업에 도전할 수 있다'는 자신감이었다. 3년간 세 번 창업에 실패하고 스물여 덟 살이 되던 2014년 네 번째 아이템에서 대박을 쳤다. 회사 직원들이 쓰 는 '종이 식권'을 없애고 스마트폰으로 음식을 사 먹고 결제할 수 있는 '모 바일 식권'을 개발했다. 이 서비스에 기업들의 비즈니스 제휴 요청이 쇄 도한 것이다. 이렇듯 한국의 젊은 부자들은 완벽하게 준비되기를 기다리 기보다는 더 빨리 실패하고 많은 것을 경험했기에 성공에 이르렀다고 입 을 모은다. 젊은 나이의 사업 시도는 낭떠러지 끝에서의 무모한 도전이 아니었다. 결과적으로 백 살까지도 거뜬하게 일하며 살 수 있는 안정적인 직업을 구하기 위한 발 빠르고 영리한 선택이었다. 또 그들은 50년 뒤를 내다봤다. 한국에서 더 이상 남들처럼 살아서는, 똑같은 열차에 올라타서 는 성공할 수 없다는 강한 신념 때문이었다.

지금 안전해 보이는 길, 5년 뒤에도 안전할까?

우리나라는 지금 2006년 이후로 11년째 1인당 국민 소득이 2만 달러 (2300만 원)대에 머물러 있다. 세계은행에 따르면, 1987년 2만 달러에 오른 미국은 9년 만에 3만 달러(3400만 원)를, 영국은 1995년 2만 달러 에 오른 뒤 2004년 3만 달러를 달성했다. 일본은 1987년에 2만 달러를, 1992년에 3만 달러를 달성했다. 주요 선진국들이 국민소득 2만 달러를 달성한 후 3만 달러를 넘는 데 걸린 시간은 평균 8.2년이다. 그런데 우 리나라는 지금 2만 달러 턱걸이에서 경제가 추락하고 있다. 1~2%대의 경제 성장률은 고령화·저출산 사회에서 흔한 일이다. 우리나라가 당분 간 3만 달러 시대를 맞이하지 못할 것이란 전망이 나오는 이유다.

앞으로는 대기업에 입사하는 것만으로는 가족을 부양하고 집을 장만해 부자가 되기 어렵다. 임금이 오르지 않기 때문이다. 고령화 사회에 진입하면 소비는 줄어들고, 경기는 계속 제자리걸음이고, 대기업 수익성은 줄어들게 마련이다. 이렇게 되면 한 직장을 오래 다녀서 매년 오르는 호봉 승급과 승진으로 부의 증식을 노려 볼 기회는 점점 사그라들게 된다.

HR 전문가인 서울대 김성수 교수는 '조만간 평생 대리, 평생 과장 시대가 온다. 승진이 불가능해지며 적은 연봉으로 그냥 평생을 살아가야 한다'고 경고했다. 더 이상 연공서열대로 차장·부장 자리를 만들어 고액 연봉을 주기가 어려워졌기 때문이다. 이미 삼성, LG 등 주요 대기업들은 직원들에게 '승진을 기대하지 말라'는 메시지를 보내고 있다. 다른 대기업들도 '수평적인 기업 문화 만들기'란 명목으로 조직의 틀을 바꾸고 있다. 기존의 대리·과장·차장·부장 직급을 없애고, 임원을 제외한 직원들을 모두 '매니저'로 통일하는 사례가 늘고 있다. 표면적인 이유는 '상사와 자유로운 의사소통으로 기업 문화를 혁신해 보자'는 것이다. 그러나 속내는 고액 연봉을 줘야 하는 자리를 줄이고 고용 인력을 유연하게 관리하기 위해 차근차근 준비하는 것이라 할 수 있다. 빅데이터 전문가인 다음소프트의 송길영 부사장은 여기서 한발 더 나간다.

"월급쟁이들이 사라진다. 기업 조직이 무너지면서 자기 전문 분야를 가지고 일감을 따야 생계를 이어 갈 수 있는 프리랜서 시대가 온다."

기존 대기업에서 생산성은 낮은데 그저 부하 직원들을 감시하고 통제나 하며 월급을 받아 오던 관리직군들이 회사를 대거 떠나는 상황이 발생하면 전통적인 조직이 무너지게 되고, 자기 실력과 전문성을 가진 사람만이 살아남는다. 기업이 무너지는 현상은 이미 시작되고 있다. 2016년 대우조선해양을 필두로 한 조선 업계와 삼성 등 주요 대기업들이 대대적인 직원 구조 조정을 단행했다. 2017년 2월 40년 동안 국내 최고의 해운 기업으로 군림하던 한진해운도 공중분해 되었다. 심상완 창원대 교수 분석에 따르면, 최근 조선 업계에서 정리 해고를 당한 직원 10명 중 7명은 재취업을 못하고 있는 실정이다.

이런 상황인데도 우리나라 청년들은 수익성이 메말라 가는 대기업 입사의 꿈을 놓지 않는다. 그 어느 세대보다 스마트폰에 익숙한 세대지만 그걸로 입시나 취업 공부에 매달린다. 대기업보다 공무원이 안정적이라며 공무원 시험에 열을 올리는 학생도 부지기수다. 그러나 이마저도 '한여름 밤의 꿈'에 불과할 수 있다.

조영태 서울대 보건대학원 교수는 '고령화, 저출산에 따라 세수가 줄어들게 되면 공무원 연금은 역사 속으로 사라질 가능성이 높다'고 지적했다. 공무원의 가장 큰 미덕인 연금 혜택마저 사라지게 되면 공무원의 직업 메리트는 크게 줄어들 수밖에 없다. 그러므로 바로 지금, 새로운 미래를 모색하지 않으면 부자가 되는 인생의 골든타임을 영영 놓칠 수 있다. 세계적인 금융 석학으로 손꼽히는 하마다 고이치 예일대 교수는 이렇게 충고했다.

"한국의 공무원 열풍은 맥 빠지는 일입니다. 안정적인 직업을 선호하는 경향은 관료 사회를 중시하는 일본에서도 마찬가지입니다. 일본이 어떻게 망가지고 있는가를 뻔히 보면서도 이런 악습을 버리지 않고 있어요. 한국 젊은이들의 창의적인 비즈니스 시도가 어느 때보다 절실합니다."

그렇다면 이 책에 등장하는 젊은 부자들의 무모해 보이는 도전이야말로 어쩌면 가장 안전한 선택이 아니었을까.

젊은 부자들의 사무실에서는 전율이 느껴진다

이런 암울한 현실을 당연하게 여기고 있다가 한국의 젊은 부자들의 사무실에 들어서면 말로 설명하기 어려운 전율이 느껴진다. 회의에 몰두해 질문을 쏟아 내고 사무실을 뛰어다니며 끊임없이 울려 대는 전화통을 붙잡고 일하는 직원들의 눈빛에서 '내가 세상을 바꾸고 있다'는 확신이 느껴진다. 마치 '나는 대기업의 부품이 아니라 혁명의 주인공이다'라는 강한 메시지를 보내는 것처럼 말이다. 직원들은 대부분 CEO보다 나이가 많았다. 20대 CEO들에게 '사장님'이라고 부르는 대기업 출신 직원도 수두룩했다. 화장품 회사 보나쥬르를 경영하는 스물다섯 살의 김다해 대표 사무실에서는 중년을 훌쩍 넘긴 퇴직 은행원이 일하고 있었다. '닷'의 김주윤 대표는 스물일곱 살인데 부사장을 맡고 있는 사람은 예순한 살의 조창환 씨다. 현대자동차, 쌍용자동차에서 오랫동안 수출 업무를 맡았던 백전노장 베테랑이 '20대 대표님'과 손을 잡은 것이다.

"직원이 16명인데 대부분 저보다 나이가 많으세요. 저를 영어 이름인 '에릭'이라 부르도록 부탁드렸어요. 저는 나이가 많은 직원들에겐 '고문님'이라 부르고요. 시니어 분들에게 제가 많이 배웁니다."

처음에는 이런 모습이 어색했다. 필자 역시 20대 사장님을 상사로 모셔 본 일이 없기 때문이다. 그러나 곰곰이 생각해 보면 젊은 CEO들의 사무실 현장은 미래의 부를 만들어 가는 새로운 역사의 현장이다. 고령화 시대, 퇴직하는 베이비부머들의 고용 창출을 늘려야 하는 가장 큰 책임은 다름 아닌 젊은 세대가 어떤 경제 주체로 성장하느냐에 달려 있기 때문이다.

필자가 만난 젊은 사업가들은 이처럼 시니어 직원들의 오랜 지혜를 바탕으로 새로운 부를 추구하고 있었다. 그렇다고 맹목적으로 자기 호주머니만 불리지는 않았다. 한국 사회의 방향 전환을 가로막고 있는 전통적인 기업 문화를 과감히 버리고 시대를 앞서가는 조직 혁신에도 관심을 기울였다. 오토바이 배달 서비스인 허니비즈의 윤문진 대표는 배달 기사들에게 많게는 연봉을 8000만 원씩 준다. 성과에 따라 돈을 더 받는 시스템을 마련한 덕분이지만 그 안에는 '배달 기사는 저소득 직종'이란 인식의 틀을 깨려는 의도도 숨어 있다. '다섯시삼십분'이라는 이사 애플리케이션 서비스는 다섯 시 삼십 분에 퇴근하기 위해 회사를 차렸다. 야근 없이 일하고 퇴근하는데도 빠르게 성장하며 이사 업계의 다크호스로 떠오르고 있다.

지금 우리에게는 변화의 시대를 이끌어 갈 새로운 젊은 부자들이 필요하다. 간판이나 이름값에 매몰된 사고방식을 뛰어넘어, 내가 가진 자산으로 누구나 '사장님'이 되는 시대를 만들어 가야 하는 것이다. 그러기 위해서는 자신만의 강점을 성공으로 이끌 수 있어야 한다. 필자가 만난 한국의 젊은 부자들 대부분은 주위에서 쉽게 만날 수 있는 평범한 동네 동생, 동네 형, 누나들이었다. 그러나 불과 몇 년 만에 이들은 직원과 직원의 가족을 책임지는 리더가 됐다. 한국을 넘어 전 세계를 동네 삼아 돈을 쓸어 담는 사람도 많다. 이들은 모두 자신의 강점, 인성, 마인드, 성향, 적성을 십분 활용해 남들이 걸어 보지 않은 길을 당당히 걸어갔다.

사실 이들은 이제 막 성공의 길에 들어섰다. 으리으리한 저택을 짓고 막대한 예금을 축적해 더 이상 일할 필요가 없는 사람은 극소수에 불과하다. 이들의 성공은 현재 진행형이다. 지금 여기에 오기까지 숱한 실패를 경험한 것처럼 언제든 넘어질 수 있다. 그래서 이들은 대부분 자신의 이야기가 공개되는 것을 매우 조심스러워했다. 지금의 성공은 더 큰 꿈을 이루기 위한 과정일 뿐이고 언제든 실패할 수 있다는 사실을 누구보다 잘 알고 있기 때문이다.

그렇지만 지금 어렵고 힘든 시기를 지나고 있을 누군가에게는 그들의 이야기가 희망과 용기를 줄 수 있지 않을까. 99명이 삐딱한 시선으로 봐도 단 한 사람이 용기와 희망을 얻을 수 있다면 그것만으로도 충분하지 않을까 하는 마음으로 그들은 자신의 이야기를 솔직하게 공개했다.

지금 당장 하는 일을 때려치우고 창업에 나서라는 말이 아니다. 우리는 모두 다른 길을 걷고 있다. 이들의 성공 방식이 다 다른 만큼 우리도 우리 자신만의 길을 찾아야 한다. 이들은 정답을 제시하는 것이 아니라 가능성을 보여 주고 있다. 이들에게서 앞으로 걸어야 할 길에 대한 힌트를 얻는다면 그리고 시련과 좌절을 극복할 수 있는 용기와 에너지를 얻을 수 있다면 그것으로 충분하다고 생각한다.

이들이 할 수 있다면 우리도 할 수 있지 않을까. 이 책을 다 읽을 즈음에는 잠자고 있던 당신의 성공 본능이 다시금 꿈틀거렸으면 좋겠다. 한국의 젊은 부자 61인이 내뿜는 강력한 에너지가 분명 당신의 심장을 다시 뛰게 할 것이라고 믿는다.

2017년
이신영

차례

CHAPTER 2
젊은 부자들이 먼저 경험한, 성공을 부르는 시작의 기술

CHAPTER 4
성공보다 실패에 더 익숙한 젊은 부자들의 실패 극복법

일러두기

• 차례와 장 제목 숫자 옆에 나오는 인물 정보는 다음의 순서로 표시되어 있습니다.
회사명 | 회사 설립 연도 | 이름 나이 | 최근 연매출(수입이나 투자액일 경우 별도 표시)
• 독자분들의 이해를 돕기 위해 본문 중 달러화가 나오는 부분에는 원화를 함께 표시했습니다. 이 때의
원화는 대략적인 금액으로 1달러에 1134원 환율을 적용했습니다.

CHAPTER 1

세상의 흐름을 꿰뚫어 본 젊은 부자들의 생각법

엄청나게 큰 회사에서 손톱만 한 일을 한다고
세상이 바뀌겠습니까? 안 바뀝니다.
전 세상에 다시 오지 않을 역사를 그려 나갈 수 있다고 믿었어요.

− 유기돈(B&W 회장)

돈만 바라보던
어느 20대 CEO의
성공과 몰락

2016년 10월, 벤처 업계에 충격적인 소식이 날아들었다. '매출 500억 원 청년 신화'인 신발 업체 스베누의 황효진(29) 대표가 갑자기 폐업한다는 소식이었다. 10~20대를 겨냥한 가성비 좋은 운동화로 큰 인기를 누린 스베누의 몰락에 벤처 업계가 놀랐다. 폐업 이후 이 신발은 '땡처리'로 팔리고 있다. 한때 5만 원 이상으로 팔리던 제품들이 일부 쇼핑몰에서 990원에 팔리기도 했다.

   강원도 출생인 황효진 씨는 2007년 아프리카 TV에서 'BJ소닉'이란 이름으로 인기를 얻었다. 각종 스타크래프트 강좌와 경기 중계로 인기를 얻던 그는 2012년 BJ 활동을 통해 얻은 수익으로 '신발팜'이란 온라인 멀티숍을 오픈했다. 그 후 빚을 내 오프라인 시장으로까지 영역을 확장했는데 핵심은 공격적인 광고 마케팅이었다. 톱스타인 아이유, 송재림, 걸그룹 AOA와 전속 모델 계약, MBC 수목 미니 시리즈 〈앵그리맘〉 협찬, 여기에 할리우드 배우 클로이 모레츠까지 모델 계약을 맺었다. 유명 셀러브리티와 엔터테인먼트 마케팅으로 효과를 본 스베누는 영국 프리미어 리그 맨체스터 유나이티드와 3년간 장기 공식 스폰서십 계약까지 체결했다.

창업 후 100억 원의 매출에, 이듬해 500억 원의 매출을 올린 황 대표는 언젠가 수억 원대에 이르는 세계적 명품 스포츠카를 별도의 차고지에 모으는 모습을 공개하기도 했다. 롤스로이스를 리스해 운행하는 소식이 SNS에 퍼지면서 수많은 20대의 선망의 대상이 됐다. 그리고 폐업 직전까지 101개의 매장을 오픈했다.

그처럼 과도한 수익을 추구하는 동안 기업은 썩어 가고 있었다. 매출은 나고 있지만 드라마 협찬을 할 여건이 부족한데도 무리하게 밀어붙이며 투자하는 등 너무 과도한 마케팅비를 썼기 때문이다. 중소기업현황정보시스템을 보면 2014년 말 스베누의 매출액은 104억 원이지만 영업 손실이 2억 원이었다. 광고비로만 무려 20억 7000만 원을 쓴 결과였다. 건물 임차료, 인건비 등을 빼면 적자가 날 수밖에 없는 구조였다. 출혈 마케팅은 2015년에도 계속되어 광고비로 82억 8700만 원이나 썼다. 이는 위메프(76억 원), 삼성화재(71억 원), 한국P&G(56억 원) 등 대기업 마케팅비보다 많은 것이었다.

엎친 데 덮친 격으로 소비자들로부터 신발에서 물 빠짐(이염 현상)이 심하다는 불만이 쇄도했다. 비 오는 날 스베누를 신으면 양말이 운동화색으로 바뀔 정도였다. 그러나 스베누는 품질 개선보다는 '땡처리'로 긴급하게 현금을 늘리는 전략을 택했다. 소비자 불만이 걷잡을 수 없이 커지자 황 대표는 뒤늦게 수습에 나섰다. 전국에 신발 연구 개발(R&D) 센터를 열어 품질을 개선하겠다고 밝혔고, 2014년에 문제가 된 물 빠지는 신발을 리콜하겠다고 나섰다. 하지만 이미 늦은 상태였다. 모든 영업을 중단할 수밖에 없는 처지로 전락한 것이다.

방만한 경영이 드러나면서 일은 더 걷잡을 수 없이 커졌다. 부산 지역 신발 제조 공장 50여 곳이 6개월간 대금을 못 받았다고 주장한 것이다. 밀린 금액이 200억 원에 달했다. 황 대표는 매출이 줄어들자 '땡처리 판매'에 나섰다. 1만 원도 안 되는 가격에 신발을 시장에 뿌린 것이다. 이 때문에 101곳의 가맹점은 엄청난 피해를 봤다. 결국 2016년 10월 온오프라인 모든 직영 숍을 폐쇄하고 폐업을 선언했다.

20대 젊은 청년의 성공 신화가 4년 만에 막을 내리게 된 이유는 무엇일까? 우선 기업의 기본인 고객과 거래 업체, 가맹점주들과의 상생을 전혀 고려하지 않고 빚을 내면서까지 자극적인 마케팅을 하며 수익 추구에만 급급했기 때문이다. 비싼 해외 운동화보다 가성비가 좋으면서 디자인이 예쁘다는 점까진 좋았지만, 그 이상의 철학과 가치를 만들지 못했다. 고객이 찾으면 찾을수록 그만큼 악성 고객과 민원도 늘어나게 마련이라 그에 대비한 품질과 서비스 개선 시스템을 구축해야 하는데 스베누는 이를 무시했다. 그리고 무엇보다 회사의 핵심 파트너이자 자산인 가맹점주들의 신뢰를 전혀 얻지 못하고 고객의 목소리에 귀를 기울이지 못했다. 심지어 스베누 대표는 슈퍼카 수집 등 자신의 부를 늘리는 데 치중한 '반쪽짜리 경영자'였다. 그는 사업의 목적과 비전 없이 막연하게 부자가 되겠다고 외쳤다. 현금은 없지만 끊임없이 투자를 받아 마케팅을 하면 잘될 거라며 앞만 보고 가다가 망한 것이다.

수많은 피해자를 낳은 스베누의 안타까운 몰락은 이름뿐인 성공이 얼마나 덧없는지를 여실히 보여 준다. 한때 젊은 CEO에게 향하던 뜨거운 열광이 순식간에 싸늘한 질타로 바뀌었다. 성공한 것보다 더 빠르게 나락으로 떨어진 것이다. 성공의 무게를 감당할 수 없는 자에게 성공은 독이다.

이처럼 안타까운 이야기로 책의 문을 연 까닭은 앞으로 만날 젊은 부자들은 다르기 때문이다. 그들은 얄팍한 꼼수보다는 본질에 집중했고, 보상보다는 과정에 집중했으며, 주변의 시선보다는 내면의 목소리에 충실했다. 받을 것을 생각하기 전에 무엇을 줄 수 있을지를 생각했고, 하는 일의 의미를 중요시했다.

돈을 벌려면 돈에 대한 욕심을 버려야 한다고 입을 모아 말한다. 그래야 업의 핵심을 볼 수 있다는 것이다. 이들의 도전은 대부분 채 10년이 되지 않는다. 그런데 이들은 어떻게 성공의 본질을 꿰뚫어 보게 된 걸까?

01

100억 원짜리 회사 만들고 끝낼 거면 시작도 안 했어요

홍익대 중퇴하고 무작정 미국으로 건너가 10년 만에 글로벌 회사 만든 토종 한국인

미국 뉴욕 맨해튼 8번가 근처에 본사를 둔 건강 관리 애플리케이션 회사인 눔(Noom)은 세계적으로 뻗어 나가고 있다. 미국·독일·일본·한국에 직원 150명가량을 두고 있으며, 미국 유명 벤처 캐피털 회사 클라인퍼킨스 등에서 520억 원을 투자 받았다.

전 세계 4600만 명이 눔을 이용해 살을 빼고 건강을 관리한다. 사용자가 매일 앱에 기록하는 식습관과 운동량을 바탕으로 헬스 트레이너, 영양사들이 실시간 채팅으로 코치해 주고 목표 체중에 도달하게 도와준다. 〈뉴욕 타임스〉는 이렇게 평가했다.

"사람들이 살을 빼는 데 얼마나 많은 돈을 쓰는가. 이런 서비스가 한 달에 10달러(1만 1000원)밖에 안 한다는 것은 행운이다."

미국 실리콘밸리 성공 스토리 같지만 이 회사의 설립자는 한국인이다. 그것도 유학 경험이 전혀 없는 토종 한국인이다. 눔의 정세주(37) 대표는 스펙 경쟁을 거부하고 자신만의 길을 개척해 세계가 주목하는 성공을 거두었다. 그의 인생 궤적을 보면 코뿔소나 다름없다. 여수 출생으로 홍익대 재학 시절 음반 판매 사업으로 10억 원 이상의 매출을 올린 적도 있다. 그런데 돌연 홍익대를 중퇴하고 무작정 미국 뉴욕으로 건너가 아르바이트로 생계를 유지하면서 1000만 원을 모아 2007년 애플리케이션 개발 업체를 만들었다. 그렇게 만든 건강 관리 앱 눔은 2012년부터 3년 8개월간 구글 플레이스토어 건강 운동 앱 매출 세계 1위를 달성했고, 2014년 매출 100억 원을 넘어섰다.

그는 홍익대 전기전자공학부에 입학해 로큰롤 CD를 팔아 연 매출 10억 원을 내는 '대학생 사업가'로 이름을 날리다 어느 날 갑자기 사업을 접었다. 스펙 경쟁과 안주하는 삶이 싫었기 때문이다.

"열심히 공부하는 학교 선배에게 '나중에 뭐 할 거냐' 물으니 그 선배는 '삼성 가야지' 하더군요. 멋지지 않았습니다. 한국에서 창업해도 SKY대 배경이 없으면 좋은 인재를 모을 수 없습니다. 그게 싫었습니다. 그래서 학벌과 무관하게 성공할 수 있다는 미국으로 2002년 무작정 건너갔습니다."

미국 뉴욕에서 월세 350달러(40만 원)짜리 허름한 집에 살며 수세미, 때수건, 방향제를 팔아 돈을 모았다. 1000만 원을 모으고 구글 엔지니어이던 아텀 페타코프(공동 창업자)를 만나 창업을 준비했다. 물론 처음부터 일이 잘 풀린 것은 아니다.

"한국말도 잘 못하는 낯선 나라 사람이 한국에서 사업을 한다면 잘 되겠습니까. 똑같은 이치입니다. 그래서 하루 3시간 자면서 남들보다 두 배 이상 노력했습니다."

헬스케어를 스마트폰과 결합해 뭘 할 수 있을까 고민하다 눔을 떠올렸

"사실 언제 망할지 모른다는 생각에 잠이 안 올 때도 많아요.
그래도 창업은 인생의 '안전지대'를 계속 넘어서는
희열 넘치는 도전입니다. 인생에서 가장 중요한 것은
매일 관성을 깨며 사는 것이라고 생각해요."

다. 스마트폰으로 실시간 운동량을 체크하고, 식습관을 통제하는 최초의 서비스 눔은 다이어트에 실패한 수많은 사람에게 큰 인기를 끌었다. 2008년 11월 출시한 이후 2013년 누적 다운로드 1680만 건을 기록했다. 월 10달러(1만 1000원)를 내는 유료 모델도 안착했다.

지난 10년간의 창업도 꽤 성공적인데, 그는 진짜 성공이 눈앞에 기다리고 있다고 했다. 미국 정부 부처 질병예방본부(CDC)가 2018년 추진할 예정인 당뇨 예방 사업을 따낸 것이다. 미국에서 당뇨병 전 단계인 예비 당뇨 환자는 약 2200만 명. 그런데 2018년부터 정부가 직접 나서 당뇨병 전 단계 환자에게 눔 앱으로 체중을 빼도록 권유할 예정이다. 실제 사람들이 앱을 다운 받아 이용하면 정부가 1인당 630달러(72만 원)를 눔에 관리비로 지급하는 방식이다.

"미국의 다른 건강 관리 기업 두 군데의 앱 서비스와 함께 최종 사업자로 선정됐어요. 토종 스타트업 중에 미국 정부의 대규모 사업을 딴 것은 눔이 처음이라 자부합니다. 2200만 명 가운데 0.5%만 눔을 써도 2018년에 매출 800억 원, 2019년에는 1000억 원을 찍을 수 있을 것으로 보고 있습니다."

많은 사업가가 어느 정도 성공의 반열에 오르면 진짜 부자를 꿈꾸게 된다. 자신이 보유한 회사 지분을 대기업에 파는 것이다. 2014년 정 대표에게도 선택의 순간이 다가왔다. 4000만 명 선에서 가입자가 더 늘지 않았고, 성장이 한계에 부딪혔기 때문이다. 이사회에서 회사를 매각하자고 했다. 실제 이름만 대면 알 만한 글로벌 기업들이 거액의 인수 제의를 해 왔다. 그러나 그는 회사를 키우기 위해 제의를 모두 뿌리쳤다고 한다.

"실리콘밸리에는 앱으로 대박을 내고 대기업에 수천 억 원에 팔아 단

기간에 부자가 된 창업자가 많습니다. 그러나 매각한 회사가 대기업 품에서 망하는 경우를 수도 없이 봤습니다. 그건 싫었습니다. 또 회사를 안 팔고 가만히 월 10달러(1만 1000원)를 사용자에게 받으면 그런대로 쏠쏠하게 돈을 벌 수 있습니다. 그러나 새로운 비즈니스 없이 그대로 안주하면 그저 그런 '중소기업'으로 끝납니다. 그것도 싫고 두려웠습니다. 매출 100억 원짜리 회사 만들고 끝낼 거면 시작도 안 했습니다. 헬스케어에서 세계 최대 사용자 데이터베이스를 가졌는데 왜 팝니까."

그의 목표는 매출 1000억 원 회사를 만들고 상장하는 것이다.

"10년 전만 해도 상상도 하지 못한 상황입니다."

이 토종 청년의 꿈은 진짜 크다. 그래서 일반인을 대상으로 운영하는 '다이어트 앱'을 당뇨병 분야로 확장하면서 회사를 더 키우기로 했다. 당뇨병을 넘어 암 같은 치명적인 질병을 앓는 사람들까지 눔을 사용하는 꿈을 꾼다. 헬스케어 분야에서 글로벌 기업이 되는 것이다. 그냥 3~4년 단기간에 대박을 쳐 회사를 팔고 수백 억 원대의 부자가 되어 돈방석에 앉는 것에는 관심이 없다. 이처럼 큰 비전을 외치고 다니는 홍익대 중퇴생 CEO 밑으로 정말 많은 인재가 몰려와 있다. 직원 수십 명이 하버드·스탠퍼드·프린스턴 같은 아이비리그 출신들이고 잘나가는 국내 대형 병원 의사도 눔에 합류했다.

물론 창업은 힘들다고 고백한다. 창업 이후 줄곧 하루에 4시간씩밖에 잠을 못 잤다. 연중 365일 가운데 140일만 뉴욕 본사에서 일하고, 남은 시간엔 전 세계를 누비며 영업을 하고 인재를 스카우트한다. '대학 시절로 돌아가면 다시 창업에 도전할 것이냐'는 질문에 그는 이렇게 대답했다.

"물론입니다! 사실 언제 망할지 모른다는 생각에 잠이 안 올 때도 많아요. 그러나 창업은 인생의 '안전지대'를 계속 넘어서는 희열 넘치는 도전입니다. 인생에서 가장 중요한 것은 매일 관성을 깨며 사는 것이라고 생각해요."

02

스티비 원더가 알아서 홍보해 주고,
구글이 먼저 협업 제안한 500억 원 창업 성공기

세 번의 사업 실패 끝에 찾은 빅 아이디어
전 세계 3억 명 시각 장애인에게 희망을 선물하다

서울 금천구 가산디지털역 인근 벤처타운은 성공을 꿈꾸는 벤처 기업 1만 곳이 입주해 있는 지역이다. 지하철역에서 10분 정도 걸어가 여러 기업이 입주해 있는 곳으로 올라갔다. 사무실에 들어가니 세계적인 유명 인사 수십 명의 사진과 어록이 붙어 있었다.

> 다르게 하는 것은 쉽지만 더 좋게 만드는 것은 매우 어렵다.
> ─ 조니 아이브, 애플 최고 디자인 책임자

> 아이디어를 만들기 위해 직원 100명은 필요 없다.
> ─ 래리 엘리슨, 오러클 창업자

> 살아남는 방법은 잘 만드는 것이지 크게 만드는 것이 아니다.
> ─ 마윈, 알리바바 창업자

그때 마침 눈이 반쯤 풀린 청년이 나타났다. 청바지와 운동화 차림의 김주윤(27) 닷(DOT) 대표다.

"옷을 갈아입은 지 일주일째예요. 밤낮으로 출시할 제품 만지느라 집에 들어가 씻을 시간이 없어서요……."

그와 함께 사무실에서 일하는 16명은 2016년 '대박'을 터트렸다. 세계 최초로 개발된 시각 장애인용 스마트 워치인 '닷 워치'가 선풍적인 인기를 누렸기 때문이다. 스마트폰과 블루투스로 연결되는 이 시계는 스마트폰의 SNS 메시지·이메일·문자·내비게이션 서비스를 '드르륵' 움직이는 점자로 구현해 준다. 그 위에 손가락을 대서 각종 메시지를 읽을 수 있다. 2016년 12월, 제품이 출시되기도 전에 이미 11개국에서 12만 대가량(350억 원어치)의 선주문이 들어왔다. 이렇게 해서 확보한 순이익만 100억 원에 달한다. 출시 예정일인 2017년 말까지 선주문 물량 규모는 20만 대(약 500억 원어치)에 이를 전망이다. 창업 2년 6개월 만에 평생 만져 보기 어려운 돈을 빨아들이고 있는 셈이다.

"전 세계 시각 장애인이 2억 8500만 명 정도 됩니다. 이 가운데 4000만 명은 아예 안 보이고, 8000만 명은 시력을 잃어 가는 중이죠. 그분들의 생활을 개선시키는 제품을 만든 겁니다."

그가 말을 이어 갔다.

"장애인들이 IT 기술 수혜를 받지 못하는 이유를 적은 수요에서 찾는 사람이 많은데 전 반대로 생각했어요. 비율이 아닌 인원으로 보면 시장이 무척 넓더라고요. 모두 제가 삶을 변화시켜야 하는 대상입니다."

그의 제품 출시 소식을 들은 미국 시사 주간지 《타임》은 '시각 장애인들의 생활을 완전히 뒤바꿔 줄 제품'이라고 보도했다. 그러자 이름만 대면 알 만한 글로벌 스타들이 이 청년의 제품을 사들였다. 시각 장애인 가수

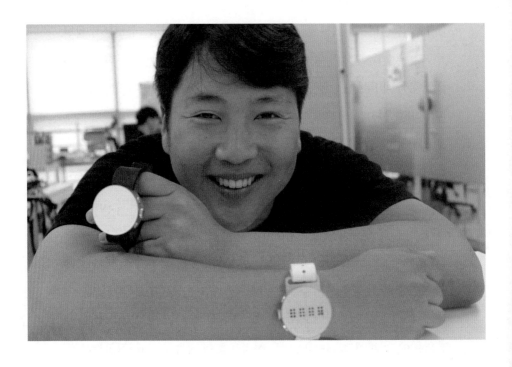

"진정한 창업가라면 허무맹랑하더라도
세상을 바꾼다는 뜻을 품어야 해요.
기본적으로 '나는 큰일을 한다'는 생각 말이에요.
그리고 절대 꺾이지 않아야 합니다."

스티비 원더, '천상의 목소리' 안드레아 보첼리가 어디서 구했는지 이 시계를 찼다. 특히 보첼리는 이 시계를 차고 독일 통신사 도이체 텔레콤 광고를 찍었다. 광고는 유럽 전역에 방영됐다.

"제가 한 번도 부탁드려 본 적이 없어요. 어떻게 알았는지 시계를 차고 나오셨더라고요."

그가 머리를 긁적이며 말했다.

전 세계에 바이러스처럼 퍼져 나가는 닷 시계를 보고 있노라면 11년 전 동영상 공유 사이트 유튜브의 폭발적인 성장세가 떠오른다. 구글에 16억 5000만 달러(당시 2조 원)에 팔린 유튜브는 2006년 당시 약 20평(66제곱미터)의 공간에 직원 65명이 옹기종기 모여 일하던 회사였다. 당시 유튜브를 구글에 매각한 유튜브 재무 담당 책임자 유기돈(현재 B&W 회장) 씨는 '역사를 바꾸는 현장이었다'고 했다.

김 대표의 닷 워치는 어쩌면 역사에 그보다 더 강력한 폭풍을 몰고 올 아이템일지 모른다. 구글이 먼저 '정말 뛰어난 기술'이라며 닷에 협업하자는 제의를 했다. 실제로 점자로 더 많은 콘텐츠를 구현하는 '닷 패드'를 만들기 위해 공동 개발에 착수했다. 세계적인 차량 공유 업체인 우버도 '택시 호출 서비스에 닷 워치 기능을 넣자'고 제안을 해 와 협의 중이다. 미국의 경제 전문지 《포브스》는 '아시아에서 영향력 있는 30세 이하 30인' 중 한 사람으로 그를 선정했다.

이 모든 것을 불과 창업 2년 6개월 만에 이뤘다. 그러나 로켓을 단 몇 분 만에 우주로 띄우려면 오랫동안 강력한 추진체를 준비해야 한다. 김 대표가 빠르게 로켓처럼 날아올라 돈을 쓸어 담을 수 있던 원동력은 두 가지다. 6년간에 걸친 네 번의 창업 실패, 그리고 창업을 포기하기 전 우연처럼 만난 창업 힌트다.

인천에서 사업가의 아들로 태어난 그는 2008년 홀연 미국으로 갔다. 목표는 스티브 잡스 같은 창업가가 되는 것이었다. 이때 그의 아버지는 사업이 잘 안 되는 상황이었지만 작은 빌라로 집을 옮기고 2000만 원을 마련해 아들 유학 자금으로 보냈다.

그는 시애틀 워싱턴 주립대에 입학한 후 바로 창업에 뛰어들었다. 작은 돈으로 '리크루팅 웹사이트'를 열었는데 주목받지 못하고 실패했다. 이어 유학생 사이에 멘토와 멘티를 맺어 주는 사이트를 개설했지만 역시 망했다.

"3개월 학비가 1000만 원이었어요. 빨리 성공하고 싶었죠. 그런데 이런 조급함이 실패를 부르더라고요. 웹사이트는 자본금이 거의 들지 않는 창업 아이템이라 성급하게 뛰어든 것이죠."

세 번째 창업은 '겟웨이건'이란 회사였다.

"미국에는 노는 픽업 트럭이 많아요. 앱을 통해 노는 트럭을 다른 사람에게 빌려 주는 공유 모델이었어요."

다행히 이 사업은 어느 정도 성공해서 한 달에 300만~400만 원씩 수입이 생겼다. 그러나 이내 접었다. 열정을 다 쏟아붓고 싶은 일이 아니었기 때문이다. 절망 끝에 그는 교회를 찾았다.

"창업은 더 이상 내 길이 아닌 듯싶었어요. 종교를 갖고 마음부터 달래야 할 것 같더라고요."

눈이 보이지 않는 교회의 한 청년이 목에 팔뚝만 한 점자 단말기를 매고 있었다. 가로 40~50센티미터에 무게가 2~3킬로그램에 달하는 철제 단말기였다. 시각 장애인들은 인터넷 검색이나 문서 작성을 할 때 점자 정보 단말기를 이용한다. 컴퓨터의 문자를 점자와 음성으로 변환해 주는 기계다.

순간 야구 방망이로 머리를 한 대 강하게 얻어맞은 기분이 들었다. 세상은 손에 쏙 들어오는 스마트폰을 쓰는데, 몸이 불편한 사람은 왜 저런 불편을 감수해야 하는지 이해할 수 없었던 것이다. 모순 섞인 감정이 속에서부터 끓어올랐다.

그 후 한 영국 기자가 쓴《포브스》기사를 접했다. '시각 장애인은 왜 디지털 기술의 혜택을 받지 못할까'란 제목의 그 기사에 따르면 '장애인 시장이 작기 때문'이라고 했다. 영국엔 시각 장애인이 50만 명밖에 없어 시장성이 없다는 것이다. 그러나 김 대표는 전 세계로 시각을 넓혔다.

"전 세계적으로 따져 보니 시각 장애인이 2억 8500만 명이 있고, 8000만 명은 급속도로 시력을 잃어 가고 있는 겁니다. 커다란 철제 점자 단말기는 대당 400만~500만 원에 달해 가격이 비싼 반면 쓰기가 불편해서, 전체 시각 장애인의 10%만 쓰고 있더라고요."

학교를 자퇴하기로 결심하고 2014년 초 한국으로 돌아왔다. 더 이상 집에서 등록금을 지원해 줄 수 없는 상황이기도 했다. 그는 미국에서 그간 같이 사업하다 실패한 동료들을 모았다. '한국에서 기반을 잡을 테니 오라'고 했다. 그러자 동고동락하던 디자이너, 개발자들이 하나둘 모여들기 시작했다.

경기도 용인 명지대 인근에 월세 30만 원짜리 원룸을 빌렸다. 창업 자본금은 200만 원. 현금 잔고가 0원일 때 점자 시계 아이디어 초안을 만들었고, 이걸로 용인시 주최의 창업 경진 대회에 나갔다. 대상을 타 받은 우승 상금 2000만 원으로 자본금을 불렸다. 다른 창업 대회에서도 아이디어에 큰 점수를 줬고, 받은 상금은 모두 시제품 개발에 쏟아부었다.

그는 제품을 개발하기도 전에 국내 언론은 물론 외국 언론들의 주목을 받았다. 그 과정에서 여러 창업 경진 대회에 참가해 상금을 휩쓸며 끝내 원하는 닷 워치를 개발하게 된 것이다.

닷 워치는 없던 기술로 태어난 게 아니다. 자석에 코일을 감는 기술을 써서 점자 핀을 움직이는 방식으로 오디오 업계에서 흔히 쓰는 기술을 응용한 것이다.

일반인들이 삼성이나 애플의 스마트 워치에 열광할 때 시각 장애인들은 소외돼 있었다. 시각 장애인들은 인터넷 검색이나 문서 작성 등을 할 때 '점자 정보 단말기'를 이용한다. 김 대표는 이처럼 일반인들은 모르는 '관심 밖의 영역'을 파고들었다. 닷 워치에는 대부분의 단말기 기능이 탑재돼 있다. 그러면서 가격은 약 30만 원. 보통의 점자 정보 단말기에 비하면 10분의 1에 불과하다. 크기 또한 20분의 1로 작아졌다.

"미국에선 돈만 보고 창업했어요. 하지만 진정한 창업가라면 허무맹랑하더라도 세상을 바꾼다는 뜻을 품어야 해요. 기본적으로 '나는 큰일을 한다'는 생각 말예요. 그리고 절대 꺾이지 않아야 합니다. 어떤 일이 있더라도 인내하자는 생각으로 일하고 있습니다."

03

한국의 젊은 부자들
공통점 10가지

무엇이 이들을 부자로 만들었을까?

김주윤 대표는 지금 우리나라에서 가장 잘나가는 창업자 중 한 사람이다. 그런데 여기서 주목할 점이 있다. 그가 사업을 성공적으로 론칭하는 과정과 그 결과물이 세상에서 가장 큰 부자가 된 비즈니스맨들의 초창기 모습과 많이 닮았다는 것이다.

필자는 〈조선일보〉 주말 섹션인 위클리비즈(Weekly Biz)에 2012년부터 2년 동안 몸담은 적이 있다. 그때 전 세계를 누비며 세계적으로 성공한 CEO들과 부자들을 만났다. 온라인 스트리밍 동영상으로 대박을 친 넷플릭스의 창업자 리드 헤이스팅스를 비롯해, 불황에도 막대한 현금을 빨아들이고 있는 대형 할인 창고점 코스트코의 창업자 제임스 시네걸, 아리아나 허핑턴 〈허핑턴 포스트〉 창업자, 〈겨울왕국〉, 〈토이스토리〉를 만든 에드 캐트멀 픽사 창업자 등 세계에서 가장 뜨거운 주목을 받고 있는 기업인 100여 명을 만났다.

시대를 앞서가는 영웅들은 업종과 사업 철학, 전략이 모두 달랐다. 그들을 부자로 만든 정신적 철학은 한 가지 키워드로 정리할 수 있었다. 콘트래리언(contrarian)이 바로 그것이다. 콘트래리언은 남들의 보편적인 의지와 반대로 가는 사람을 일컫는 말이다. 한마디로 '강렬한 반대의 힘'을 탑재한 인물이다. 남들이 'YES'라고 할 때 'NO'라고 할 줄 아는 용기, 그리고 시장의 정반대를 내다보는 정신을 갖고 있다.

20대 초반에 할인점 업계에 뛰어든 시네걸 씨는 월마트보다 부피를 서너 배 늘리고 가격은 훨씬 낮추면서 품목은 킬러 아이템 하나씩만 파는 전략으로 성공했다(월마트의 품목은 3만여 개, 코스트코는 700여 개). 대학을 졸업하고 창업에 뛰어든 헤이스팅스도 남들이 DVD를 오프라인 매장에서 팔 때 우편 배송으로 편안하게 신청하고 받아 볼 수 있도록 시장의 룰을 바꿨다.

젊은 20대에 사업을 시작해 세상을 바꾼 그들의 비즈니스 접근법에 세상은 열광했다. 이 창업자들은 지금 세상에서 가장 빠르게 부를 축적해 나가고 있다. 넷플릭스의 주가는 2011년 10달러(1만 1000원)대에서 2017년 140달러(15만 9000원)대로 껑충 뛰어오르며 시가 총액만 614억 달러(69조 7200억 원)에 달한다. 코스트코도 같은 기간 주가가 두 배 이상 뛰었다.

닷 워치를 만든 김주윤 대표의 아이디어 역시 업종은 달라도 시네걸, 헤이스팅스와 비슷한 점이 있다. 남들이 생각하지 못했거나 안 될 거라고 내다본 시장에 뛰어들었다는 점이다. '작아서 안돼'라며 세계적인 기업인 구글과 애플도 관심을 기울이지 않은 시각 장애인 IT 기기 시장을 새롭게 해석해 세계적인 대박을 만들지 않았는가.

사실 우리는 선진국의 젊은 부자 이야기에 열광한다. 부자의 꿈을 이룬 시점이 젊을수록 더 그러하다. 열여덟 살에 페이스북을 창업한 마크 저커버그, 스무 살에 시카고대를 중퇴하고 IT 기업 오러클을 창업한 래리 엘리슨, 학교를 중퇴하고 청소부에서 세계 1등 부호가 된 패션 브랜드 자라의 창업자 아만시오 오르테가 등은 부자가 되고 싶은 사람들의 대화 단골 주제다. 문제는 '젊은 부자 사업가는 선진국에서나 존재 가능하다'라며 우리나라에선 전혀 볼 수 없다는 식으로 넘어가는 경우가 많다는 것이다.

필자도 그렇게 생각한 적이 있다. 그러나 2016년 네이버 'JOB&'에 글을 쓰면서 생각이 달라졌다. 한국에도 세계 그 누구와 붙어도 밀리지 않을 비전과 아이디어, 실행력, 열정을 가진 뛰어난 사업가가 의외로 많았다. 그들은 모두 남들이 미처 생각하지 못한 아이디어를 실행으로 옮겨 성공 가도를 달리고 있다. 닷의 김주윤 대표는 한국의 2030 젊은 부자들의 등장을 알리는 서막에 불과한 것이다.

중국에서 현지 창업해 중국 증시 상장 초읽기에 들어간 20대 청년이 있는가 하면, 인도 시장 골목에서 흔하디흔한 제육볶음을 팔아 성공한 청년도 있다. 대학을 중퇴하고 금융 투자업에 뛰어들어 초기 자금 100만 원을 300억 원으로 불려 삼성동에 있는 2층짜리 저택을 사옥으로 쓰는 청년도 있다. 막걸리, 카페, 의류업 같은 소비재로 해외 매출을 일으키는 청년이 있는가 하면, 파도로 전기를 만드는 '파력 발전'으로 해외 시장에서 러브콜을 받아 낸 대기업 출신 인재도 있다. 이들에게서 다음과 같은 몇 가지 공통점을 찾아낼 수 있었다.

1. 평범하다

그들은 모두 평범하다. 부모의 지원을 발판으로 부를 이룬 사람이 없다.

2. 주변에서 시작한다

돈을 부르는 혁신적인 아이디어를 주변에서 찾았다.

3. 남다른 판단 기준이 있다

남들이 YES 할 때 그들은 NO라고 말한다. 세상의 유행이나 흐름보다는 자신이 가장 잘할 수 있는 것, 가장 하고 싶은 것에 집중한다.

4. 유연한 사고방식을 가지고 있다

A=C, 또는 A=D가 가능하다고 생각한다. 편견의 눈으로 보면 틀린 생각이지만 본질적인 관점에서 보면 당연한 것이다. 남과 다른 생각이 새로운 기회를 만든다.

5. 실패를 기회로 만든다

실패에서 성공의 씨앗을 찾았다. 포기하지만 않으면 언제든 역전의 기회는 온다.

6. 학력과 전공, 전통을 중요시하지 않는다

과감히 학력과 전공, 집안 전통을 파괴하고 새로운 길을 찾았다. 배경이 아니라 실력이 성공의 본질이라는 것을 알기에 자신의 간판을 내세우지 않고, 타인의 간판을 평가하지 않는다.

7. 사양 아이템에서 오히려 기회를 찾는다

남들이 거들떠보지 않는 사양 아이템에서 새로운 오리지널리티를 찾

한국의 젊은 부자들

는다. 시대의 흐름에 맞게 변화할 수만 있다면 사양 산업은 없다고 생각한다.

8. '덕질'을 사업과 연결시킨다

미치도록 사랑하는 취미, '덕질'이 돈이 됐다. 자신이 애착을 가지고 있는 분야를 누구보다 잘 알기 때문에 사업의 기회를 발견하기가 쉽고, 좋아하는 일이기에 웬만한 시련에도 버틸 수 있다.

9. 주변 사람을 먼저 챙긴다

자기를 낮추고 주변 사람을 띄워 성공 가능성을 높였다. 그들이 성장해야 내가 성장하고 그들이 행복해야 내가 행복하다는 것을 머리가 아닌 가슴으로 알고 있다.

10. 돈을 제대로 쓴다

부를 탕진하지 않으며 사회 환원에 적극적이다. 자신의 부가 자신이 나고 자란 이 사회 덕분이라고 생각한다. 끼니를 걱정해야 하는 어려운 시절을 지나왔기에 어려운 사람들을 돕는 것을 당연하게 여긴다.

이 열 가지 공통점이 바로 한국 젊은 부자들을 이끄는 힘이다. 아버지가 대기업 고위 임원도, 재벌 회장도 아닌 젊은 부자들은 돈을 귀하게 다룬다. 그들은 대부분 아르바이트와 직장 생활 등을 통해 창업 자금을 마련했다. 거창한 교육을 받은 청년들도 아니다. 물론 몇몇 청년은 서울대 등 이른바 알아주는 대학을 나왔다. 그러나 그들 중 인터뷰에서 '학교 수업을 통해 돈을 버는 영감을 얻었다'고 증언한 사람은 아무도 없다. 대신 자신을 둘러싼 주변 환경을 면밀하게 관찰했다. 남들이 생각하는 불편함에 착안했고, 틈새시장을 열어젖혔다.

젊은 부자들은 열려 있는 세상을 적극적으로 움직여 자신의 것으로 만든 사람들이다. 이들은 대개 1980~1990년대에 태어났다. 아무리 못해도 386, 486 펜티엄 컴퓨터로 오락을 시작했고, 하이텔과 천리안, 나우누리 같은 PC 통신으로 세상 넓은 줄 알았다. 태어날 때부터 세상이 거미줄처럼 연결돼 있다는 것을 알았고, 하루에 아무리 못해도 몇 시간씩은 사이버 공간에서 시간을 보냈다. 그동안 없던 새로운 온라인, 모바일 생태계에서의 여유 시간과 수많은 정보와 사람의 연결 속에서 젊은 부자들은 'A=D가 될 수 있다'는 역발상을 하기 시작했다.

뉴욕대의 소셜미디어 권위자인 클레이 셔키 교수는 이를 '잉여 시간(cognitive surplus)'이라고 부른다. 디지털 공간과 기기의 보급으로 인해 더 많은 사람이 자신의 재능을 다른 재능에 연결할 수 있게 됐고, 그 결과 우리에게 필요한 기술들이 더 늘어나 궁극적으로 '1조 시간'의 사회적 자원이 생겨난다는 것이다. 2013년 뉴욕대에서 셔키 교수를 만난 적이 있다. 그는 '온라인의 등장으로 더 많은 젊은 혁신가들이 생겨날 것이고, 그것은 상상하지 못한 부와 연결될 수 있다'고 말했다. 앞으로 소개할 많은 젊은 부자들은 서로 양립할 수 없을 것 같은 모바일 디지털 기술에서 수많은 혁신을 찾아냈거나 자신의 아이템과 결합시켜 성공한 경우가 많다. 모두가 쓰레기라고 여기는 아이디어도 새로운 디지털 세상에서는 통하는 구석이 있었다.

젊은 부자들은 고리타분한 관행을 따르지 않는다. 윗세대와 선배들이 실패하는 모습을 똑똑히 보고 자랐기 때문이다. 이들의 부모는 흔히 '3대 경제 위기'라고 일컬어지는 IMF 외환 위기, 글로벌 금융 위기, 유럽 재정 위기의 풍파를 겪은 사람들이다. 이 시기 중 하나를 잘못 만나 파산했거나 직장을 잃은 경우가 많았다. 대학 선배들의 진로는 천편일률적이었다. 전공과는 전혀 다르지만 막막한 취업 현실 속에 영업, 기획, 경영 직군에 스스로를 던지는 사람이 많았다. 젊은 부자들이 가진 '내 윗세대의 실패를 답습하지 않아야 한다'는 강박 관념은 곧 새로운 부의 창출로 이어졌다. 세계적인 기업으로 군림하던 노키아가 역사 속으로 사라진 핀란드에 새로운 젊은 부자들의 혁신 바람이 불고 있듯이, 부모와 내 앞길을 걸어간 선배들의 실패를 반복하지 않겠다는 결심이 있는 것이다.

04

끼니 걱정하던 청년 가장, 창업 6년 만에 매출 4000억 원 찍고 세계로

**1년에 600만 원 쓸 학원비를 30만 원으로
교육 업계의 판도를 바꾸다**

서울 대치동 인근 9층짜리 빌딩 2층. 'Global No.1 에듀테크 기업'이라고 쓰인 문을 열자 수백 명 임직원이 컴퓨터 앞에서 '타닥타닥' 소리를 내며 열심히 자판을 두드리고 있다. 1200명의 직원이 일하는 이곳은 2010년 8월에 문을 연 창업 7년 차 스타트업, 에스티유니타스(ST Unitas) 다. 공단기(공무원 시험)와 영단기(토익·토플 등 영어 시험)를 비롯해 60여 개의 교육 브랜드를 가진 에스티유니타스는 창업 7년 만에 교육 업계 전체 판도를 바꾸었다.

2010년만 해도 수험생들은 토익 고득점을 얻기 위해 한 달에 70만 ~100만 원씩을 쏟아부었다. 이때 에스티유니타스는 한 달 수강료가 채 안 되는 돈으로 1년간 무제한 온라인 강의를 들을 수 있는 '프리패스' 서비스를 도입해 대박을 쳤다. 연 27만 원을 내면 스타 강사들이 진행하는 영어 회화와 문법 강좌를 무제한으로 들을 수 있게 한 것이다. 출석률이 높고 목표 점수를 달성하면 수강료를 전액 환급해 주기까지 했다. 그러자 공부할 돈이 모자라는 청년들이 이 서비스에 몰려들기 시작했다.

2010년 첫해 매출은 20억 원. 이후 매출은 2015년 1250억 원, 2016년 4000억 원으로 수직 상승했다. 192개국에 진출한 숙박 공유 업체 에어비앤비는 2008년 시작해 2014년 매출 4800억 원(4억 2300만 달러)을 냈다. 1억 5600만 명이 쓰는 메신저 스냅챗도 창업 6년 차인 2016년 매출이 4500억 원(4억 달러)이었다. 이처럼 이름만 들으면 알 만한 미국 유명 스타트업과 비교해도 성장세가 밀리지 않는다.

"이렇게 빨리 커질 줄 몰랐습니다. 아직도 믿어지지 않아요. 직원 1200명의 CEO라니, 솔직히 말하면 매일 '멘붕'이 옵니다."

창업자 윤성혁(38) 대표는 어떻게 이렇듯 짧은 시간에 폭풍 성장을 할수 있었을까?

윤 대표는 한마디로 '개천에서 용이 난' 케이스다. 건설사에서 일하던 아버지가 1990년대 말 명예퇴직하면서 집안이 어려워졌다.

"어릴 때부터 건설 현장에 자주 갔습니다. 건설 업계에서 성공해 제3세계의 어려운 사람들을 돕고 싶었습니다. 그런데 집안이 기울자 아버지가 '의대를 가라'고 하는 겁니다. 반대를 무릅쓰고 꿈을 따라갔습니다."

서울대 지구환경시스템공학과에 입학했지만 전액 장학금을 받지 못하면 학교에 다닐 수 없는 상황이었다.

"청년 가장이었습니다. 저뿐만 아니라 동생과 부모님 생활비까지 벌어야 했어요. 과외를 하루에 3~4개씩 하면서도 돈이 없어 3일간 굶은 적도 있습니다. 월 150만 원씩 벌었는데 그 돈을 부모님께 거의 다 드렸거든요. 나머지 시간엔 공부만 했습니다. 힘들었죠."

서울대 공대를 수석 졸업(학점 4.3만점에 4.26)하고 건설 회사에서 인턴을

"몇 십억 원 벌었다고 해서
행복하기는 어려울 것 같았습니다.
교육으로 4억 명, 5억 명의 인생을 바꿨다고 말하며
죽고 싶었습니다."

했는데 진로를 바꿔야 했다.

"술을 한 방울도 못 마셔요. 건설 회사 인턴을 했는데 그곳 직원들이 '술도 못 먹으니 건설 회사는 절대 오지 마라. 차라리 사법 고시를 보라'고 하더군요. 진로를 다시 알아보는 차원에서 컨설팅 사에 갔습니다."

컨설팅 회사 베인앤컴퍼니에 잠깐 몸담았다가 교육 업체 이투스에서 병역 특례로 군 복무를 했다. 그때 교육업의 매력에 눈을 떴다. 무엇보다 당시 그 자신처럼 '맨주먹'인 사람들이 충분히 도전해 볼 만한 비즈니스라는 생각이 들었다.

"돈도 벌면서 다른 사람의 인생을 바꾸는 것이 교육이었습니다. 무엇보다 '맨주먹'인 사람들에게 딱 맞는 비즈니스인 거예요. 제조업을 하려면 공장을 지어야 하고, 포털 사이트를 만들면 처음엔 수익이 안 나잖아요? 그런데 교육은 처음부터 수익을 낼 수 있을 것 같았죠. 무엇보다 이런 생각을 했습니다. '인생은 짧다. 훗날 죽을 때 뭐라고 말하면서 죽을 것인가.' 몇 십억 원 벌었다고 해서 행복하기는 어려울 것 같았습니다. 교육으로 4억 명, 5억 명의 인생을 바꿨다고 말하며 죽고 싶었습니다."

병역 특례 근무를 마치고 지인 4명과 함께 회사를 세웠다. 자본금은 1900만 원. 서울 신림동에 낡은 사무실을 구했다. 그렇다고 당장 서비스를 내놓을 수 있는 상황은 아니었다. 처음 6개월은 고민만 했다. 후발 주자이기 때문에 메이저 교육 업체와의 경쟁에서 이기려면 그들이 주지 못하는 것을 수강생들에게 줘야만 했다. 그래서 생각한 것이 대표 상품 '프리패스'다.

"대형 영어 학원은 다양한 코스를 가르치는데, 한 수업당 10만 원 이상입니다. 수강생 한 사람의 책값과 수험료를 합치면 한 달에 100만 원씩

쓰더군요. 보통 6개월 정도 학원 다니면 600만 원을 지출하는 겁니다. 그래서 '1%가 누리는 걸 99%가 누리게 하자'는 모토 아래 온라인 전용 강좌인 프리패스를 고안했습니다. 인터넷 사이트를 만들고, 사무실에 인터넷 강의 촬영 시설도 구비했죠."

하지만 후발 주자에게 저가 전략은 위험 부담이 매우 큰 길이다. 아주 많은 사람이 모이지 않으면 수익을 절대 낼 수 없는 모델이기 때문이다. '망할 것 같다'고 불안해하는 공동 창업자들을 '수익보다는 업계를 조금이라도 바꾸는 시도가 먼저'라고 설득했다. 그가 이렇게 자신 있게 설득할 수 있던 데는 나름의 생각이 있었기 때문이다.

영어를 인터넷으로 가르치는 '영단기' 사이트를 만들면서 가장 중점을 둔 일은 좋은 강사를 유치하는 것이었다. 우리나라에서 가장 비싼 수업을 하는 강사의 강의를 유치하는 것이 목표였다.

"가장 인기 좋은 비싼 수능 강의는 대치동, 영어는 강남, 공무원은 노량진에 있습니다. 학원들을 설득했습니다. 일부 강사들은 원래 학원에서 가르치도록 하고, 우리 쪽에서 인터넷 강의만 할 수 있도록 계약했습니다. 그렇게 하면 강사가 부업을 하는 셈인데 그것을 허락해 달라고 학원 측을 설득한 겁니다. 무작정 학원 강의실 앞에서 강사들을 기다렸어요. 대부분 다 거절했습니다. 그러나 회사 취지에 공감한 강사들이 연봉을 절반씩 낮추고 합류했습니다. 대신 수강생이 늘어날수록 인센티브를 지급하겠다고 했습니다."

지금은 그 시절보다 더 많이 버는 강사가 많다. 2015년 기준 강사들에게 지급한 강사료만 380억 원에 달한다.

2010년 7월 '영단기'를 출범했다. 1년에 27만 원만 내면 수십 명에 이르는 영어 강사의 듣기·독해·회화·비즈니스 영어 수업을 인터넷으로 제공하는 프리패스를 업계 최초로 시작했다. 그것만으로도 파격적인 가격이었지만 사람이 모일 것 같지 않아 강의 절반을 무료로 풀었다. 인터넷 강의 출석률이 높으면 일정 기간 이후에 환급을 해 주겠다고도 했다. 첫 달 100여 명이 몰리더니 순식간에 1000명이 넘어가면서 폭발적인 인기를 누리기 시작했다.

"무료 강의만 골라 듣던 수험생들의 90% 이상이 1년 뒤 유료 강의를 듣기 시작했습니다."

서비스가 히트를 치자 취업 준비생들 사이에 '모 그룹 회장 아들이 남몰래 선행을 베풀고 있다'는 루머가 돌았다. 밥값이 없어 굶던 가난한 대학생이 갑자기 사회 봉사하는 재벌 2세 소리를 듣기 시작한 것이다.

영단기에 이어 공단기를 만들었고 각각 서비스 시작 1년이 안 돼 해당 분야 시장 점유율 1위에 올랐다. 가격만 낮춘 서비스라면 이런 성공을 거둘 수 없었을 것이다. 토익 단기 고득점자 1444명, 공무원 합격자 2만 7833명을 분석해 단기간에 고득점을 받는 방법과 합격법을 정리해 강의에 녹였다.

왜 다른 교육 업체들은 이런 생각을 하지 못했을까? 윤성혁 대표는 그 이유를 기존 업체들의 현상 유지 본능에서 찾았다.

"굳이 학생에게 적은 돈을 받을 필요가 없었던 것입니다. 10분의 1 가격으로 수강료를 받으면 매출이 10분의 1로 줄어듭니다. 강의실 공간은 150석밖에 되지 않는데 말입니다. 그러니 위험에 도전하기보다 현상 유지만 해도 충분히 많은 돈을 벌 수 있다고 생각한 것입니다."

영단기가 크게 성장하자 경쟁사들의 견제가 시작됐다. 인기 강사를 뺏어 가는 경우도 있었고, 심지어 경쟁 업체가 '회사에 불을 지르겠다'고 으름장을 놔서 직원들이 모두 불침번을 선 적도 있다.

그가 교육 업계의 판도를 단숨에 바꿔 놓을 수 있던 이유는 얼마나 벌 것인가를 생각하기 전에 무엇을 줄 것인가를 먼저 생각했기 때문이다. 그 덕분에 남들이 생각하지 못하던 혁신적인 상품을 만들 수 있었고, 수강생들이 이에 응답한 것이다. 대체로 젊은 부자들은 받을 돈보다 줄 수 있는 혜택과 서비스의 질을 우선시한다. 그 덕분에 시장을 지배하고 있는 경쟁 업체들이 미처 발견하지 못한 업의 본질을 빠르게 파악하고 시장의 판도를 흔든다.

한국의 교육열과 IT 인프라는 세계 최고지만 한국의 교육 기업들은 내수 시장만 생각하고 현실에 안주하는 경향을 보인다. 그런데 기존 메이저 업체들의 현실 안주가 오히려 에스티유니타스 같은 후발 업체에게 엄청난 기회를 안겨 준 꼴이 되었다.

"많은 학생이 '이 회사 안 망했으면 좋겠다'는 메일을 보내와요. 그중에서도 지적 장애를 가진 부모님 밑에서 어렵게 자라는 3남매가 프리패스로 공부해서 공무원 시험에 합격했다는 메일이 가장 기억에 남습니다."

그는 요즘 다른 고민을 한다. 지금까지는 돈이 없어도 공부하게 해 주자는 게 목표였으나, 이게 진짜 '꿈'을 이루어 주고 있느냐 하는 더 본질적인 질문을 시작한 것이다.

"단지 시험을 잘 보는 게 아니라 '좋은 직업'을 가질 수 있게 해야겠다는 생각이 들었습니다. 4차 산업 혁명 시대에는 직업이 네댓 번 바뀌거든요. 학생들이 '창직(創職)'을 할 수 있도록 더 저렴한 직업 교육 서비스를 준비하고 있습니다. 요즘은 대학 나와도 취업이 어렵지 않습니까. 직업 교육만 전문으로 하는 대학을 설립할 작정입니다."

그는 2017년 2월 말 벤처 업계에 화제의 중심으로 떠올랐다. '미국 입시 교육의 자존심'이라는 교육 기업 프린스턴 리뷰(Princeton Review)를 인수한 것이다. 1981년 설립된 교육 업체 프린스턴 리뷰는 아이비리그 대학에 진학하고 싶어 하는 전 세계 150만 명 학생에게 온오프라인으로 GRE·SAT·GMT 시험 강의 서비스를 제공한다. 직원은 1000여 명. 전 세계 20개국에 진출해 있으며 소속 강사만 6000여 명에 이르는 미국 1위 교육 기업이다.

그러므로 에스티유니타스의 프린스턴 리뷰 인수는 미국 한인들이 '일본 소니가 미국 영화의 자존심인 컬럼비아 픽처스를 인수한 것과 맞먹는 사건'이라고 미국인들에게 자랑스럽게 말할 만큼 충격적인 뉴스였다.

"사실 프린스턴 리뷰 인수는 10년 전부터 꾼 꿈입니다. 물론 그 당시 주위 사람들이 '너 미쳤다'고 손가락질했습니다. 그런데 지금 거짓말처럼 꿈이 이루어진 거예요. 3년 전부터 끊임없이 연락했는데 거절당했어요. 변방에 있는 이름 모를 업체니까 '너희들 누구냐'는 식이었습니다. 그래도 포기하지 않고 두드리다 보니 최근 급물살을 탔습니다. 사실 프린스턴 리뷰를 인수하려는 경쟁사가 많았는데 우리가 낙점을 받았습니다."

교육으로 4억 명, 5억 명의 인생을 바꿨다고 말하며 죽고 싶다는 꿈을 위한 또 한 번의 도약이다.

"우리가 프리패스를 도입하기 전에 노량진 수험생들은 학원비로만 몇 백만 원을 썼습니다. 책값, 생활비까지 포함하면 1년에 평균 2000만 원을 쓴 셈이죠. 프리패스를 도입하면서부터 학원비가 한 달에 4만~5만 원으로 줄었습니다. 그런데 프린스턴 리뷰도 너무 비쌉니다. 시간당 1500달러(170만 원)를 주고 수업을 듣습니다. 미국에서도 프리패스 혁명을 일으키고 싶었습니다. 부유층 자제들만 사용하던 서비스를 흑인, 히스패닉 같은 저소득층도 누리도록 만들겠습니다."

그는 영단기 같은 대박 사업을 꿈꾸는 예비 창업자들에게 다음과 같은 조언을 했다.

"한 가지입니다. 단지 돈을 벌겠다는 생각만 가지고 창업하지 마세요. 정말 바꾸고 싶은 현실, 그 '분노의 지점'을 찾아 바꾸려는 노력을 할 때 돈이 따라온다고 생각합니다. 사실 저는 돈을 벌기 위해 창업하지 않았는데 돈과 비즈니스가 따라왔습니다. 제가 진입한 분야는 모두 레드오션이었고, 주위에서 모두가 망할 것이라 했지만 결과적으로 그들의 말이 틀렸습니다."

윤성혁 대표뿐만 아니라 이 책에 나오는 대다수 젊은 부자들은 비슷하게 말한다. 어쩌면 이 책을 읽고 있는 독자들도 대부분 이미 알고 있는 원칙일지도 모른다. 그런데 왜 누구는 성공하고, 누구는 실패하는 것일까? 그것은 아마도 진짜 중요한 본질을 꿰뚫어 보는 통찰의 차이에서 비롯하는 것 아닐까.

05

세상이 어떻게 바뀌든
내가 파고들 틈새는 존재한다

내가 느끼는 불편함을
성공적인 사업으로 연결시키는 법

필자는 어렸을 때 이스라엘과 미국에서 유년 시절을 보냈다. 운 좋게 창업 천국이라 불리는 이스라엘과 미국 캘리포니아 버클리에 5년 정도 머물며 초등학교와 중학교 1학년 과정을 마쳤다. 그때는 몰랐는데 중학생 때 한국에 돌아와 깜짝 놀랐다. 집 주변을 5~10층짜리 상가 건물이 빙 두르고 있는 게 아닌가. 5분만 걸어가면 슈퍼마켓, 미용실, 편의점, 베이커리, 김밥집, 세탁소, 커피숍 등 없는 게 없었다. 그리고 15~20분만 가면 대형 마트와 백화점도 있었다.

미국에서는 거주하는 집에서 생필품을 사려면 부모님과 함께 수십 분 넘게 차를 타고 도시 외곽에 있는 코스트코로 가야만 했다. 커피숍이나 베이커리는 집 주변에서 찾아보기 어려웠다(단 뉴욕은 예외다). 한국에 와서 눈이 휘둥그레질 수밖에 없었다. 휘황찬란한 간판들이 매일 필자의 오감을 자극했기 때문이다. 처음엔 신기하다 어느새 그게 일상이 되니까 '왜 새로운 서비스 프랜차이즈가 우리 집 앞엔 안 오냐'며 불만을 늘어놓는 지경에 이르렀다.

돌이켜 보면 캘리포니아에서는 늘 탁 트인 하늘을 보고 살았다. 차를 타고 샌프란시스코에서 스탠퍼드대 방향으로 남쪽 고속도로를 달리다 보면 황량한 산악 지대가 나온다. 어린 마음에도 '중간에 내리면 큰일 나겠다'는 생각을 했을 정도다. 이스라엘도 마찬가지다. 그 나라를 가면 온 사방이 사막 천지라 숨이 막혀 온다.

이처럼 불편한 환경에서 자라난 혁신가들은 '불편함을 해소해야 한다'는 생각을 가지게 마련이다. 눈에 보이지 않으면 상상의 그릇이 커지게 되고, 담는 음식의 크기도 덩달아 커질 수밖에 없기 때문이다. 세계적인 공유 차량 업체 우버, 숙박 공유 업체 에어비앤비를 보라. '왜 꼭 택시를 타야 하나', '왜 꼭 호텔에서 자야만 하나'라는 근본적인 역발상적 물음이 시초가 돼 글로벌 대박을 만들지 않았는가. 불편한 환경이 역발상을 하게 만든다. 상식 밖의 질문들을 마구 던지게 되는 것이다.

상상할 필요가 없는 곳에 살고 있는 우리나라의 쏠림 현상은 뼈아픈 문제다. 친구가 공무원 하면 나도 공무원 하고, 대기업에 지원하면 나도 지원한다. 자기소개서 내용도 다 비슷하다. 네이버 JOB&에 있으면서 보게 된 수많은 취준생의 자기소개서는 그야말로 천편일률적이었다.

'저는 사람을 좋아합니다. 대학생 때 동아리에서 활동하면서 많은 친구와 어울리며 리더십을 배웠습니다.'

'저는 소통이 주 무기입니다. 어학연수를 통해 영어 실력을 키웠고, 아나운서 학원을 다니면서 설득에 필요한 화법을 배웠습니다.'

'저는 누구보다 남들과 잘 어울리는 친화력을 가졌습니다.'

이쯤 되면 기업의 인사 담당자가 골치가 아플 수밖에 없다. 수천 명이 낸 자기소개서 내용이 거기서 거기이기 때문이다. 그저 '합격 자소서'를 참고해 그 형식에 맞추고 없던 개성을 만들어 낸다. 이처럼 남의 것을 따라만 하는 이유는 더 넓은 세상을 보면서 상상의 나래를 펼쳐 본 적이 없기 때문이다. 수많은 불편함을 느끼며 그것을 개선하려는 노력을 할 필요도 없었다. 지엽적일지 몰라도, 집 근처에 모든 편의 시설이 갖추어져 있는 한국의 환경은 일상에서 역발상을 하지 못하게 만드는 요소 중 하나라 생각한다.

이런 상황에서 한국의 젊은 부자들 중 콘트래리언(역발상가)이 많다는 사실을 알고 깜짝 놀랐다. 그들은 근본적으로 남들은 관심을 갖지 않는 1%의 무관심에 귀를 기울일 줄 알았던 것이다.

사실 역발상적 접근법은 일반인들이 가장 열광하는 소재다. 이것은 단순히 남들이 YES 할 때 무조건 NO만 외치는 고집불통을 말하는 것이 아니다. 기존의 생각을 바꿔 새로운 생각을 내놓는, 모순을 읽는 작업이다. 역발상 연구의 권위자인 동국대 여준상 교수에 따르면 역발상은 A=B를 말하는 것이 아니다. A=D가 될 수도 있다는 발상의 전환을 말한다.

모순은 두 사실이 배척돼 절대 양립할 수 없을 것처럼 보인다. 그러나 사실 여기에 진리가 있다. '찬란한 슬픔', '소리 없는 아우성', '살려고 하는 자는 죽고, 죽으려고 하는 자는 산다'는 명언은 모순적 표현으로 진리를 전달한다. 지크문트 프로이트는 '모순이란 인간의 본능, 즉 속마음을 가장 잘 표현하는 것'이라고 설명한 바 있다.

미국 캘리포니아의 지역 패스트푸드점인 인앤아웃 버거를 살펴보자. 300개가 넘는 매장을 가진 인앤아웃은 맥도날드 연간 매출의 1%밖에 안 되지만, 순이익률은 20%에 이르는 것으로 알려졌다. 2014년에는 5억

7500만 달러(6500억 원)의 매출을 냈다.

그 비결은 '패스트푸드점'의 관행을 깨 버린 데 있었다. 첫째, 1948년 설립 당시 세계 최초로 드라이브 스루 시스템(매장에서가 아니라 차를 탄 채로 주문하고 포장해 가는 시스템)을 도입했다. 당시 패스트푸드점에는 이런 시스템이 없었다. 둘째는 '미친 단순함'이다. 메뉴는 햄버거, 치즈 버거, 더블 더블 버거, 감자튀김, 음료수 등 다섯 가지에 불과하다. 보통 패스트푸드점에 들어가면 숨이 막힌다. 깨알 같은 글씨로 엄청나게 많은 메뉴가 카운터 위에 나열되어 있기 때문이다. 그런데 인앤아웃은 무엇을 먹을지에 대한 고민을 덜어 주면서 핵심 제품의 품질에만 집중한 것이다. 마지막으로, 매장에 냉장고가 없다. 당일 공급 받은 신선한 재료만으로 음식을 만드는 원칙 때문이다. 단순한 메뉴 구성으로 재고 관리가 쉽기 때문에 이런 전략이 가능한 것이다.

역발상을 주 무기로 삼는 젊은 부자들은 오히려 위기에 솟아오른다. 이는 이 책에 나온 젊은 부자들이 2008년에 대거 등장한 이유와도 무관하지 않고, 필자가 만난 글로벌 CEO들의 특징이기도 하다. 위기가 닥쳤을 때 살길을 더 절실하게 찾게 되고 그런 노력의 결실이 더 도드라져 보이는 것이다. 미국 글로벌 금융 위기 때 한 길만 파고들며 상식의 전환 없이 달려간 AIG, 리먼 브러더스 같은 기업들은 무너졌다. 그러나 상식을 뒤집어 모순을 찾아 진리를 추종한 사업가들은 위대해졌다.

가령 필자가 만난 헤지펀드 매니저 존 폴슨은 모든 사람이 주택 가격 상승에 베팅하는 글로벌 금융 위기 때 혼자 주택 가격 하락에 베팅했다. 그 결과 사상 최대의 위기 상황에서 사상 최대의 대박을 터트렸다. 그는 주택 가격이 떨어졌을 때 돈을 벌 수 있는 방법인 신용 부도 스와프(CDS)

라는 신종 파생 금융 상품을 이용했다. 이 한 방으로 2007년 한 해 폴슨앤드컴퍼니는 150억 달러(17조 원)에 가까운 돈을 벌었고, 폴슨은 이 가운데 40억 달러(4조 5000억 원)를 챙겼다. 업계에서 무명에 가깝던 그가 한순간에 전설이 된 것이다. 폴슨은 이렇게 말했다.

"제 인생의 신조는 남들과 반대로 가는 콘트래리언이 되는 것이었습니다. 모든 사람이 주택 가격은 올라갈 것이라고 믿었습니다. 그러나 지난 50년간의 주택 시장 움직임을 그래프로 분석해 본 결과 시장이 어디에 있는지가 명확해졌습니다. 주택 시장의 정점이었던 것입니다. 그리고 거품이 곧 꺼질 거란 사실도 알게 됐습니다."

역발상적 아이디어에 사람들이 환호하는 이유가 또 있다면, 그것은 증시에 상장한 주요 기업들의 제품이 모두 주식 시장의 사이클에 맞춰져 있다는 본질적인 문제 때문이다. 기업들은 기본적으로 주주의 압박을 받는다. 주주들은 분기마다 폭발적인 성장을 원하고, 그들의 요구를 들어줘야만 CEO 자리를 지킬 수 있다.

분기마다 매출을 늘리기 위해서는 단기적으로 '잘 팔릴 제품'을 만들 수밖에 없다. 이렇게 되면 기업이 연구 개발(R&D) 조직을 갖췄다 하더라도 혁신의 질이 낮아지게 된다. 상식을 뒤집는 파괴적인 혁신보다는 기존의 제품을 수정하고 조금 더 개선하는 점진적 혁신밖에 하지 못한다. 결국 상식 너머의 세상을 보지 못하게 되고 기존의 틀에 갇힐 수밖에 없다. 반찬으로 김과 김치만 주다가 햄을 추가로 밥상에 얹어 놓는 꼴이다.

문제는 기업마다 아이디어가 비슷하니 가격 출혈 경쟁을 벌이다 동반 몰락한다는 데 있다. 이 문제는 전 세계적으로 나타난다. 우리가 잘 알고 있는 랄프로렌, 코치, 마이클코어스, 타미힐피거 등은 한때 세계 시장을 주름잡던 명품 브랜드였는데 지금은 사시사철 할인 판매되고 아울렛에서나 팔리는 중저가 브랜드로 전락했다. 싸게 팔면 박리다매 전략이라도 통해야 할 텐데, 최근 수년간 이들의 브랜드 매출은 10~20%씩 줄어드는 상황이다. 랄프로렌은 최근 매장 50개를 폐쇄하고 직원 1000명을 감축하겠다고 밝히기도 했다.

이 기업들은 1990년대 말~2000년대 들어 주식 시장에 상장하면서 '수익 증대'라는 주주 압박에 시달렸다. 판도를 바꾸는 제품 혁신보다 막연한 비용 절감이 중요해지면서 매스티지(masstige, 명품의 대중화)를 표방하게 된 것이다. 결과적으로 모든 사람이 같은 가방을 갖게 되고, 누구도 탐내는 물건이 아닌 '흔한 물건'으로 전락해 버렸다.

국내에만 안주하는 은행, 보험 등 금융권도 마찬가지다. 역발상적 사고로 틀을 바꾸어 고객 서비스를 개발하지 못하면서 위상이 추락했다. 세계경제 포럼(WEF)의 〈글로벌 경쟁력 보고서〉에 따르면, '금융 서비스 다양성' 부문에서 한국은 2012년 89위, 2013년 92위를 차지해 우간다와 레바논 등 저개발국들보다 순위가 낮다. IT와 금융을 결합해 온라인, 모바일상에서 결제와 송금, 투자와 대출이 이루어지는 시스템이 대세지만 이를 쫓아가지 못하고 '지점 영업'에만 매달리고 있기 때문이다.

그런데 후발 주자일 수밖에 없는 우리에게는 어쩌면 다행한 일이다. 변화의 필요성을 못 느끼던 기존 교육 업체들 덕분에 기회를 잡았다던 에스티유니타스 윤성혁 대표의 말을 떠올려 보자. 세상이 어떻게 바뀌든 늘틈새는 존재한다. 그 틈새를 찾는 가장 쉬운 방법은 자신이 가장 싫어하는 게 무엇인지를 파악하는 것이다. 싫어하던 무엇인가를 바꾸려고 했다가 대박을 친 사람이 있다.

06

제일 싫어하는 것에서
대박 사업 아이템을 찾다

연기가 나지 않는 바비큐로 매출 100억 원
문래동 철공단지에 식당 내고 없던 상권 만들어

요즘 요식 업계에서 화제의 인물로 떠오른 박경준(32) 대표는 원래 기계를 만들고 정비하는 제조업자였다가 식당으로 크게 돈을 벌고 있는 사람이다. 바비큐를 파는 고깃집 '철든놈(Iron Nom)'을 창업해 중국 난징, 일본 신주쿠, 미국 애틀랜타, 호주 시드니에도 진출했다. 2014년 80억 원 매출을 기록했고 2016년에는 100억 원을 돌파했다. 순이익률은 20%가 넘는다. 300g에 9800원짜리 삼겹살로 해외까지 진출한 보기 드문 사례다. 그가 최초로 문을 연 서울 문래동 철공단지는 상권이 상대적으로 활발하지 않은 곳이었다. 식당이 들어선 빌딩의 주인은 워낙 철든놈이 잘되니 최근 '10년 계약을 하자'고 제시했다. 고깃집이 잘되자 주변에 이런저런 상점들이 들어서기도 했다.

철든놈은 시중에서 파는 불판을 이용해 고기를 굽는 여느 식당과는 다르다. 직접 미니 사이즈의 구이기를 개발했기 때문이다. 고기를 구우면 당연히 연기가 나게 마련이지만 그가 만든 구이기에서는 연기가 안 난다.

숯이 고기 아래쪽이 아니라 옆에 놓이기 때문이다. 고기를 옆에서 불로 구우면 고깃기름이 불에 떨어지지 않아 연기가 나지 않는 것이다.

이 아이디어도 신선하지만 그는 더 깊숙이 들어갔다. 저마다 바비큐라고 식당 이름을 짓지만, 그저 생고기를 굽는 것도 바비큐라고 이름 짓는 요식업자가 많았다. 그러나 바비큐의 본질적인 뜻 자체는 '은은한 불로 오랜 시간 훈증하면서 익힌 것을 구워 먹는 것'이다. 박 대표는 4시간 동안 훈연한 훈제 고기를 내온다.

그가 미니 구이기를 개발할 수 있던 건 과거의 기계 장비 개발 경험을 요식업과 연결시킨 덕분이었다. 특수 합금 문을 만드는 작은 제조 업체 사장인 아버지 밑에서 나고 자란 그는 어릴 때부터 철을 자르고 붙이는 모습을 많이 봤다. 그래서 자신의 특기는 기계 장비 개발이라고 여겼다. 중소기업청에서 5000만 원을 지원 받아 부산대 창업 보육 센터에서 '침수 방지문'을 개발했다. 물이 덮쳐도 부서지지 않는 문이었다.

"당시 경남 창원에서 물난리가 일어나 많은 가구가 피해를 봤어요. 침수 사태가 발생하면 문이 물의 무게를 견디지 못하거든요. 그러나 저는 특수 합금을 이용해 물난리가 나도 터지지 않는 문을 만든 것이죠."

그러나 건설 업체 사장들은 스무 살의 어린 사장을 믿지 않았다. 그는 바로 접었다. 그 후 창업을 꿈꾸던 그는 자기가 좋아하는 것보다 싫어하는 것을 찾아봤다. 가장 싫어하는 것이 고깃집이었다. 연기가 몸에 배는 것이 몹시 싫었다.

"그런데 그게 기회였어요. '연기가 나지 않는 바비큐 고기를 만들면 어떨까? 그러면 연기가 몸에 배는 것이 싫은 사람도 먹지 않을까?'란 생각을 하게 된 거죠."

"동네에선 저를 바보라고 불렀죠.
왜 역세권이 아닌 철공단지에서 창업을 했느냐는 겁니다.
그러나 저는 사람이 모여들지 않는 곳에서 성공하고 싶었어요.
이게 되면 역세권에선 당연히 성공하거든요."

2011년 상경한 박 대표는 서울에서 임대료가 가장 싼 문래동 철공단지에 198제곱미터(60평)짜리 창고 공간(월세 70만 원)을 빌렸다. 여기서 자신의 기계 장비 기술을 발휘해 연기가 나지 않는 구이기 개발에 힘썼다. 창고 공간에 마련해 둔 간이침대에서 먹고 자며, 하루 대부분의 시간을 개발에 몰두했다. 1년 동안 시행착오를 네 번 거친 끝에 개발에 성공해 특허도 냈다. 사람들 입맛에 딱 맞는 훈연된 고기 레시피도 만들었다.

"동네에선 저를 바보라고 불렀죠. 왜 역세권이 아닌 철공단지에서 창업을 했느냐는 겁니다. 그러나 저는 사람이 모여들지 않는 곳에서 성공하고 싶었어요. 이게 되면 역세권에선 당연히 성공하거든요."

2012년 초 창고 공간을 식당으로 개조해 오픈했다. 사람들이 2시간씩 줄을 서며 초창기부터 대박이 터졌다. 그의 꿈은 50여 년의 역사를 자랑하는 대만의 딤섬 전문 레스토랑 체인 '딘타이펑' 같은 글로벌한 요식 브랜드를 만드는 것이다.

생각을 호떡처럼 뒤집는 시도는 누구나 할 수 있다. 약간의 발상 전환만으로도 대중의 환호를 받을 수 있다. 이쯤 되면 확실해지는 게 하나 있다. 역발상은 그저 남들이 만든 틀을 맹목적으로 거부하는 것이 아니란 점이다. 오히려 근본적으로 성공하는 방법을 찾아내는 접근 방식이다. 박경준 대표는 특정 사안을 쫓아가는 쏠림 현상을 거부했다. 도리어 사안의 과거 맥락과 패턴, 의사 결정의 큰 그림을 보는 것을 자신만의 원칙으로 세웠다. 결국 본질은 남들이 예상하지 못한 지혜를 연결하고, 그것을 활용하는 데 있다.

07

화장품 1000만 개를 팔았지만 화장품 회사는 아닙니다

마케팅 회사 미팩토리의 돼지코팩 마케팅 노하우
사용 전후 모습 보여 주며 욕망을 파고들다

기술 개발, 영업, 제품 마케팅, 조직 경영, 전략……. 이 모든 것을 처음부터 잘하려고 하면 차별화 포인트가 없는 회사가 될 가능성이 크다. 기술 개발에 적당히 투자해 그럴듯한 시제품을 만들고, 평범한 마케팅과 '눈요기' 수준의 홍보 전략으로 시장의 주목을 받지 못하는 스타트업이 많다. 문제는 '와우 요소(wow factor)'가 없기 때문이다. 비즈니스 세계에서는 와우 요소란 말이 자주 쓰인다. 고객들의 예상과 예측을 뛰어넘어 뛰어난 제품과 서비스 경험을 만들어 내기 위해 회사가 주로 집중하는 일이 바로 와우 요소다. 단번에 '와우~'라는 말을 나오게 하는 마법의 원천을 말하는데 내가 가장 잘하는 요소에 집중하고 또 집중하는 것이다. 기술 개발이든 영업이든 마케팅이든 물류든 뭐든 하나만큼은 누구에게도 지지 않는 강력한 '와우 요소'를 만드는 것이다.

　서울 성수역에서 내려 5분만 걸어가면 요즘 '성수콘밸리(실리콘밸리와 성수동의 합성어)'라고 불리는 젊은 벤처 기업들이 모인 곳이 있다. 겉은

40~50년은 되어 보이는 2층짜리 낡은 빨간색 벽돌 건물인데 내부는 완전히 달랐다. 검은색과 하얀색이 조화를 이룬 고급 인테리어를 배경으로 직원 30여 명이 분주하게 컴퓨터 자판을 두들겨 대고 있었다.

이창혁(32) 씨가 지인 2명과 공동 창업한 미팩토리는 요즘 온라인상에서 가장 화제가 되고 있는 기업이다. 화장품 등 뷰티 제품을 파는데 대표 제품이 코팩인 '3단 돼지코팩'이다. 코에 붙였다 떼면 피지가 빠지는 팩으로 포털 사이트에 '돼지코팩'이라고 치면 관련 제품 사용 후기가 무수히 나온다.

이 제품은 1000만 장 팔리면서 올리브영 판매 1위를 달성했다. 5장에 1만 2000원. 마스크팩 하나가 1000원인 것을 감안하면 꽤 고가지만 그럼에도 돌풍을 일으켰다.

2014년 말 창업, 2015년 매출 80억 원을 달성한 데 이어 2016년엔 120억 원의 매출을 냈다. 직원 30여 명으로 창업 2년 만에 낸 성과다. 영업 이익률은 20% 내외. 이제 갓 창업한 회사인데 인기는 대기업 저리 가라다. 2016년 13명을 뽑는 공채에 1500명이 몰렸다. 경쟁률 127 대 1. 웬만한 대기업, 중견 기업에서도 볼 수 없는 '핫한' 인기가 아닐 수 없다.

그런데 여기서 착각하면 안 될 게 있다. 미팩토리는 화장품 회사가 아니다. 직원 34명 중 20명이 마케팅 직원이다. 나머지 연구 개발, 생산 등은 모두 외주를 준다. 페이스북, 인스타그램 같은 소셜 네트워크 서비스(SNS)에만 집중한다. 전문 제조 업체와 계약을 맺고 마케팅을 하는데 매출의 25~40%를 제조 업체에 준다.

미팩토리가 돈을 번 전략은 'SNS, 한 놈만 팬다'는 것이다. 대기업들이 전부 'SNS가 뜬다는데 어떻게 이용하지?'라고 고민할 때 국내 기업 가운

"아무리 좋은 제품이라도 마케팅이 부실하면
소비자는 알 수가 없습니다.
입에서 입으로 소문이 나기까지는
너무 오랜 시간이 걸린다는 것도 깨달았죠."

데 처음으로 SNS 광고에 손댔다. 수많은 화장품 관련 회사가 어설프게 화장품 개발에 손을 댔다가 제대로 홍보도 하지 못하고 개발한 제품을 헐값에 넘겨 버리는데, 미팩토리는 아예 제품 개발은 꿈도 안 꾼다. 이창혁 대표는 말한다.

"돼지코팩은 새로운 제품이 아닙니다. 이미 시중에 나와 있어요. 대기업에서도 팔고 있고요. 우린 좋은 제품을 개발해 대박 친 게 아닙니다. 문제는 소비자가 제품을 몰랐다는 거예요. 우연히 아이템을 발견하고 한 제조 업체를 찾아가 공동 마케팅을 제안했어요. 이름을 '돼지코팩'이라 짓고, 제품 캐릭터와 디자인을 만들어 특허까지 냈죠. 그리고 SNS 마케팅을 시작했어요. TV 대신 페이스북에 광고를 한 거죠. SNS 이용자가 급증하는 현상을 반영했습니다."

이곳의 화장품 SNS 마케팅은 독특하다. 첫째는 직관적인 욕망을 마구 건드리는 것이다. 사용 전과 후 모습(before and after)을 보여 주는 게 대표적이다.

"요즘 긴 영상은 안 봅니다. 대신 자극적이어야 하죠. 코팩 영상이 딱 맞습니다. 코팩을 붙였다가 떼면 피지가 우수수 빠져 나옵니다. 누구나 호기심을 갖게 마련이죠."

광고 효과는 대박을 쳤다. 포털 사이트에 '코팩' 키워드 검색량이 한 달 5만 건에서 광고 후 10만 건으로 늘었고, 돼지코팩은 키워드 검색량이 3000~4000건에서 13만 건으로 급증했다.

"SNS 한 달 광고비로 1억 원을 써서 돼지코팩으로만 매출 10억~15억 원을 냅니다. 광고비가 매출의 10% 정도니까 광고 비중이 높은 편은 아닙니다."

두 번째 신의 한 수는 '신조어'다. 미팩토리는 '오르가즘'이라는 말에 착안해 '피르가즘'을 SNS에 히트시켰다. 코팩에서 피지가 떨어져 나갈 때 느끼는 쾌감을 '피르가즘'이라고 표현한 것이다.

마지막은 소비자와 유명 크리에이터의 사용 리뷰를 이용한 '광고 같지 않은 광고' 전략이다. 평범한 직장인 등 일반인의 사용 후기를 받아 올렸고, 페이스북에서 친구를 많이 거느리고 있는 크리에이터들을 적극 활용했다.

"우리 회사 마케팅 담당자 대부분이 20대 초중반입니다. 매일 소비자 행동 패턴을 분석해 '이 콘텐츠에는 왜 반응하지 않았는가' 등의 과제를 해결하죠. 그렇게 해서 얻은 결론이 '광고 느낌이 들지 않게 콘텐츠를 만들어야 한다'는 거였습니다."

이 대표가 공동 창업자 2명과 회사를 만든 과정은 다음과 같았다.

"솔직히 화장품은 명품 회사에서 만든 것이든 중소기업에서 만든 것이든 재료 성분이나 퀄리티가 다 비슷합니다. 그렇다면 화장품 개발에서 승부를 보면 안 됩니다. 가장 잘 팔릴 것부터 손을 대야죠."

2014년 말, 이창혁 씨와 공동 창업자들은 선크림, 로션, 에센스 등 열 종류의 화장품을 모아 놓고 테스트를 했다. 어떤 제품이 사용 전후를 가장 잘 보여 주는지 따져 본 것이다. 로션은 손등에 바르면 사라지고, 선크림은 얼굴만 하얗게 될 뿐 실제 햇빛을 가리는 효과를 시각적으로 보여 줄 수 없었다. 그러나 코팩은 달랐다. 붙였다가 뗀 코팩에 묻은 코 피지를 적나라하게 보여 줄 수 있었다.

창업을 하고 SNS에 광고 같지 않은 코팩 광고를 시작하자 반응이 놀라웠다. 온라인 홈페이지에서 돼지코팩이 매진 사례를 기록했고, 그 결과 웬만한 화장품 매장에는 모두 돼지코팩을 납품하게 되었다.

이창혁 대표가 SNS 하나에만 집중해 사업하자는 '인사이트'를 얻은 것은 실패에서였다. 한국외대를 다니다 미국 미시간 주립대에서 회계학을 공부한 그는 일찍 창업을 꿈꿨다. 2011년 대학을 졸업하고 얼마 안 돼 지인으로부터 아이템을 소개 받았다. 운동 전후에 몸에 바르면 근육이 이완되는 스포츠 크림이었다. 주로 골프 같은 운동을 하고 쓰는 화장품. 제품을 만드는 미국 회사를 찾아갔고, 한국에 판매 법인을 만들자고 설득했다. 월급으로 20만~30만 원만 받는 대신 회사 성장에 따라 지분율을 계단식으로 높여 달라고 했다. 그렇게 시작한 게 '플렉스파워 코리아'다.

그는 차에 스포츠 크림을 싣고 전국을 누비며 각종 미용 박람회와 스포츠 박람회를 찾아다녔다. 부스에 찾아오는 아저씨들 어깨에 크림을 발라 주며 적극적으로 홍보했지만 그래도 잘 안 됐다. 주문이 들어오면 일일이 편의점 택배로 보내 주며 장사했지만 생각만큼 매출이 늘진 않았다.

그렇게 3년 했는데 연 매출은 겨우 5억 원. 순이익은 미미했다. 부모는 사업을 접으라고 했지만 그는 아랑곳하지 않고 뛰었고, 지분율을 30%까지 높여 첫 회사를 매각했다.

회사를 팔고 곰곰이 생각해 봤다. 패인은 두 가지였다. 이제 20대 후반인 청년이 스포츠 크림을 주요 타깃층인 40~50대에게 팔려는 것이 문제였고, 더군다나 대중에 대한 강력한 마케팅 없이 그저 박람회만 뛰어다닌게 문제였던 것이다.

"아무리 좋은 제품이라도 마케팅이 부실하면 소비자는 알 수가 없습니다. 입에서 입으로 소문이 나기까지는 너무 오랜 시간이 걸린다는 것도 깨달았죠. 지금 일을 하는 데 좋은 경험이 됐습니다. 제가 매각한 회사는 매출 50억 원으로 성장했어요. 중년의 대표가 맡으면서 마케팅을 하기가 훨씬 쉬웠던 거죠. 전 제 나이에 맞는 창업을 해야 했어요."

그렇게 해서 탄생한 것이 'SNS 온리' 그리고 10~30대들을 주로 공략하는 미팩토리다. 실패에서 얻은 경험과 노하우를 두 번째 창업에 완벽하게 녹였다. 그러나 마케팅만 하면 '껍데기만 있는 회사'란 비판을 들을 수 있지 않을까?

"마케팅의 데이터화, 그리고 정교화도 기술입니다. 제품은 누구나 만들수 있어요. 하지만 제품을 적절하게 전달하는 건 아무나 할 수 있는 일이 아닙니다. 모바일, SNS를 통한 마케팅의 새 지평을 열었다고 자부합니다. SNS로 마케팅 비용을 낮추면 불필요한 유통 비용을 줄여 제품 가격을 낮출 수도 있고요."

08

미국 청년과 한국 청년들의
2% 차이

오로지 나만이 할 수 있는 것을 찾아라

이창혁 미팩토리 대표의 성공 사례를 보면 실패 끝에 얻은 교훈도 교훈이지만, 한 가지에 확실하게 집중하는 것이 돈을 빨리 끌어모으는 방법 중 하나라는 것을 알 수 있다. 결국 집중할 '한 놈'을 찾아내는 것이 관건이다. 무엇에 집중할 것이냐, 이것이 핵심이라는 것이다.

　젊은 나이에 큰돈을 버는 원동력은 핵심 역량에 있다. 그것은 끊임없는 실패 속에서 발견되는 것이다. 미국의 경영 사상가인 게리 하멜은 이처럼 한 놈만 파는 핵심 역량의 조건에 대해 첫째, 다양한 제품에 응용돼야 하고, 둘째 최종 제품이 고객에게 가치를 줄 수 있어야 하며, 마지막으로 경쟁자들이 모방하기 어려워해야 한다고 주장한다. 미팩토리 직원들은 아침부터 밤늦게까지 매일 신조어를 개발하고, SNS의 타깃층 움직임을 정밀하게 분석한다. 서울에 사는 열아홉 살 친구들은 뭘 좋아하는지, 스물세 살의 대구 청년들은 뭐에 꽂혀 있는지 등을 지나칠 정도로 보는 것이다. 이쯤 되면 이 마케팅은 남들이 쉽게 모방하기 어려운 '핵심 역량'이라고 할 수 있다. 미팩토리의 마케팅을 배우려는 국내의 기라성 같은 대기업 마케팅 담당자들의 발길이 끊이지 않는 이유 중 하나다.

자신의 핵심 역량이 무엇인지, 한 놈을 어떻게 찾고 패야 할지 모르는 청년들의 모습은 이력서만 봐도 여실히 드러난다. 이른바 '스펙'이라는 것을 쌓으면서, 사실상 자신이 뭘 잘하는지 전혀 보여 주지 못하는 대학생 김 모 씨의 이력서를 보자.

2011년 3월~2013년 6월

AA대학교 언론사 신문 발간을 위한 기사 작성

2013년 9월~2014년 9월

B기업 마케팅스쿨 4기 '마케팅 실무자 강의' 수강

2014년 3월~2014년 12월

AA대학교 마케팅학회 5기 '소비자 기반 케이스 스터디'

경력 기술도 마찬가지다. B회사 마케팅 지원, C아트센터 공연 진행 및 주차권 판매, 물품 보관소 운영. 여기에 토익 점수 같은 각종 어학과 자격증 점수를 쓰고 끝을 낸다.

도대체 무엇을 말하려는 것일까. 내가 만약 언론사를 가고 싶은 사람이라면 어떤 기사를 썼고, 어떤 역량과 강점이 있는지 한 줄이라도 써야 하는 것 아닌가. 내가 회사에서 마케팅 지원을 하고 아트센터에서 공연 진행 스태프로 일했다면 거기서 뭘 얻었는지, 어떤 능력과 역량을 발견했는지 써야 하는 것 아닌가. 하지만 그런 것들이 모두 빠진 위의 이력서는 '도대체 뭘 말하려는 거지?'란 의문만 들게 한다.

문제는 경험은 많이 하고 있지만 그 어디서도 나의 장점을 찾지 못하고 그냥 스펙 쌓기에 급급하다는 데 있다. 누구나 책을 100권, 200권씩 읽을 수 있다. 그러나 그는 읽기보다 곰곰이 앉아 반추하는 데 더 오랜 시간을 들여야 한다. 그것이 나에게 무슨 의미가 있는지 연결 고리를 찾고, 내가 실제 뭘 얻었는지, 내 능력을 어떻게 쌓을지 고민하는 게 더 중요하기 때문이다. 그런데 이력서에 이렇게 경험만 나열하다 보니 에세이 형식으로 쓰는 자기소개서는 터무니없을 수밖에 없다. 그저 이력서에 나온 내용에 양을 늘려 붙이는 수준에 불과하다.

구직하려는 미국 청년들은 한국 청년들과 확연히 다르다. 일단 한국처럼 자기소개서를 구구절절 항목별로 쓰라는 기업이 없다. 대부분 자신이 이력서(resume)를 꾸며서 보낸다. 이때 중요한 것은 어디서 뭘 했다는 식으로 구구절절 나열만 하지 않는다는 것이다. 자신의 핵심 능력이 무엇인지를 말하는 데 더 집중한다. 예를 들어 인공 바위 작업 전문가인 제이슨 스키테럴의 이력서를 보자. 그의 이력서는 능력과 경험, 개인의 신상 명세, 눈여겨볼 만한 부차적 기술, 다른 관심사 순으로 구성되어 있다.

그중에서도 경력을 나타내는 경험은 아주 짧게 썼다. '14년간 노르웨이, 스웨덴, 프랑스, 독일 등 여러 국가의 A회사, B회사, C회사에서 인공 바위 작업을 해 왔다'는 식으로 적은 것이다. 반면 능력은 엄청 길게 쓴다. '아크릴, 스프레이건, ACDS를 이용한 3D 페인팅 가능', '인공 바위와 나무, 산호 작업 가능', '텍스처, 브러시 등 툴도 이용 가능'하다는 식이다. 그러면서 눈여겨볼 만한 자신의 기술로는 웹 디자인, 어도비 드림위버 등을 꼽으며 자신의 장점을 일목요연하게 정리했다.

물론 이런 이력서의 차이는 문화의 차이니 우리나라 기업들의 관행 탓도 크다. 무조건 정해진 양식에 따라 이력서를 채우라고 하거나 '지원 동기는?', '위기 극복 과정은?' 같은 천편일률적인 항목의 자기소개서를 당연하듯 써 온 문제도 있다. 보다 더 근본적으로는 유년 시절부터 주입식 교육을 받았는지, 토론식 교육을 받았는지 등의 문제도 있다. 이런 과정 속에서 우리의 개성, 나의 '한 방'은 사라져 간다. 흔해 빠진 것이라도 한 놈만 오랫동안 패면 그것엔 부가 가치가 만들어지는데 말이다.

09

왜 신용 등급 7등급은
낮은 금리로 돈을 빌릴 수가 없죠?

서울대 전체 수석 졸업, 삼성, 맥킨지 제안 뿌리치고 반지하 방에서 창업
은행 대출 시스템 빈틈 파고든 혁신적인 대출 상품 개발

일반적인 기준으로 아직 '성공했다'라고 말하기는 어렵지만, 간판을 포기하고 한국의 젊은 부자들이 될 재목은 점점 늘고 있다. 학점 4.3만점에 4.28, 2014년 서울대 전체 수석 졸업. 삼성 SDS와 맥킨지의 입사 권유를 뿌리치고 창업한 서상훈⑵⑻ 어니스트펀드 대표가 대표적이다. 그도 '닷'의 김주윤 대표와 함께 《포브스》가 뽑은 '아시아에서 영향력 있는 30세 이하 30인'에 이름을 올렸다.

　서 대표는 P2P 대출을 전문으로 하는 어니스트펀드의 창업자이자 대표다. P2P 대출은 인터넷과 모바일 플랫폼으로 개인 투자자로부터 자금을 모아서 대출을 원하는 다른 개인에게 돈을 빌려 주는 방식의 대출 서비스다. 빌리는 사람은 금융권 대출 이자보다 싸게, 투자자는 예금 금리보다 높게 돈거래를 하는 게 목적이다. 창업 1년 6개월 만에 거래 건수 14만 2000건, 대출액 100억 원을 돌파했다. 성장성을 인정받아 신한금융그룹 등으로부터 92억 원을 투자 받았다. 투자 받을 때 회사 가치는 100

억 원이 넘었다.

그는 어릴 때부터 성공이 목표였다. 제약 회사에 다니던 아버지가 1997년 외환 위기 당시 명예퇴직을 당한 뒤 집안이 급격히 기울었다. 66제곱미터(20평)짜리 작은 집을 압류당할 뻔했고, 친척에게 빌린 돈으로 하루하루를 연명해야 했다.

"가난하다 보니 성공에 대한 생각이 간절했어요."

동기들 대부분 고시 준비를 할 때 그는 혼자 경영학만 팠고, 매일 도서관에 가서 기업 케이스를 연구했다. 그렇게 4년간 두 과목을 제외하고 모두 A⁺를 받았다. A⁺를 받지 못한 두 과목 성적은 A⁰. 당연히 4년 내내 장학금을 받았다.

경영을 배우기 위해 인턴으로 맥킨지코리아와 삼성 SDS에서 일했다. 두 회사 모두 그에게 입사 지원을 권유하거나 정규직 전환을 제시했다. 그러나 모두 거절했다.

"창업에 확신을 갖게 됐습니다. 보이지 않는 높은 곳에 도달하려면 뒤도 돌아보지 않고 믿음만으로 뛰어야 한다는 생각을 가졌습니다."

학교 졸업과 동시에 미국 뉴욕의 벤처 캐피털 회사에서 잠시 일하며 P2P 사업 아이디어를 얻었다. 2015년 초 한국으로 돌아와 33제곱미터(10평)가 조금 넘는 반지하 방을 빌려 사업을 시작했다. 금융 회사와 제휴를 맺어야 하는데, 10곳이 모두 거절했다. 너무 어려서 신뢰를 주지 못했나 하는 생각에 2 대 8 가르마에 나이 들어 보이는 안경을 쓰고 찾아가기도 했지만 허사였다. 학교 선배들은 '서울대 나와 대부 업체 하냐', '그렇게 돈이 궁했냐'라고 손가락질했다.

"수많은 직장인이 자격이 되는데도 대부 업체나 저축 은행 같은 곳에

"창업에 확신을 갖게 됐습니다.
보이지 않는 높은 곳에 도달하려면 뒤도 돌아보지 않고
믿음만으로 뛰어야 한다는 생각을 가졌습니다."

서 20%가 넘는 금리로 돈을 빌리고 있었습니다. 저는 금세 돌풍을 일으킬 수 있다고 믿었어요. 직장인이면 신용 등급이 7등급이더라도 돈을 갚을 수 있어요. 그런데 은행들이 대출 심사를 어떻게 할까요. 만약 연봉이 3000만 원이라면 여기에 150%를 곱해서 대출 한도를 '4500만 원'으로 정해 둡니다. 이걸 넘어서면 대출을 안 해 주죠. 연봉이 1억 원을 넘어도 월세 300만 원짜리 집에 살면 대출 상환 여력이 없을 수 있어요. 반면 연봉이 3000만 원이라도 부모 집에 살면 대출 상환 여력이 클 수 있죠. 은행들은 이런 상환 가능성을 따지지 않아요. 대출 한도란 게 '내가 감당할 수 있는 부채의 크기'인데, 기계적으로만 계산하는 거죠. 이렇게 은행에서 거절당해 연 20%가 넘는 금리로 저축 은행이나 대부 업체 돈을 써야 하는 사람들이 저희 고객입니다."

우여곡절 끝에 사업에 안착한 그의 대출 금리는 연 3~17% 수준. 보통 4~6등급인 대출자의 신용도에 따라 달라진다. 투자자들은 평균 10.4% 정도 수익을 내고 있다. 아직 회사는 매출이 나지 않지만 조만간 수수료를 받을 계획이다. 그는 서울대를 수석으로 졸업하고 '신의 직장'이라 불리는 맥킨지나 삼성 SDS에 가지 않은 것을 후회하지 않는다고 한다.

"대기업도 공무원도 저에게 자극제가 되지 못해요. 재미가 없기 때문입니다."

물론 간판을 버리는 것은 매우 극단적인 선택이다. 이왕이면 졸업도 하고 좋은 직장에 가는 것이 안전하다. 확실한 '플랜B' 없이 무턱대고 회사를 그만두어서도 안 된다. 중요한 것은 나의 자질을 일찍 알아보고, 굳이 한국 사회가 강조하는 명문대와 대기업 간판을 갖지 않아도 살길을 미리 찾을 수 있다는 점이다. 돈을 벌 수 있는 자질은 어릴 때부터 스스로 찾아야 한다. 그것은 교육으로 될 수 없다. 세계에서 가장 '핫한' 기업과 기업인이 즐비한 실리콘밸리에서 가장 성공한 한국계 기업인으로 손꼽히는 유기돈(45) 씨가 그 사실을 증명한다.

10

야후, 유튜브, 페이스북 등
가는 곳마다 인터넷 역사를 새로 쓴 한국인

유튜브를 매각하니 인터넷이 바뀌었고
페이스북에 자금을 대니 세상이 변하더라

필자가 2013년 〈조선일보〉 위클리비즈에 있을 때 만난 실리콘밸리의 대표적인 한국 기업가이자 투자자인 유기돈 씨는 실리콘밸리에 일대 획을 그은 혁신의 주인공이다. 그는 2006년 전 세계인의 '필수 프로그램'인 유튜브를 구글에 16억 5000만 달러(당시 2조 원)에 팔았다. 유튜브는 지금 세계 최대 무료 동영상 공유 사이트로 인터넷 사용자의 30%인 10억 명이 매일 수억 시간 분량의 동영상을 시청하는 최대 플랫폼이다. 당시만 해도 하루 히트수가 3억 건에 불과했지만 지금은 상위 19개 영상 히트수가 조회수 10억 건을 넘겼다(2016년 1월 기준). 그러다 보니 수백 건의 인수 합병을 진행한 구글에서도 유튜브는 가장 성공적인 인수 합병으로 손꼽힌다. 이 딜을 주도한 사람이 바로 한국인 유기돈(47) 씨다. 그는 한국인 최초로 미국 최고의 인기 스포츠팀 중 하나인 샌프란시스코 포티나이너스(미식축구 구단)의 구단주로 일하기도 했다. 그는 포티나이너스의 신축 구장을 짓는 데 필요한 자금 200억 달러(22조 7100억 원)를 투자자들로부터 유치했는데, 이는 미식축구 역사상 가장 많은 자금을 조달한 것으로 기록됐다. 스타디움에서 음식을 배달하는 좌석 배달제와 앱으로 경기 실시간 동영상 시청 서비스 등을 도입해 큰 화제가 되기도 했다.

스탠퍼드대와 하버드대 경영대학원에서 공부한 그가 스물아홉 살에 선택한 곳은 작은 벤처 기업이었다. 전자 상거래 회사 '더맨닷컴'을 비롯해 2개 벤처 기업의 최고 재무 책임자(CFO)로 일했는데 모두 2년을 못 채우고 망했다. 그로 인해 5만 달러(5700만 원) 빚더미에 앉았다. 그러다 야후에 입사해 인수 합병 40건을 성사시켰다.

이후 2000년대 초 66제곱미터(20평) 남짓한 작은 방에서 직원 40~50명이 일하는 스타트업인 유튜브로 옮겼고, 구글에 매각하는 작업을 성공적으로 이끌었다. 2007년 직원 150명을 거느린 작은 벤처 기업 페이스북을 거쳐 샌프란시스코 포티나이너스로 갔다. 2014년에는 오디오 음향 기술 회사인 에바 오토메이션(EVA Automation)을 창업했고, 2016년 5월엔 영국의 유명 오디오 업체 바워스앤윌킨스(B&W)를 인수했다. 1966년에 설립된 B&W는 오디오·스피커 분야에서 세계 최고의 명성을 자랑하는 기업으로, BMW7 시리즈 등에 오디오 시스템을 공급해 왔다. 유기돈 씨는 대표적인 한국계 부자로 개인 재산만 5억 달러(5700억 원)로 추산된다.

그는 자기가 가장 흥미로워하는 것이 무엇인지 끊임없이 스스로 물어보는 타입이다. 그렇게 늘 내면의 목소리에 100% 귀를 기울이며 그동안의 커리어를 구축해 왔다. 그러다 보니 그가 다닌 직장은 모두 '취미형 직장'이었다. 그에게 '하버드대를 나와 왜 글로벌 기업에 가지 않았느냐'고 물었더니 이런 대답이 돌아왔다.

"왜냐하면 전 세상에 두 번 오지 않을 역사의 한 단면을 그려 나가고 있

"엄청 큰 회사에서 손톱만 한 일을 한다고 세상이 바뀔까요?
안 바뀝니다. 대기업은 연봉도 작아요. 유튜브 매각 때는
서무 직원조차 100만 달러(11억 원) 연봉의 돈방석에 앉았거든요."

다고 믿었기 때문입니다. 창업이야말로 세상을 바꿀 길이었습니다. 첫 두 군데에서 실패를 맛본 뒤 한 지인이 '무엇에 열정을 느끼느냐'고 묻더군요. 그래서 '인터넷과 기술이다'라고 답했더니 '가장 많이 이용하는 인터넷 서비스 기업에 입사해 보라'고 하더라고요. 그게 야후였어요. 야후에서 빚도 다 갚았지요(웃음). 유튜브에 입사할 때도 하루 3시간씩 유튜브를 보다가 입사했고, 유튜브를 구글에 매각했을 때쯤 페이스북에 중독된 걸 깨닫고 페이스북에 들어갔습니다."

맨 처음에는 자신이 사랑하는 재무 분야로 커리어를 시작했다. 작은 벤처 기업에서부터 야후까지 모두 재무 담당자로 일했다. 그러다 유튜브에서 실제 기업을 사고파는 M&A 전문가로 커리어를 확장하고, 페이스북 최고 재무 책임자를 거쳐 미식축구 구단주가 됐다.

"어느 날 그 지인이 말하더군요. '야, 잠깐만. 넌 미식축구를 사랑하고, 비즈니스를 좋아하고, 기술을 좋아하지. 그런데 포티나이너스는 이 모든 걸 다 하지 않느냐?'라고 말이죠. 처음엔 완전히 미친 생각이었죠. 전 기술 전문가였거든요. 사람이 열정을 따라 움직일 수 있다고 믿는 사람은 많지 않아요. 그런데 만약 당신이 취미를 일로 삼을 수 있다면 어떨까요? 열정을 직업으로 삼는 것이죠. 그래서 저는 따라갔습니다."

그는 실리콘밸리의 '협상왕' 중 한 사람이다. 세상을 바꾼다는 신념과 열정으로 어느 누구와 만나도 흔들림이 없었다. 야후의 CFO로 일하며 인수·합병 40건을 성사시켰고, 페이스북 CFO 시절엔 마이크로소프트와 리카싱 청쿵(長江)그룹 회장에게 지분 3억 7500만 달러(4300억 원)치를 팔아 세계적 기업으로 도약하는 발판을 마련했다. 그가 지금까지 쥐락펴락한 자금이 100억 달러(11조 원)에 이른다고 한다.

"유튜브를 구글에 매각했더니 인터넷이 바뀌었고, 페이스북에 자금을 댔더니 세상이 변했습니다."

유튜브 매각 협상이 타결되자 당시 에릭 슈밋 CEO가 그에게 귓속말로 "우리가 유튜브를 더 비싸게 살 수 있었다는 사실을 알았으면 좋겠네!" 하며 껄껄 웃었다. 그는 이렇게 맞받아쳤다.

"저희가 유튜브를 더 싸게 팔 수 있었다는 사실도 회장님이 아셨으면 좋겠는데요!"

그가 스스로 선택한 길에 자신감과 열정이 없었다면 어느 자리에서도 이처럼 당당하기란 힘들었을 것이다.

4차 산업 혁명으로 빠르게 변하는 산업 생태계 속에서 고령화 사회로 접어들며 일자리 격차도 심해지고 있다. 단순히 대학 간판만으로 평생 대기업에서 근무하던 시대는 끝났다. 새로운 IT나 신성장 분야에 역량을 갖춘 인재들이 점점 더 필요해지는 시점이기 때문이다. 이에 대해 야나가와 노리유키 일본 도쿄대 경제학부 교수는 국내 한 콘퍼런스에서 '생애 주기에서 최소한 세 번의 직업 전환이 필요해질 것'이라고도 했다. 직업 주기를 20~30대, 40~50대, 60대 이상으로 나누는 고용 방식도 제안했다. 사회가 급속히 바뀌고 있고 그에 따라 필요로 하는 역량과 기술도 달라지고 있기 때문이다.

이처럼 이력이 화려한 그는 언론 인터뷰에 나선 적이 한 번도 없다. 그런 그가 처음으로 〈조선일보〉 기자인 필자와 만난 이유는 의외였다.

"아직 부모님이 제가 무슨 일을 하는지 모르십니다. 부모님이 〈조선일보〉는 보시기 때문에 이번 기회에 저를 부모님에게 알릴 수 있지 않을까 라는 생각이 들어 인터뷰를 결심했습니다."

미국이나 영국 사람에게 이런 이유를 들려주면 황당하다고 무릎을 쳤을 것이다.

유 씨의 인맥은 화려하다. 홍콩 최대 재벌인 리카싱부터 미국, 중국을 포함해 국내외 내로라하는 기업 회장들과 친분이 있다. 그가 없었다면 유튜브로 대박을 친 싸이의 〈강남스타일〉이 안 나왔을 수도 있고, 페이스북도 지금 같은 고속 성장을 하기 힘들었을 수 있다. 이처럼 엄청난 성과를 거뒀는데도 부모님이 인정하지 못한 이유는 유튜브나 페이스북이 초창기엔 남들이 잘 모르는 작은 기업이었기 때문이다.

그의 아버지는 목사다. 서울에서 한 살 때 아버지가 미국 테네시 주 내슈빌로 이주해 작은 한인 교회를 운영했다. 아버지는 교회에서 나오는 사례금도 받지 않았기 때문에 컴퓨터 프로그래머인 어머니가 번 돈으로 근근이 생활했다.

"아버지가 '너를 스탠퍼드 같은 명문대에 보내기 위해 미국에 오는 희생을 감수했다'고 하셨습니다. 아버지의 꿈은 제가 마이크로소프트 같은 큰 회사에 가는 것이었죠. 그러나 전 대기업에 가지 않았습니다. 전 세상에 두 번 다시 오지 않을 역사를 쓰고 있었어요. 창업이야말로 세상을 바꿀 길이었기 때문입니다. 엄청 큰 회사에서 손톱만 한 일을 한다고 세상이 바뀔까요? 안 바뀝니다. 대기업은 연봉도 작아요. 유튜브 매각 때는 서무 직원조차 100만 달러(11억 원) 연봉의 돈방석에 앉았거든요."

유 씨가 그동안 얼마나 마음고생을 해 왔는지 불 보듯 뻔하다. 대학을 졸업하고 무려 20년 가까이 '부모가 모르는 직장'에서 일해 온 그에게 이 인터뷰는 본인을 빛내는 계기라기보다 부모에게 바치는 일종의 '자기 고백'인 것이다.

한국의 수많은 젊은 부자 역시 이런 핸디캡을 안고 살았다. 그만큼 부모 세대와의 간극이 커졌다는 것이고, 세상이 더 빠르게 변하고 있다는 뜻이다. 세상의 변화를 정확하게 예측하고 그에 맞춰 인생의 방향을 정하는 것은 불가능하다.

오히려 내가 가장 원하는 것이 무엇인지, 내가 가장 잘하는 것이 무엇인지, 나를 가장 자극시키는 것이 무엇인지를 정확히 알고 그것에 충실한 것이 더 안전한 길일지 모른다. 어쨌든 더 열심히 할 수 있고, 더 지치지 않을 수 있고, 더 오래 할 수 있고, 더 재미있게 할 수 있기 때문이다.

그런데 많은 사람이 그런 마음을 가지고 있어도 시작을 못한다. 이유는 수백 가지가 있다. 너무 위험하고, 지금에 만족하고, 용기가 없고, 돈도 충분하지 않고, 아직 준비가 안 되어 있고, 책임져야 할 가족이 있고, 실패가 두렵기 때문이다. 시작이 반이라는 오래된 속담은 정말 맞는 말이다. 젊은 부자들은 도대체 어떻게 시작했을까? 돈도 없고, 경험도 없고, 인맥도 없고, 기술도 없던, 오로지 절실함과 성실함만이 무기이던 젊은 부자들. 그들은 완벽한 준비보다는 빠른 실행을 택했다. 다음 장에서는 이들의 기발하고 무모한 시작의 과정을 집중적으로 살펴보자. 아마 대부분은 지금 당신보다 훨씬 못한 처지였을 것이다.

CHAPTER 2

젊은 부자들이 먼저 경험한,
성공을 부르는 시작의 기술

사실 괜찮다고 생각하는 아이디어는
이미 전 세계에서 15명 이상이 생각하고 있고,
5명 이상이 만들고 있으며,
3명은 출시를 준비합니다. 좋은 관찰력으로 아이템을 개발하고
그것을 속도감 있게 만드는 것이 중요합니다

– 이관우(버즈빌 대표)

오로지 깡으로 고금리 대출 받아
시작한 푸드트럭 창업기

돈도, 기술도, 경험도 없이 무작정 사업에 뛰어든 세 친구
막막해도 찾아보면 길은 있다

극단적인(?) 사례를 소개하려 한다. 2015년 봄, 다양한 노점 푸드트럭이 음식을 파는 여의도 밤도깨비 야시장을 찾은 적이 있다. 그때 눈에 들어온 곳이 '스테이크아웃'이란 노점이었다.

대학생 3명이 열심히 철판 앞에서 일하고 있었다. 경희대 체육학과 동기인 백상훈(24), 고창완(23), 최수영(24) 씨다. 대학생 신분인 이들의 월 매출은 3500만 원. 많이 팔 때 하루 700개까지 판다. 아이템은 무엇일까?

바로 스테이크다. 고급 럭셔리 맛집에서나 먹는 스테이크를 길거리에서 파는 것이다. 남들이 푸드트럭으로 떡볶이나 토스트, 햄버거를 팔 때 이들은 최고의 프리미엄 음식 아이템을 길거리로 들고 나온 것이다.

원칙은 미국산 최고 등급(1++) 냉장 소고기를 무조건 3일 내에 구워 파는 것. 이들은 원래 학군 장교(ROTC) 임관 시험을 앞둔 친구들이었다. 한 번은 스테이크를 먹으러 맛집에 갔는데 줄이 길었다. 그때 그냥 이런 생각이 들었다.

"스포츠 용품 제조업도 해 보고, 도시락 창업도 해 봤습니다.
사업 아이템에 확신이 없었어요. 돈 관리도 미숙했고요.
세 번 망해 보니 노하우가 생겼습니다.
이번이 네 번째 아이템인데 좀 성공적이에요."

'스테이크는 호떡처럼 편하게 먹을 수 없을까?'

3명 모두 돈이 없었다. 푸드트럭과 각종 재료비 등을 감안하면 최소 600만 원 정도는 있어야 시작이라도 할 수 있는데 말이다. 그렇다고 직장인이 아닌 이상 은행에서 저금리 대출을 받을 수도 없는 상황. 그들은 겁도 없이 덜컥 30%대 금리로 대부 업체에서 돈을 빌린 다음 중고나라에서 280만 원짜리 다코야키 트럭을 샀다. 돈이 없으니까 페인트를 사다 직접 칠하고, 학교 근처에 자리를 잡고 공강 시간마다 작업했다. 친구에게 부탁해 트럭 디자인을 하고 로고를 만들었다.

스테이크 요리법을 모르는 그들은 무작정 당시 tvN의 〈마스터 셰프 코리아〉에 출연한 배우 출신 전봉현 셰프에게 메일을 보냈다. 백 씨는 당시 메일 내용을 언급하며 '글로 눈물을 흘렸다'는 표현을 썼다. 다행히 전 셰프는 그들의 열정에 감탄했다며, 스케줄이 다 끝난 밤 11시에도 요리 법을 알려 줬다. 덕분에 그들은 무료로 스테이크 굽는 방법을 전수 받을 수 있었다.

고기는 마장동에서 산 다음 학교 인근 카페 사장님에게 냉장 보관을 부탁했다. 학교 수업이 끝나면 고기를 찾아 집으로 돌아와 스테이크 요리 연습에 열중했다. 그렇게 무수한 시행착오를 겪은 끝에 어렵사리 푸드트럭을 열었는데 소위 대박이 났다. 3~4시간씩 기다리는 사람들이 생겨날 정도였다. 대기 시간이 길어져서 고객들 불만이 커지자 조리 설비를 바꾸어 생산 속도를 높였다. 100명이 줄을 서도 30분 내로 받아 갈 수 있게 한 것이다. 첫 대출 600만 원은 3주 만에 갚았다. 이자는 15만 원이었다. 지금은 트럭을 한 대 더 늘려 사업을 확장하고 있다. 알바생에게 시급을 1만 원씩 줄 수 있는 여유도 생겼다.

현재 스테이크아웃에는 팀원이 6명 있는데 앞으로 한 사람이 한 푸드트럭을 운영할 계획이라고 한다. 물론 푸드트럭만으로 10년, 20년 장사를 지속하기는 어렵다. 푸드트럭에서 시작된 브랜드로 매장을 내고 확장해 다양한 사업으로 이어 갈 생각이다. 이 모든 것의 출발은 '스테이크를 호떡처럼 팔자'는 상식 밖의 생각이었다.

이들은 열차를 탄다고 해서 반드시 종착지까지 갈 필요는 없다는 생각에 무작정 오른다. 중간에 내려 출발점으로 돌아가기도 하고, 아니면 아예 길이 닦여 있지 않은 숲속으로도 뛰어든다. 깔끔하고 매끈한 포장도로만 고집하기보다 내가 직접 걸어 새 길을 만들겠다는 의지와 열정을 가지고 있기 때문이다.

때론 무모한 길을 선택하는 사람들도 있다. 그러나 필자는 지금 무모한 선택을 하라고 주장하는 것이 아니다. 시작하는 방법에 정해진 법칙은 없다는 것을 말하고 싶을 뿐이다. 이 장에서 만나게 될 젊은 창업가들은 각자의 상황과 성향에 따라 모두 다른 방식으로 세상에 뛰어들었다. 돈이 많든 적든, 준비가 철저하든 부실하든 첫발을 내딛는 순간부터 예상과는 전혀 다른 이야기가 펼쳐진다는 것, 그것만이 유일한 공통점이었다.

12

전공 버리고 싶지 않던 학교 동기 3명의 의기투합, 아르바이트로 모은 600만 원으로 차린 회사가 100억 원으로

4년 동안 배운 목공예 기술 버리고 취직하고 싶지 않아
1년 동안 냉동 탑차 몰고 직접 가구 배달

홍익대 목조형가구학과 05학번 동기인 탁의성(32), 정재엽(32), 안오준 (30) 씨는 2009년만 해도 취업을 생각한 평범한 대학생들이었다. 취업 시장에서 목조형 가구 분야는 사회학과나 철학과처럼 인기가 없다. 전망이 어둡기 때문이다. 그러나 6년 뒤인 2015년 매출 90억 원을 내는 수제 원목 가구 회사 '카레클린트'를 만들어 승승장구하고 있다. 2016년에는 매출 100억 원을 돌파했다. 그들을 사업으로 이끈 원동력은 하나다. 바로 '왜 나는 전공을 살리지 못할까'라는 의문이었다.

"이미 졸업한 선배들이 택한 길은 크게 세 가지였습니다. 가구·인테리어 회사로 들어가거나 석사 과정을 밟아 아티스트가 되는 길. 아니면 대기업 디자인 부서로 입사하는 게 최선의 선택이었습니다. 4년 동안 배운 목공예 기술 다 버리고, 삼성·LG에 들어가기 위해 인적성을 공부해야 한다고 생각하니까 제 자신이 한심했어요. 우리가 대학교 1학년 때 꿈꾼 건 그런 길이 아니었죠."

그들은 가장 가깝고도 잘 아는 원목 가구를 택했다. 원목 가구를 100% 수제로 만들어 투명하게 소비자들에게 팔면 승산이 있을 거라 생각했다. 핵심 비결은 수종별 최상 등급의 원목을 사용해 무늬를 자연스럽게 만드는 것이었다. 명품 하드웨어(헤펠레 사, 블룸 사 등)를 이용해 친환경 도료로 수제식 암수 짜임 방식으로 만든다. 다른 이음 부품을 사용하지 않고 오로지 나무와 나무를 결합시키는 암수 짜임 방식으로 가구를 만들면 견고하고 틈이 생기지 않아 오랫동안 부드럽게 이용할 수 있다는 전공 지식을 활용한 것이다.

매출 100억 원을 만든 이들의 창업 자금은 얼마였을까? 아르바이트로 모은 600만 원이 전부였다. 홍익대 근처 고시원에 살면서 카페로 출근했다. 그러나 원목 가구 재료 비용 대기도 벅찼다. 세 사람은 '일단 흩어져서 자금을 모은 다음 다시 만나자'고 약속했다. 그때가 2011년이었다. 일주일 동안 가까운 친구들을 찾아가 설명도 하고 설득을 거쳐 십시일반 3000만 원을 모았다. 이 돈으로 26제곱미터(8평)인 월세 60만 원짜리 반지하 사무실을 얻었다. 사무실 임대료를 마련하기 위해 치킨집 아르바이트를 병행하며 디자인에 몰두했다.

샘플을 만드는 과정에서 난관에 부딪히기도 했다. 어렵게 에스토니아산 자작나무를 구입해 디자인 샘플을 공장에 맡겼는데 실제 제작된 가구를 보니 너무 형편없었다.

"절망했습니다. 공장에서 자신 있다고 하길래 믿었는데, 저희가 생각한 품질이 전혀 아니었어요."

대량 생산을 원칙으로 하는 중소기업 공장은 소량 생산을 하면 손해를 보기에 스타트업의 부탁을 껄끄러워한다. 중소기업 입장에서는 '규모의

"4년 동안 배운 목공예 기술 다 버리고,
대기업에 들어가기 위해 인적성 공부를 해야 한다고 생각하니까
제 자신이 한심했어요. 우리가 대학교 1학년 때 꿈꾼 건
그런 길이 아니었죠."

경제'에 입각해 많은 물량을 반복적으로 생산해야 이윤이 남는다. 이런 환경에서 운이 따랐다. 유명 가구 회사에서 40년 동안 일한 장인이 '선금을 받지 않고 샘플을 만들어 주겠다'고 나선 것이다. 덕분에 완벽한 샘플이 탄생했고, 그때부터 카레클린트는 승승장구하기 시작했다.

샘플을 만든 다음 내세운 전략은 '보여 주는 투명함'이었다. 가구 제작의 전 과정을 홈페이지에 공개했다. 가구 제작 과정을 사업 기밀로 여기는 가구 업계에선 파격적인 일이었다. 100% 수제로 만드는 원목 가구에 소비자들은 열광했다. 또한 위탁 경영 없이 '디자이너가 만든 가구를 직접 배달한다'는 방침을 지키고 있다. 2011년부터 3명의 창업자는 10년 넘은 냉동 탑차에 가구를 싣고, 고객이 있는 곳이라면 어디든 간다. '낮에는 가구 디자이너, 밤에는 가구를 배달하는 짐꾼'인 것이다.

경쟁사 대비 20~30% 낮은 가격의 100% 원목 가구인 이들 제품은 해외에서 요즘 인기 폭발이다. 100년 전통의 글로벌 섬유 기업인 해리스트위드, 200년 전통의 일본 명품 데님 브랜드인 구로키와 최초로 협업 소파를 출시하기도 했다. 2015년엔 서울대 중앙도서관의 가구 디자인도 맡았다. 창업자 3명은 이렇게 말한다.

"서로 마음이 맞는 친구들이 모였기에 같이 고생하며 여기까지 올 수 있었습니다. 전공을 살려 우리 일을 해 보자는 일념이 평범한 대학생인 저희를 사업가로 만들었고요."

《성경》에서 다윗은 골리앗을 어떻게 이길 수 있었을까? '1만 시간의 법칙'으로 유명한 《아웃라이어》와 히트 상품이 터지는 조건을 연구한 《티핑 포인트》를 쓴 말콤 글래드웰의 2014년 저서 《다윗과 골리앗》을 보면 다윗에겐 자신의 약점을 강점으로 승화시키는 물매와 조약돌이 있었다. 골리앗의 최대 약점은 어디일까? 바로 두 눈 사이였다. 그래서 다윗은 조약돌로 거인의 눈 사이를 맞혀 승리할 수 있었다.

별것 아닌 것처럼 보여도 작은 물매와 돌에 주목하자. 작은 물매를 빙빙 돌리다 보면 돌이 발사됐을 때 속도가 빨라진다. 1초당 예닐곱 번의 속도로 돌려 돌을 던지면 초속 약 35미터가 된다. 이는 전 세계에서 가장 빠른 야구 투수가 던지는 속도(시속 160킬로미터)보다 빠른 것이다. 이 힘은 45구경의 권총에서 발사된 총알 속도와 비슷하다. 어마어마한 무기인 것이다. 글래드웰은 이렇게 말한다.

"부잣집 아이들은 재능이 있는 인재로 커 갈 가능성이 높긴 하다. 그러나 진짜 천재는 나쁜 환경에서 자라는 이상한 경향이 있다."

부모의 사업체가 무너져 더 이상 대학을 못 다닐 지경에 처했는데도 창업에 뛰어들어 반드시 글로벌 CEO가 되겠다고 마음먹은 김주윤 닷 대표, 그리고 선배들처럼 전공을 버리고 대기업에 입사하기 위해 애쓰는 삶을 살지 않겠다는 카레클린트 청년들의 성공 신화는 절대 평범하지 않지만, 그렇다고 우주 바깥 화성에서만 가능한 이야기도 아니다. 전문대를 졸업하고 10년 동안 소규모 회사에서 직장 생활을 하다가 무작정 사업을 시작한 평범한 여성이 있다. 그녀 역시 좋지 않은 환경에서 인생을 바꿀 기회를 잡았다.

한국의 젊은 부자들

13

전문대 졸업하고 10년 동안 평범한 직장인, 작은 아이디어로 110억 원 수출 기업 만들다

**발품과 노력으로 손과 발에 팩 해 주는 손발팩 직접 개발
해외 시장도 맨몸으로 부딪혀 스스로 개척**

좌절감과 실패는 성공으로 치환할 수 있는 가장 위대한 경험이다. 실패를 맛봐야만 뭘 잘할 수 있는지 알 수 있고, 미처 모르던 나의 재능도 발견할 수 있다.

엔젤아로마스토리의 윤경(34) 대표는 2013년 5월 창업 후 3년 만에 중국, 대만, 태국 등 10개국 진출에 성공한 젊은 여성 창업가다. 그녀의 아이템은 역발상적이다. 손에 장갑, 발에 버선 모양의 마사지팩을 끼우면 에센스 물질이 보습 효과를 내는 '손발팩'이 그것이다. 국내 화장품 시장에서 얼굴 마스크팩이 인기를 얻으면서 너도나도 출혈 경쟁을 벌이고 있을 때, 국내에서 처음으로 손과 발에 사용하는 팩을 만들어 중국 산둥 신다둥 그룹과 1000만 달러(113억 원) 상당의 제품 공급 계약을 맺었다. 2015년에 5억 원의 매출을 올렸고, 2016년에는 무려 700% 성장한 40억 원을 기록했다. 2017년에는 100억 원을 바라본다. 순이익은 20% 내외. 한 장에 3600원 하는 이 팩 제품은 지금까지 100만 장이 팔렸다.

그녀는 평범한 직장인이었다. 충남 계룡산 인근 군부대 내에서 행정 군무원으로 일했다. 무려 10년간 일하면서 모은 돈으로 충청도에 작은 아파트 한 채를 마련했다. 집에서는 시집을 가라고 아우성을 쳤지만 귀에 들어오지 않았다. 그녀는 무엇보다 직장 생활이 싫었다. 어릴 때부터 무대 체질이어서 별명이 '사고뭉치'였는데, 안정적인 직장을 가지라는 부모 말을 듣고 군무원이 되었기 때문이다.

"직장에서 너무 답답했죠. 아침 9시에 이 일을 하고, 11시에 저걸 하고, 오후 1시에 뭔가 복사하고, 6시에 정시에 퇴근하는 편안한 삶이었지만 꿈이 없었습니다. 산속에 처박혀 단순한 일만 하다 보니 갈증이 폭발하더라고요."

무작정 상경해 작은 스타트업에 마케팅 담당자로 취업했다. 관절염을 치료하는 가정용 의료 기기를 팔아야 했다. 실패의 연속이었다. 열심히 뛰는 건 자신이 있었지만 그것만으로는 부족했다. 거래처에서 문전 박대를 당하기 일쑤였다. 열심히 뛰어 볼 기회도 없었던 것이다.

그러다 새로운 활로를 모색했다. 서울과 수도권의 독거노인 등 어르신들 집에 찾아가 제품 대여 계약을 끌어내기로 한 것이다. 그러나 그마저도 여의치 않았다. 수십 만 원에 달하는 제품을 살 사람을 못 찾았다. 그러나 그 경험은 인생을 바꾸는 기회가 되었다.

"제품을 그냥 쓰라고 하기가 뭐하니까 손에 로션을 발라 드렸죠. 그런데 어르신들 대부분이 손과 발이 차가우신 거예요. 수족 냉증, 수족 번열증을 겪는데 마사지를 하고 싶어도 그럴 만한 제품을 찾지 못한 것이죠. 머릿속에 어머니가 떠올랐어요. 어머니도 수족 번열증이 있어서 가만히 있어도 어느 순간 발이 뜨거워지고 부어올랐거든요. 결국 관절염 기계 영

"실패의 골목에서는 두 가지가 작용할 때가 많습니다.
첫째 'A가 아닌 B에 가능성이 있다'는 지혜를 얻는다는 것,
그리고 무엇보다 실패하는 과정에서 노력하다 보면
운이 따를 때가 많습니다."

업은 실패로 끝났지만 그 속에서 새로운 아이디어를 얻게 된 겁니다. ”

발품과 노력이면 뭐든지 못할 것이 없다는 것이 그녀의 신조다. 전문대에서 관광학을 공부한 그녀가 팩 만드는 법을 알 리 만무했다. 대신 그녀에게는 오기와 설득력, 끈기가 있었다. 100편이 넘는 각종 전문지와 논문을 뒤져 가며 화장품 팩 공부를 했고, 스타트업 거래처의 병원 의사들을 찾아가 자문을 구했다. 온열 기능이 있는 화학 제품을 어디서 수입하고, 보습 성분이 있는 에센스를 어떻게 혼합할지 연구했다.

보고, 묻고, 듣기를 수개월 반복하다 2013년 초 퇴사한 후 곧바로 창업했다. 10년 넘게 직장을 다니면서 모은 목돈 수천 만 원이 자본금의 전부였다. 그걸로 수십 곳의 중소 화장품 업체를 찾아다니며 설득했다. 마침 한 중소기업 대표가 '우리 부모가 비슷한 증세가 있어서 남 일 같지 않다'고 털어놨다. 그 길로 이 중소기업에서 시제품을 만들기로 했다. 샘플 20~30개를 만들었더니 효과가 바로 났다. 병원에서 입소문이 나면서 화장품 업계에도 소문이 퍼졌다. 올리브영을 접촉해 MD를 만났더니 깜짝 놀랐다는 반응을 보였다.

“이것은 돈이 되는 뷰티 제품인 것 같습니다. 병원에서 이용하는 안전한 제품으로 알려지면 더 잘될 것 같아요.”

납품이 결정됐다. 윤 대표는 '실패에서 항상 기회가 온다'면서 홍콩의 제품 박람회에 참여한 일화를 소개했다.

“홍콩의 제품 박람회에 정식으로 초대 받지 못했어요. 그냥 아는 중소기업 대표에게 부탁해 '우리가 부스를 쓰지는 않겠다. 그냥 앞에서 홍보만 하게 해 달라'고 부탁드렸죠. 그런데 현장에 갔더니 그 중소기업 실무자들이 아예 공간을 못 쓰게 하는 겁니다. 그래서 그냥 홍콩 거리로 뛰어나왔어요. 한 사람이라도 잡자는 생각에 벤치에 앉아 있는 호주의 할아버지를 만났어요. 옆에 앉아 손에 손발팩을 끼워 주고 2~3시간 몸짓, 발짓으로 대화했죠. 그랬더니 뭐라고 한 줄 아세요?"

'제가 사실 화장품 바이어입니다'라며 회심의 미소를 짓더라는 것이다.

"그분과 따로 미팅을 잡아 사업을 확장시켰어요. 사실 실패의 골목에서는 두 가지가 작용할 때가 많습니다. 첫째, 'A가 아닌 B에 가능성이 있다'는 지혜를 얻습니다. 둘째, 무엇보다 실패하는 과정에서 노력하다 보면 운이 따를 때가 많습니다."

창업에 성공한 한국 젊은 부자들을 보면 결정적인 순간에 이처럼 운이 따를 때가 많다. 우연하게 인생을 바꿔 줄 거래처를 만나기도 하고, 윤 대표처럼 절실한 순간에 하늘에서 뚝 떨어지듯 바이어가 눈앞에 나타날 때도 있다.

그러나 운은 노력하기 때문에 따라오는 것이다. 중졸 학력으로 1993년부터 2005년까지 12년간 일본 사업 소득 고액 세납자 종합 순위 10위 안에 들어간 거부 사이토 히토리. 화장품과 건강 식품 판매 회사인 긴자마루칸 및 일본한방연구소 창업자인 그의 책《부자의 운》을 보면 이런 내용이 나온다.

"실력보다 운이 좋다고 사람들이 말하지만, 운(運)은 결국 '옮겨 간다'는 뜻이다. 그것은 내일로 옮겨 가는 기세와 힘을 뜻한다. 그러므로 운이 좋다는 것은 옮겨 가는 기세가 좋다는 것이며, 그건 빈둥거리는 상태가 아니라 일을 척척 해치울 때 생긴다. 이해득실을 따지지 않고 잘하는 사람이란 평판을 얻고, 돈보다 사람을 먼저 만족시키며, 매사에 웃는 얼굴로 애정 어린 말을 하는 것이 운을 부른다."

목표를 이루기 위해 끊임없이 움직이는 것은 돈을 부르는 운을 만드는 가장 중요한 요소이다. 그것이 결국 행운을 부르고 돈을 끌어들이는 원동력이 되어 준다. '하늘은 스스로 돕는 자를 돕는다'는, 우리가 지겹게 들어 온 말에는 사실 엄청난 부자가 될 수 있는 힌트가 숨어 있다.

중학생 시절 처음 창업해 수천 만 원을 벌고, 대학생 때 두 번의 창업으로 수백 억 원을 번 30대 프로 창업가 청년이 있다. 늘 행운이 따르는 것처럼 보이는 그의 비결은 무엇일까?

14

대학 시절 만든 회사로
이미 수십 억 원대 부자가 된
프로 창업가의 관찰 습관

중 2때 '도어 스토퍼' 개발해 4000만 원 수익
잠금 화면 앱으로 다시 한 번 성공 신화

이미 중학생 시절에 창업으로 4000만 원을 번 청년이 있다. 이 청년의 창업 본능은 대학생이 되어서도 이어졌다. 벤처 기업 2개를 만들어 네이버와 티몬에 팔아 총 130억 원을 벌었다. 네 번째 창업은 실패했지만, 2012년에 다섯 번째 회사를 창업해 4년 만인 2016년 400억 원 매출을 올린 사업가로 성장했다. 버즈빌(Buzzvil)의 이관우(33) 대표 이야기다.

그가 만든 버즈빌은 스마트폰의 잠금 화면을 이용해 모바일 광고를 하는 회사다. 잠금 화면에 기업들의 광고나 이벤트, 앱 다운로드 서비스를 띄우고 소비자가 광고를 보면 돈과 같은 포인트를 쌓아 준다. 쌓인 포인트는 통신비나 쇼핑비로 이용한다. '허니 스크린'이란 이 서비스는 지금 국내 가입자만 600만 명을 넘었고, 일본과 대만 등 6개국에서 50만 명이 쓰는 글로벌 앱으로 성장하고 있다. 이 서비스를 출시하자마자 소프트뱅크벤처스 등 국내 유력 밴처 캐피털 회사들이 앞다투어 170억 원을 투자했다. 이에 그치지 않고 2016년 말에는 미국의 1위 잠금 화면 플랫폼 기업인 '슬라이드조이'를 인수해 미국 시장에까지 도전장을 던졌다.

벤처 기업이 외부 투자를 받는 이유는 여러 가지가 있는데, 지금 당장은 돈을 못 벌지만 앞으로 벌 가능성을 제시하고 투자를 받아 그 돈으로 인건비나 개발비를 충당하는 경우가 가장 일반적이다. 이런 때는 대개 벤처기업이 먼저 벤처 캐피털 회사를 찾아간다. 문규학 소프트뱅크벤처스(3600억 원의 투자 펀드를 운영하는 국내 대표 벤처 캐피털 사) 대표는 '통상 먼저 찾아오는 벤처 기업은 뭔가 사업에 문제가 있다는 소리'라고 말했다.

그와는 다르게 돈은 많지만 해외 진출을 위한 네트워크를 확보하기 위해 투자를 받는 회사들도 있다. 어느 정도 자리 잡은 벤처 캐피털은 해외 기업, 투자처에 다양한 인맥을 확보하고 있다. 그런 벤처 캐피털의 장점을 흡수하기 위해 일부러 투자를 받는 것이다.

버즈빌은 후자다. 순이익이 2015년에 30억~40억 원, 2016년에는 두 배로 껑충 뛰었다. 광고를 600원에 수주하면 150원의 포인트를 지급하고, 나머지 450원의 수익이 발생하는 구조다.

대부분의 성공하는 소프트웨어 플랫폼 기업들은 성장 곡선이 'J' 모양이다. 초기에는 J자 모양처럼 아래로 성장선이 내려가면서 적자가 난다. 그러나 모바일이나 온라인 플랫폼에 사람들이 폭발적으로 모이고 서비스가 활성화되면 매출과 이익 폭이 은행 복리 이자처럼 기하급수적으로 커지게 된다. 버즈빌이 바로 그런 경우다.

동그란 안경을 쓴 수수한 청바지 차림의 이관우 대표는 이렇게 말한다.

"왜 잠금 화면으로 사업을 하느냐고요? 소비자 1인당 잠금 화면을 매일 여든다섯 번이나 해제합니다. 저희는 바로 그 부분을 노렸습니다. 스마트폰 메인 화면에 들어가 수십 개의 광고 앱에 접속하는 일은 귀찮죠.

그걸 스마트폰 맨 앞으로 끄집어낸 거예요."

그는 소비자들을 대상으로 서비스를 운영하지만, 여러 통신사와 소셜 커머스 업체에도 아예 잠금 화면으로 광고 포인트를 쌓을 수 있는 서비스 모듈을 공급하고 있다. B2C(기업 대 소비자) 비즈니스는 물론 B2B 비즈니스까지 확장했다.

이관우 대표는 국내에 몇 되지 않는 연쇄 창업가다. 서른 살이 되기 전에 수십 억 원대 자산가가 된 이 대표의 힘은 '주변의 불편을 관찰하는 습관'에서 나왔다.

아버지는 부산의 작은 제조 업체 대표였다. 늘 기름 냄새가 진동하는 작은 공장 모퉁이 바닥에 앉아 굴삭기를 다루는 아버지를 지켜봤다.

"아버지가 일하다 손가락이 3개나 잘리셨어요. 그런데도 개의치 않고 일하셨죠."

당시 아버지는 '창업은 큰 캔버스에 그림을 그리는 것'이라고 했다. 아버지의 조언을 일기장으로 옮겨 왔다. 글을 쓰기 싫어하는 그의 습관은 실생활에서 불편한 물건을 일기로 묘사하고, 이를 해결할 구조도를 그리는 것이었기 때문이다. 어느 순간 일기장은 스케치북이 되었다. 스케치북으로 쓴 일기장만 10권.

그의 첫 발명은 초등학교 2학년 때 이루어졌다. 집 현관문 하단의 고정 장치(도어 스토퍼)가 부러진 것을 관찰했다. 왜 매번 고리를 발이나 손으로 걸어 올려야 하는지 의문이 들었다. 발로 버튼만 눌러 고리가 자동으로 올라가게 할 수 없을까? 그는 집 현관문에 있는 도어 스토퍼를 떼어 내 분해했다. 그리고 스프링을 넣는 방법으로 기어 장치를 개발했다. 버튼만 누르면 저절로 고리가 올라가도록 한 것이다.

"사실 괜찮다고 생각하는 아이디어는
이미 전 세계에서 15명 이상이 생각하고 있고,
5명 이상이 만들고 있으며,
3명은 출시를 준비합니다. 좋은 관찰력으로 아이템을 개발하고
그것을 속도감 있게 만드는 것이 중요합니다."

중학생의 발명은 국내에서 화제가 됐다. 1996년 특허청 발명 대회에 출품해 대상을 탔을 뿐 아니라 당시 김영삼 전 대통령이 청와대에 그를 불러 격려한 것이다. 일본 등 해외 바이어들이 '기술을 사겠다'고 그를 찾았다. 혼자 재활용 센터를 돌아다니며 버려진 싱크대를 주워 제품을 뜨는 금형틀을 만들었고, 공장에서 2000개를 만들어 단가 2만 원에 철물점에 팔았다.

"아버지가 너무 어린 나이에 돈맛을 보면 안 된다고 말씀하셔서 그만뒀습니다."

그의 아이템은 다 관찰에서 나온다. 고교 시절, 휴대폰 문자 메시지 서비스가 막 활성화되기 시작했을 때 문자를 길게 보내면 전송 비용이 건당 200원이나 든다는 사실을 알고 이를 고치려고 했다. 결국 서울대에 입학한 그는 문자를 보낼 때 특수 코드로 문장 길이를 줄여 전송 비용을 8~10원으로 낮출 수 있는 기술을 개발했다. 서울대와 카이스트 교수 등을 찾아다니며 얻은 조언으로 동료 개발자들과 만든 것이다. 이 기술은 네이버가 35억 원에 인수했다.

글로벌 시장에 소셜커머스가 등장하면서는 '데일리픽'이란 회사를 만들었다. 소셜커머스는 물건을 파는 업체라면 전부 제휴하는데, 이 대표는 맛집을 다니다 '맛이 있는데 왜 안 팔릴까'라는 의문을 품게 되었다. 그래서 맛집 100여 곳을 반값에 이용하는 서비스를 만들었고, 이 회사는 티몬에 95억 원에 팔았다. 본인은 운이 좋았다고 하지만 남들이 막연하게나마 불편하고 불만족스럽다고 느끼는 것을 누구보다 빠르게 포착하고 그 해결책을 내놓았기에 이런 행운이 가능했던 것이다.

버즈빌의 잠금 화면 아이디어는 지하철에서 얻었다. 좋은 광고가 왜 지하철 스크린도어에만 걸리는지 의문이 든 것이다. 그 광고를 스마트폰 메인 화면에 가져오면 훨씬 집중도가 높고, 많은 사람이 볼 것이란 생각을 하게 되었다. 그는 말한다.

"사실 괜찮다고 생각하는 아이디어는 이미 전 세계에서 15명 이상이 생각하고 있고, 5명 이상이 만들고 있으며, 3명은 출시를 준비합니다. 좋은 관찰력으로 아이템을 개발하고, 그것을 속도감 있게 만드는 것이 중요합니다."

관찰은 젊은 부자들이 가진 극강의 덕목이다. 이 대표의 관찰력은 디자인 컨설팅 회사인 프로그(Frog)의 연구원인 얀 칩체이스의 주장과 맥이 닿아 있다. 칩체이스의 일은 대기업으로부터 돈을 받아 전 세계를 돌아다니며 사람들과 현지의 모습, 특이점을 관찰하고 여기서 얻은 통찰력을 보고서로 정리하는 것이다. 저서 《관찰의 힘》에서 그는 '드러나 있지만 보이지 않는 현상을 꿰뚫어 봐야 한다'고 했다.

방콕에는 가짜 치아 교정기를 파는 가판대가 있다. 최대 소비자는 10대 소녀들로, 그들은 명품 가방엔 관심이 없다. 가짜가 횡행하는 방콕에선 명품 가방보다 치아 교정기가 부를 상징한다. 부모가 자신의 치아를 교정해 줄 수 있는 정도의 경제적 능력이 있음을 보여 주기 때문이다. 이런 욕망을 파악한 장사꾼들은 관찰력이 대단한 것이다. 칩체이스는 '관찰이란 그냥 보고 있는 게 아니라 보고 있는 것을 끝까지 꿰뚫어 보는 것'이라고 말하며 '일상 속에 많은 비즈니스 아이디어가 있다. 단지 보지 못하고 있는 것'이라고 했다.

도시에 사는 사람이라면 매일 수차례는 신호등과 마주친다. 그런데 왜 빨간색 등이 '정지'를 의미하고, 주황색은 '주의', 초록색은 '진행'이란 뜻을 가지고 있는지 생각해 본 사람은 많지 않을 것이다.

자동차 업계에 따르면 빨간색 신호는 철도 신호 체계에서 정지를 뜻한다. 그 이유는 전 세계 문화권을 불문하고 빨간색이 위험의 신호로 여겨지기 때문이다. 여기까진 이해가 가는데 왜 주의가 주황색일까? 원래 1800년대만 하더라도 산업 혁명이 시작된 유럽에서는 '주의'가 초록색, '진행'이 하얀색이었다. 그러다 1900년대 초 한 기관사가 정지 신호를 진행 신호로 착각해 마주 오던 기차와 충돌하는 사건이 벌어졌다. 빨간색 신호의 유리판이 깨져 하얀색으로 보였기 때문이다. 그 후 진행 신호가 하얀색에서 초록색으로 바뀌었고, 주황색이 주의 신호가 됐다는 것이다. 초록색은 또 심리적으로 세 가지 색상 중 가장 보기 부담스럽지 않고, 눈을 편안하게 해 마음을 긍정적으로 만드는 효과도 있다. 이런 차이를 면밀히 관찰하는 데서 혁신 아이디어가 나올 수 있다. 그리고 강력한 혁신 아이디어는 새로운 도전을 앞둔 사람들에게 무엇보다 든든한 무기가 되어 준다.

15

모두가 망할 거라며 반대하는 아이템으로
창업 2년 만에 매출 1800억 원 신화 세운 비결

모두가 할인 경쟁할 때 고가 마스크팩으로 승부
9년 동안 중국 출장 100회 등 철저한 준비가 신의 한 수

서울 강남 역삼역에서 걸어 4분 정도 가면 연면적 1560제곱미터(472평)에 지상 7층 규모의 건물이 나온다. 빌딩 가격만 130억 원. 창업한 지 불과 2년 만에 폭풍 성장해 이 건물을 매입해 직원만 150여 명을 고용한 기업이 있다. 화장품 기업 제이준(JAYJUN)이다.

이 신생 기업은 창업 첫해인 2015년 매출 180억 원(영업 이익 40%)을 냈다. 2016년 매출은 그 열 배인 1800억 원(영업 이익 30%)으로 폭풍 성장했다. 전체 매출의 80% 정도가 중국에서 나온다. 핵심 제품은 성형외과 전문의 등과 공동 개발해 중국 시장을 점령한 마스크팩. 2016년에 중국 1위 온라인 쇼핑몰 타오바오에서 7개월 연속 마스크팩 판매량 분야 1위를 차지하며 화장품 업계에 돌풍을 일으켰다. 최근 들어 매달 4000만 장씩 중국에 수출하고 있으며, 2016년에만 2억 5000만 장을 팔았다. 중국 화장품 유통 업체인 성등휘국제무역유한공사와 2억 달러(2300억 원) 규모의 수출 계약까지 체결했으며, 홍콩 · 태국 총판 계약도 따냈다. 창업 2년 만에

웬만한 스타트업은 꿈도 꾸지 못할 성과를 이뤄 낸 것이다.

이런 폭풍 성장을 만든 사람은 이진형(44) 대표다. 그는 어떻게 2년 만에 대박을 쳤을까? 인천대 무역학과를 졸업한 이 대표는 2005년까지 소규모 무역 중개업을 했다. 잘 팔릴 것 같은 이탈리아산 명품 가방과 신발, 인테리어 건축 자재를 수입해 국내 시장에 유통했다. 전체 매출의 10% 정도를 수수료로 받고 생계를 유지했다. 그러나 이 일은 그의 인생 직업이 될 수 없었다. 점점 해외 인기 브랜드들이 한국 시장에 상륙하면서 일감이 줄었기 때문이다.

"다른 기회를 모색해 보기로 했습니다. 당시 중국에 한류 열풍이 불기 시작했습니다. 무역 업체를 운영한 경험을 바탕으로 강남 성형외과의 해외 마케팅팀에 취업했어요. 중국에 매달 한 번은 출장을 갔습니다. 성형외과 의사, 사업가, 바이어 등 다양한 사람들을 만나면서 중국인들과 친분을 쌓았습니다."

그는 2014년까지 회사를 다니면서 무려 백 번 이상 중국을 다녀왔다고 한다. 평소에는 성형외과 의사들을 만나 한국의 발전한 의료 기술을 소개해 주고, 중국 환자들을 대거 국내에 유치했다. 그러나 어느 순간 다른 시장이 눈에 보였다. 중국 찜질방과 목욕탕에서 중국인을 관찰하면서부터였다.

"출장 갈 때마다 중국 찜질방과 마사지숍을 갔습니다. 2010년 초에도 한국 마스크팩은 중국에서 인기를 끌었습니다. 그러나 현장에서 제가 얻은 느낌은 달랐어요. 중국인들에게는 발 마사지가 핵심 휴식 문화입니다. 마스크팩을 1년에 여섯 번 이상 사는 소비자가 10% 정도이고, 한 번 이상 사는 사람은 45%입니다. 연인끼리 마사지를 받고 나서 얼굴에 붙인 마스크팩에서 떨어지는 에센스를 목과 어깨, 몸 전체에 바릅니다. 찜질방에서도 마찬가지예요. 중국인들은 목욕 가방에 샴푸, 린스, 보디젤과 함께 마스크팩을 꼭 챙깁니다. 그러나 특징은 언제나 똑같았습니다. 마스크팩에서 온몸으로 뚝뚝 떨어지는 에센스에 열광하는 겁니다. 그러나 당시 우리나라 마스크팩은 그렇게 만들지 않았어요. 얼굴에 붙이고 조금만 시간이 지나면 말라 버렸죠. 그건 중국인들의 특징을 확실히 이해한 제품이 아니라고 생각했어요."

중국인을 수년간 관찰한 결과 네 가지 결론을 얻었다. 우선, 싼 마스크팩이 아닌 비싼 마스크팩을 팔아 보자는 것이다. 보통 마스크팩은 10장에 3만 원인데, 그는 3만 9000원을 적정가로 생각했다. 대신 어떤 마스크팩보다 에센스가 넉넉하게 만들었다. 너무 촉촉해 에센스가 목과 몸까지 뚝뚝 떨어지도록 원가를 아끼지 않았다. 여기에 여행을 자주 다니는 중국인도 노렸다. 마스크팩을 하나 사면 클렌징폼과 에센스 제품을 묶음으로 제공하는 전략을 내세웠다. 간편하게 휴대하면서 다양한 화장품을 이용할 수 있도록 한 것이다. 마지막으로, 참숯을 이용한 검은색 마스크팩처럼 시중에서 볼 수 없던 재료로 우리나라 고유의 특성을 반영한 제품을 만들었다.

2014년 초 그간 친분을 맺은 성형외과 의사 및 화장품 전문가와 의기투합했다. 이 대표를 포함한 공동 창업자 3명이 자본금 1억 5000만 원을 모았다. 그런데 한국 시장에서 반응이 냉담했다.

"만나는 화장품 제조 공장마다 '마스크팩 시대가 끝났다', '이미 지나치게 포화 상태다'라며 거절했습니다. 화장품은 보수적인 제품입니다. 기존에 쓰던 것보다 월등히 좋아야 자기 돈을 주고 삽니다. 비슷하기만 해도

"사회는 정글입니다. 누가 주변에서 창업한다면 저는 말립니다.
'오늘 직장 상사와 다퉜으니 때려치우자'는 식의 섣부른 결정은
하지 마세요. 직장인은 직장에서 자기 능력을
쌓는 데 오래 주력해야 합니다."

원래 쓰던 것을 고수합니다. 그런데 반대로 생각하면 여성들이 화장품을 한번 바꾸기만 하면 성공할 수 있습니다. 시장에 진입만 잘하면 매출이 떨어지기 어려운 아이템이란 것입니다. 이런 점들을 어필해 10만 장의 시제품을 생산했습니다."

그에게 구원의 손길을 내민 사람은 중국 바이어였다. 오랜 기간 중국을 드나들면서 가족처럼 지내게 된 중국 화장품 바이어에게 제품에 대해 설명을 하자 '당신이 만든다면 내가 무슨 일이 있어도 팔아 주겠다'고 약속을 했다. 그는 중국 타오바오 유통 채널에 제품을 납품할 수 있는 바이어였다.

"중국에서는 꽌시 문화가 심해 비즈니스를 하기 힘들다고 이야기합니다. 사실 중국인은 누구나 불신을 갖고 만납니다. 상대방 이야기가 거짓말이라 생각하고요. 그러나 신뢰가 확실히 쌓이면 상대방이 실수해도 그 관계가 안 깨져요. 창업을 꿈꾸며 중국 화장품 업계 유통 바이어들과 오랜 기간 친해진 것이 저에게는 결정적 도움이었습니다. 만약 한국에서 팔기 시작해 중국에 진출했다면 성공하지 못했을 것이고요."

창업 첫 달 10만 장이 팔리면서 20만 장, 50만 장, 90만 장으로 주문이 빠르게 늘었다. 중국에서 인기를 얻으니 국내 면세점에도 어렵지 않게 진출했다. 2015년 중순부터 화장품 제조 공장을 인수해 생산도 직접 하고 있다. 최근엔 투자를 늘렸다. 105억 원 규모의 토지를 매입해 대규모 화장품 생산 시설을 2017년 하반기까지 완공할 계획이다.

어려움도 있었다. 가짜 상품 때문에 망할 뻔하기도 했다. 그럴 때면 출고하려는 제품을 중지하고, 다른 마스크팩으로 바꿔 수출하기도 했다. 정품을 인증하는 홀로그램도 달아서 중국 짝퉁 시장에 대비했다. 그는 이렁

게 말한다.

"사회는 정글입니다. 누가 주변에서 창업한다면 저는 말립니다. '오늘 직장 상사와 다퉜으니 때려치우자'는 식의 섣부른 결정을 하지 마세요. 직장인은 직장에서 자기 능력을 쌓는 데 오래 주력해야 합니다. 시간을 들여 공부를 많이 하고 목표도 뚜렷하게 세워야 합니다. 그러면 시행착오를 줄일 수 있으니까요. 지금 저는 매달 껑충 뛰는 매출을 보면서 깜짝 놀라고 있습니다."

이 대표는 무려 9년이란 세월 동안 중국만 집중적으로 팠다. 백 번 이상 중국으로 출장을 가서 지속적으로 중국인들을 관찰했고, 마스크팩의 쓰임새, 화장품 이용 방법도 꾸준히 연구했다. 그의 창업 시기는 화장품 전문가들도 '이제 마스크팩을 하기엔 늦었다'고 만류하던 2015년 1월이었다. 그러나 아직까지 중국인들의 특징을 완벽하게 간파한 마스크팩이 없다는 그의 자신감은 성공으로 이어졌다. 무엇보다 오랜 기간 중국 네트워크를 관리해 온 것도 판로를 개척하는 데 도움이 되었다. 꽌시 문화를 정확히 파악하고, 오랜 기간 만나면서 친구처럼 지낼 정도로 중국인 바이어 인맥을 탄탄하게 만든 것이 성공의 결정적 요인이었다. 이러한 치밀한 준비야말로 레드오션을 블루오션으로 바라볼 수 있는 자신감의 원천이었다.

16

죽을 때까지 써도 다 못 쓸 돈을 벌었는데도
일을 그만두지 않는 이유

'돈을 저렇게 많이 벌었는데 왜 일을 그만두지 않지?'
예전에는 세계적인 사업가나 투자가들을 만날 때 늘 이런 궁금증이 있었다. 조물주보다 더 높은 존재로 추앙받는 건물주가 되어 평생 돈 걱정 없이 하고 싶은 것 다하며 살고 싶다는 생각은 다들 한번쯤 해 봤을 것이다. 평생 펑펑 써도 다 쓰지 못할 만큼 돈을 벌었는데도 여전히 새로운 일을 벌이고 우직하게 그 길을 걷는 사람들을 만나면서 발견한 사실 하나가 있다. 그들에게는 돈 이외의 다른 목표가 있었다. 그리고 돈은 그 목표를 이루기 위해 노력하다 보니 따라오는 경우가 많았다는 사실이다.

구글, 페이팔, 유튜브, 링크드인 등을 발굴하고 초기 자금을 투자한 실리콘밸리의 전설적인 투자자 마이클 모리츠는 3조 원이 넘는 돈을 벌었지만 지금도 여전히 세상을 바꿀 기업을 찾겠다며 새벽같이 출근한다. 아직 자신을 만족시킬 만큼 세상을 변화시킬 기업을 발견하지 못했다는 것이다. 2008년 금융 위기 이후 존폐의 기로에 선 AIG가 구원투수로 영입한

로버트 벤모시 회장은 2010년 말 치료 불가능한 희귀 암에 걸렸다는 진단을 받고 '사람은 어차피 누구나 죽는다'며 세상을 떠나기 5개월 전까지도 이전과 다름없이 일을 했다. 그들에게 일은 단순히 돈을 버는 수단이 아니었다. 그들에게는 돈 너머에 있는 더 중요한 목표가 있었던 것이다.

구글, 시스코 등 실리콘밸리를 주름잡는 기업들이 밀집한 캘리포니아 주의 작은 도시 마운틴 뷰. 이곳의 3층짜리 건물에는 전 세계 교육계를 발칵 뒤집어 놓은 특별한 회사가 있다. 2012년 싱가포르 출신의 앤드류 응(Andrew Ng) 스탠퍼드대 컴퓨터공학과 교수가 만든 온라인 공개 강좌 플랫폼 회사 '코세라(Coursera)'는 웹을 통해 대규모 인원을 교육하는 무크(MOOC, Massive Open Online Course, 온라인 대중 공개 수업)를 처음으로 성공시킨 회사로 세계 3대 무크 중 하나로 꼽힌다.

인터넷과 기술 발전이 세상의 수많은 성역을 깼지만 여전히 깨지지 않는 성역으로 남아 있는 곳이 교육이었다. 응 교수의 노력은 그처럼 허물기 어려워 보였던 명문 대학교의 높은 장벽을 걷어내고 있다. 2013년 드루 파우스트 하버드대 총장은 신입생 축사에서 코세라를 비롯한 '무크'가 교육계의 지각 변동을 가져왔다고 언급하기도 했다.

응 교수가 만든 코세라는 지금 당장 인터넷으로 경험할 수 있다. 예일대, 프린스턴대, 스탠퍼드대, 미시간대, 호주 멜버른대, 도쿄대, 홍콩 과기대 등 전 세계 150여 개 대학이 2000여 개 이상의 강좌를 제공하고 있다. 수강생 수는 설립 1년 만에 170만 명을 넘어섰고 현재는 2400만 명 이상의 수강생이 등록되어 있다.

무수히 많은 온라인 공개 강좌 중에서도 코세라의 강좌가 특별한 이유는 수천만 원의 학비를 내야만 들을 수 있었던 명문 대학교의 수업을 무료나 아주 저렴한 가격에 들을 수 있다는 데 있다. 한 학기 단위로 배우며 한 강좌당 매주 5~6개의 수업을 들어야 한다. 온라인 강좌의 집중도를 높이기 위해 한 강의는 8~20분 단위로 구성된다. 또한, 매주 주말 평가를 치러야 하며, 강의에 따라 즉시 점수를 확인할 수 있고, 주관식은 동급생 간 채점을 하는 경우도 있다. 수료증이나 자격증, 학위가 필요한 사람들에게 적게는 3만 원에서 10만 원 정도의 수수료를 받고 증명서를 발급해 준다.

코세라 강의에 등장하는 교수들은 다양한 이벤트와 장치를 통해 수업의 질을 극대화한다. 〈뉴욕타임스〉의 대표 칼럼니스트이자 《세계는 평평하다》, 《렉서스와 올리브나무》 등 영향력 있는 저서로 유명한 토마스 프리드먼은 온라인 대중 공개 수업이 미래의 교육을 송두리째 바꿔 놓을 것이라고 내다봤다.

코세라의 가치는 세계적인 대학들의 우수한 교육을 받을 기회가 없었던 전 세계 잠재적인 인재들에게 꿈을 실현할 수 있는 기회를 준다는 데 있다. 카자흐스탄의 작은 대학에 다니는 아스카트 무자바에브의 꿈은 세계적인 프로그래머가 되는 것이었다. 하지만 그가 다니는 대학에는 인공지능(AI) 같은 첨단 과학 기술 관련 수업이 없었다. 그가 선택한 것은 코세라였다. 그는 코세라에서 스탠퍼드대의 컴퓨터 강의를 듣고 수료증을 받았으며 그 덕분에 카자흐스탄 트위터 지사에 취직할 수 있었다. 그는 스타트업 전문지 《패스트컴퍼니》와의 인터뷰에서 이렇게 말했다.

"IT 환경이 제대로 갖춰지지 않은 나라에서 프로그래머가 될 수 없다고 생각했지만, 이젠 세계적인 프로그래머가 될 발판을 마련했다."

코세라가 없었다면 불가능한 일이었다.

코세라의 성공 배경은 무엇일까? 그것은 적게는 수천만 원에서 많기는

"스탠퍼드대에서 지난 10년간 1년에 평균 400명을 가르쳤습니다.
그런데 강의를 온라인으로 여니 한 번에 10만 명이 등록했습니다.
강의실에서 10만 명을 가르치려면 250년이 걸려요.
저는 250년 동안 가르쳐야 할 학생들을
단 한 번의 강의로 가르치고 싶었습니다."

수억 원이 있어야만 들을 수 있는 세계 명문 대학들의 우수한 강의를 전 세계 어디에서나 무료로 보고 듣고 배울 수 있게 만들었기 때문이다. 응 교수는 코세라의 가치를 이렇게 설명했다.

"옛날엔 투표할 권리가 없었잖아요? 그런데 지금 투표권은 아주 당연한 권리가 되었습니다. 교육도 그런 권리가 될 수 있다는 것입니다. 저는 '기술은 모두에게 평등한 교육을 제공하기 위한 도구'라고 생각합니다. 1985년부터 2011년까지 17년 동안 미국 의료비는 360%, 가스비는 300%, 소비재 가격은 200% 올랐습니다. 그런데 미국 대학 등록금이 얼마나 상승했는지 아세요? 560%가 올랐습니다. 교육비가 다른 물가에 비해서도 폭등한 겁니다. 절실히 원하고 필요한 사람들이 많은데도 교육, 특히 고급 교육의 문턱이 너무 높아졌어요. '교육의 민주화'가 뭐라고 생각하세요? 저는 아프리카의 가난한 집에서 태어난 사람이 미국이나 유럽의 유복한 가정에서 자란 또래 아이들과 같은 수업을 듣고 서로 친구가 되는 것이라고 생각합니다."

코세라의 사무실 벽에는 다양한 아이디어가 적힌 메모지들이 빼곡하게 붙어 있었다. 응 교수는 이를 '아이디어의 벽'과 '약속의 벽'이라고 불렀다. 그 메모지들은 다름 아닌 코세라의 직원들이 직접 온라인에 개설된 강좌를 수강하고 그것에 대한 평가와 진행 과정을 써놓은 것이었다.

"쓰고 지우고, 다시 또 쓰고 지우면서 아이디어를 새로 만듭니다."

몇 주에서 몇 개월씩 들어야 하는 강좌를 끝까지 마치지 못한 직원은 'I DROPPED(중도 포기)'란 말을 써놓기도 했다.

직원들이 자신이 만든 제품을 직접 써본다는 것은 소비자의 눈으로 자신들이 만든 상품을 바라본다는 것이다. 거기서 장점과 단점, 고쳐야 할

점과 더 살려야 할 점을 찾아 내고 그것을 회사 전체와 공유하는 것이다. 이것은 실리콘밸리 기업의 특징 중 하나이기도 하다. 제품 사용 후 그 느낌들을 적어 벽에 도배해 놓고 그로부터 새로운 아이디어를 창조하고자 노력하는 것이다.

응 교수가 코세라를 창업하게 된 계기는 2008년 잊지 못할 경험을 했기 때문이다. 그는 당시 자신의 강의를 유튜브와 아이튠스 유니버시티, 스탠퍼드대 홈페이지에 올렸는데 그 반응이 매우 폭발적이었다.

"지금처럼 온라인에 특화된 짧은 강좌가 아니었어요. 아주 단순한 포맷이었습니다. 한두 시간짜리 강의를 카메라 한 대로 녹화해 웹에 올려놓았을 뿐이에요. 그런데 길거리에서 처음 보는 사람이 저를 알아보고 말을 걸었습니다. '혹시 앤드류 교수님 아니세요? 머신 러닝 수업 잘 듣고 있습니다!' 온라인 교육의 잠재력이 엄청나다는 것을 그때 깨달았죠."

그의 생각은 대학 강의를 모두에게 제공해 교육 기회의 불균형을 줄이는 것이었다. 아이디어는 두말할 것 없이 훌륭했다. 하지만 보수적인 대학교들을 어떻게 설득할 수 있었을까?

"저는 50명이 아니라 5만 명을 가르칠 수 있는 공간을 제공합니다. 그것은 꽉 막혀 있던 강의 방식에서 벗어날 수 있는 혁신이었습니다. 지금까지 대학교는 입학 과정이란 큰 벽을 만들어 놓고 있었어요. 한정된 캠퍼스와 교수진에 수많은 학생을 끼워 넣은 것입니다."

물론 그는 대학교가 여전히 매우 중요한 교육 기관이자 자원이라고 말했다.

"코세라나 다른 무크들이 대학을 대체하는 개념이라고 생각하지는 않습니다. 다만 더 많은 혁신의 공간을 부여하는 것입니다. 대학의 가장 큰 장점은 교수와 학생, 학생과 학생 간의 상호 작용입니다. 교수와 학생 간의 관계, 저는 그 의미까지 없어진다고 보진 않습니다."

코세라의 전체 수강 인원 중 미국 외 학생은 65%에 달한다. 이들은 대부분 20~30대의 학사학위 소지자들이다. 코세라는 배우고자 하는 사람이라면 누구나 배울 수 있도록 아프리카 소수 민족의 언어로도 번역하여 자막을 달아주는 것을 목표로 하고 있다. 코세라의 수업은 앞서 소개한 카자흐스탄의 무자바에브처럼 실제로 원하는 일을 하거나, 일자리를 찾는 수단으로 확산되고 있다. 우리나라 기업들 중에서도 코세라나 다른 무크에서의 교육 경험을 대학교 학위 못지 않게 인정해 주는 곳이 꽤 있다.

필자가 코세라에서 두 시간 동안 인터뷰하며 가장 감명을 받았던 부분은 다름 아닌 응 교수 자체였다. 그는 스탠퍼드대 교수이자 컴퓨터 과학 분야에서 권위 있는 학자다. 2013년 《타임》이 선정한 '세계에서 가장 영향력 있는 100인', 《MIT 테크놀로지 리뷰》가 선정한 '세계에서 가장 뛰어난 혁신가 35인'에도 뽑혔다. 교수로서 누구보다 안정적인 삶을 보장 받은 그가 학교를 휴직하고 공익적인 목적을 가진 사업에 뛰어든 것이다. 그 역시 기술과 교육의 본질을 정확히 읽었기 때문에 가능한 일이었다. 그가 보기에 대학 교육은 불필요한 권위와 거품으로 가득 차 있었고, 명확한 한계를 안고 있었다. 좋은 수업이 그 수업을 필요로 하는 모든 사람들에게 개방될 때 세상이 더 좋게 변한다고 믿었다.

"스탠퍼드대에서 지난 10년간 1년에 평균 400명을 가르쳤습니다. 그런데 강의를 온라인으로 여니 한 번에 10만 명이 등록했습니다. 강의실에서 10만 명을 가르치려면 250년이 걸려요. 저는 250년 동안 가르쳐야 할 학생들을 단 한 번의 강의로 가르치고 싶었습니다."

17

세계적인 투자자 짐 로저스가
한국 투자를 중단한 이유

위대한 창업 정신 가진 젊은이들이 안 보여
MBA를 가느니 지금 당장 농사를 배워라

"한국 청년들은 왜 서울대만 가려고 하는지 모르겠습니다. 서울대를 가면 20대 초반엔 들떠 있겠지요. 그러나 40대가 되면요? 그때 회사에서 쫓겨나면 뭘 할 것입니까? 대안이 있나요?"

세계적인 투자자 짐 로저스 로저스 홀딩스 회장은 2016년 10월쯤 수화기 너머로 필자에게 이렇게 목소리를 높였다. 그는 1972년 미국 뉴욕 월 스트리트에서 조지 소로스와 함께 퀀텀펀드를 만들어 10년간 4200%의 수익률을 기록한 전설적인 투자자로 약 3000억 원에 달하는 재산을 가지고 있다.

그런 그가 한국 청년들을 걱정하는 데는 다 이유가 있다. 본인 스스로 두 번이나 '신의 간판'을 포기해 왔기 때문이다. 그는 미국 예일대에서 역사학을, 옥스퍼드대에서 철학을 공부했다. 그러나 관련 분야로 진출하지 않았다. 우연히 발길을 들인 월스트리트에서 금융업에 뛰어들었다. 지금은 취업하기 위해서라면 누구나 전공을 버리지만 40~50년 전만 해도 달랐다. 그 당시 명문대에서 전통 인문학을 공부하고 금융업에 뛰어드는 사람은 거의 없었다. 오히려 주변에서 '인문학도 망신이 이만저만이 아니다'라고 손가락질을 했을 정도다.

그런데 한창 투자자로 잘나가던 1980년, 돌연 그는 뉴욕 월가를 떠났다. 투자 혜안을 넓히겠다며 116개국, 총 24만 5000킬로미터 거리를 자전거와 오토바이로 여행한 것이다. 지구를 여섯 바퀴나 도는 거리다. 그때도 주변에서 '돈을 쓸어 담고 있는데 제정신이냐?'며 의아해했다. 그런데 그렇게 얻은 식견을 가지고 투자 업계로 돌아온 뒤 그의 명성은 더 높아졌다. 책까지 내면서 전 세계 젊은이들의 롤모델이 됐다. 그는 이렇게 말한다.

"월스트리트에서 너무 행복했습니다. '전 세계에서 어떤 일이 돌아가는지, 어떤 일이 벌어질지'만 알면 월급을 많이 받았으니까요. 하지만 주 7일, 하루 14~15시간씩 높은 업무 강도의 일을 소화하면서 원래 계획과 멀어지고 있다는 생각이 들었습니다. 세계 여행을 하며 투자 현장을 직접 눈으로 보고 싶었습니다. 그것도 오토바이로 말입니다. 늘 '행복하게 죽을 거야'란 말을 입에 달고 삽니다. 그런데 월가에서 투자자로 일하다 뉴욕 시내 버스에 치여 죽는다면 행복한 죽음이 아니죠. 흥미 있는 분야에서 모험하다 행복하게 죽을 수 있는 길을 가기로 했습니다. 제 신조가 뭔지 압니까? '미쳤다'가 아니라 '미쳤다'의 강도를 두 배로 올려 듣는 겁니다. 남들이 비웃는 일이야말로 최고의 직업이거든요."

몇 년 전 서울대 경영대학원 강단에 선 적이 있는데, 당시 그는 사람들이 기대한 것과 전혀 다른 주장을 해서 큰 반향을 일으켰다. 'MBA가 밥 먹여 주지 않는다, 농업에 뛰어들어라'라고 진지하게 권유한 것이다. 로저스는 지구 식량이 줄어드는 미래에는 농업 분야가 가장 유망하다고 한결같이 주장하는 사람이다.

로저스는 지한파다. 한국이 북한과 통일하면 '전 재산을 투자하겠다'고 선언하기도 했다. 그런데 몇 해 전까지만 해도 이런저런 한국 기업에 투자하던 그가 최근엔 한국 주식을 안 산다. 해외 투자자가 다른 나라의 주식을 안 사는 이유는 여러 가지가 있다. 정부 정책에 미래가 보이지 않거나, 경기가 안 좋거나, 지정학적 문제가 발생하는 이슈가 생긴 것이다. 짐 로저스의 이유는 명쾌했다. '한국 청년들에게서 희망이 전혀 보이지 않는다'는 것이었다.

"삼성이나 현대 창업자들처럼 위대한 기업가 정신을 가진 젊은이들이 한국에 안 보입니다. 전부 좋은 대학 나와서 공무원이 되거나 삼성을 가려고 하죠. 저는 이 현실이 참담합니다. 안정적인 정부 부처에서 무슨 새로운 시도를 할 수 있습니까. 삼성은 이 세기의 가장 위대한 기업 중 하나입니다. 그러나 이미 성장한 삼성에 간다는 건 고리타분한 일 아닙니까. 제가 다 부끄러울 지경입니다."

우리나라 청년들도 서서히 변하고 있다. 점점 많은 청년이 창업을 하고, 새로운 직업에 도전한다. 그러나 아직 태반이 간판을 소중하게 여긴다. 최근 정부 부처 가운데 가장 바쁜 부처 중 하나가 공무원 시험을 관장하는 인사혁신처다. 올 초 국가 공무원 9급 공채 시험에 사상 최대인 22만 명이 몰렸다. 경쟁률 406 대 1을 찍었다.

공무원 수험자들 가운데는 '정말 훌륭한 관료가 되어 한국을 변화시키겠다'는 포부를 가진 사람도 있다. 그러나 대부분 안정적인 직장을 꿈꾸면서 지원한다.

그러나《정해진 미래》란 책을 낸 인구학자 조영태 서울대 보건대학원 교수는 '공무원조차 사양 직업이 될 것'이라고 말한다. 그는 삼성 사장단을 비롯해 현대 기아차 글로벌 리더 과정 등 기업 고위 임원 세미나의 단골 연사다. 앞으로 저출산과 인구 고령화에 따라 안정적인 직업도 무너질 것으로 전망하는 그의 연구에 따르면, 2009년 360만 명이던 초등학생 숫자는 2035년 230만 명으로 줄어든다. 그는 '신의 직장'으로 칭송받는 초·중·고등 학교 교사와 대학 교수, 교직원이 가장 큰 타격을 입고 대량 해고 사태가 일어날 것이라 예상한다. 인구가 줄고 소비와 생산성이 줄어들면 세금이 줄고 연금이 타격을 입는다. 그 자신도 사학 연금을 머지않은 미래에 못 받을 각오를 한다고 한다.

"저는 제 자식들이 원치 않으면 대학을 보낼 생각이 없어요. 최근 입시 학원도 중단했고요. 노인 복지 지출 규모가 커지면 재정 문제로 공무원 월급과 복지가 줄어들 겁니다. 공무원 연금을 보장하는 것은 불가능해집니다. 공무원도 이런 점에서 유망 직업이 아닙니다."

아무리 어렸을 때 '우리 동네가 낳은 최고의 수재' 소리를 들었어도, 대기업에 입사해 20년 근무하고 차장·부장 명함 달고 기껏해야 연봉 1억 원 받는 것이 지금까지의 통상적인 성공 루트였다. 그런데 지금 이처럼 안정적인 직장으로만 몰리는 흐름대로라면 어떻게 될까? 동네 최고의 수재도 공무원 생활 끝에 연금도 약속 못 받고 나와야 할 것이다. 눈부신 성적으로 명문대에 이어 대기업에 가도, 저출산과 고령화 시대에 실적을 내지 못하다 40대 초반에 회사를 나와야 할 것이다. 이미 여러 대기업에서 희망퇴직 연령은 50대에서 40대, 최근엔 20대까지 내려온 상태다.

한국의 젊은 부자들은 이런 미래의 흐름을 꿰뚫고 있다. 젊을 때에도 수억 원의 연봉을 받고 수십 억 원 매출을 내는 회사를 만들 수 있는 지름길을 택한다. 남들과 똑같은 길을 걸어갔을 때 미래에 내가 어떻게 추락할지 뻔히 보이기 때문이다. 실제 힘들게 대기업에 입사해도 적응하지 못하고 뛰쳐나오는 젊은이가 많다. 한국 경영자총협회가 전국 주요 306개 기업을 대상으로 실시한 '2016년 신입 사원 채용 실태 조사'를 보면 1년 이내에 퇴사하는 신입 사원 비율이 27.7%로 나타났다. 이는 2014년 진행된 같은 조사보다 2.5% 증가한 숫자다. 이들이 그만두는 가장 큰 이유는 '조직 및 직무 적응 실패(49.1%)'였다. 자신의 적성과 자질에 상관없이 무조건 '간판'만 보고 입사했다가 실망한 나머지 나오게 되는 것이다.

18

포항공대와 글로벌 컨설팅 회사 간판 포기한 매출 80억 원 맛집 배달 사장님

커피 한 잔을 팔더라도 내 일을 해 보고 싶다
1년에 364일 문제 터져도 지금이 행복하다

서울 역삼동에 가면, '레스토랑에 날개를 달다'란 문구가 달린 푸른색 배달 오토바이 수십 대가 주차돼 있는 곳이 있다. 2011년 출시된 맛집 음식 배달 서비스 푸드플라이(Food Fly)다. 고객들은 이곳을 통해 부자피자, 온 더보더, 사보텐, 캘리포니아 피자치킨 등 1500곳의 유명 맛집과 프랜차이즈 음식을 배달 받을 수 있다. 앱으로 주문을 넣으면 130여 명의 푸드플라이 소속 기사들이 맛집을 찾아가 음식을 받은 뒤 고객에게 전달한다. 서울 강남구에서 시작해 서울 전역으로 확장한 푸드플라이의 2016년 거래액은 약 300억 원으로, 매출액은 80억 원이었다. 창업 4년 만에 거둔 성과다.

이 서비스는 배달 시장의 '프리미엄 시장'을 공략했다. 외식 사업 전체 시장 규모는 약 60조 원. 이 가운데 배달을 주력으로 하는 중국집, 분식집, 치킨집, 보쌈집 등이 10조 원을 차지하고, 일반 음식점과 고급 레스토랑 등이 나머지를 차지한다. 문제는 품질이 좋기로 소문난 일반 음식점과 외식 업체들은 배달을 하지 않고 온라인화되어 있지 않았다는 것이다. 푸드플라이 임은선(34) 대표의 말이다.

"고급 음식점도 고민이 많았습니다. 음식을 많이 팔아야 이익률이 올라가는 박리다매 비즈니스거든요. 사실 음식 사업 마진은 별로 높지 않아요. 10% 영업 이익도 괜찮다고 보는데, 이익을 늘리려면 더 많이 팔아야 합니다. 그런데 실제 맛집을 찾아가 보면 매장에 줄이 길게 늘어선 곳은 상당수 수용 인원이 부족하기 때문이지, 음식 생산 능력이 부족해서가 아니에요."

푸드플라이는 음식점으로부터 전체 음식 매출액(거래액)의 10~15%에 해당하는 수수료를 받는다. 통상 온라인, 모바일을 이용한 O2O(Online to Offline) 업체들의 수수료가 8~12%인 점을 감안하면 높은 편이다. 그럼에도 다른 배달 중계 업체와 달리 '영세 업체 수수료 논란'에서 비교적 자유롭다. 푸드플라이가 거래하는 맛집 상당수가 대기업 계열 외식 업체나 짱짱한 오너 셰프와 자본력이 있는 성공한 가게이기 때문이다. 음식점에서 수수료를 적게 떼어 주면, 부족한 배달 비용은 고객에게 배달 팁을 받아 메운다. 배달 팁은 1000~4500원.

그럼에도 사람들은 폭발적으로 이 서비스를 이용하고 있다. 집에서 멀리 떨어진 프리미엄 맛집 음식을 언제든 먹을 수 있기 때문이다. 집 근처의 5000원짜리 자장면은 공짜 주문이 당연하지만, 집에서 멀리 떨어진 유명 셰프가 만드는 3만~4만 원짜리 피자와 파스타를 먹는데 배달 팁으로 4000~5000원씩 기꺼이 쓰겠다는 심리가 있기 때문이다. 홍성태 한양대 경영학부 교수는 '불황에 작은 사치가 늘면서, 비싼 음식에 기꺼이 봉사료를 지불하는 소비자가 많다'고 분석했다.

"대기업에선 대부분 선택하지 않은 상사와 일해야 하는데
그들의 의사 결정을 인정할 수 없을 때 자괴감이 커집니다.
누가 시켜서 하는 것이냐,
아니면 내가 직접 주도적으로 이끌 것이냐
이걸 삶의 기준으로 삼았어요."

임은선 대표는 포항공대 전자전기공학과 출신이다.

"원래 로봇을 좋아해 전자과에 가고 싶었어요. 그런데 석사, 박사 등 공부와 안 맞는다는 것을 깨달았죠. 그나마 경영에 관심을 갖게 돼 졸업 후 딜로이트컨설팅에 취업했어요."

그런 그는 컨설팅 사에서 2년을 일하며 한계를 느꼈다.

"연봉은 높은 편이었지만, 남의 사업에 대해 조언하고 결과물이 종이 보고서로 끝나는 것이 싫었어요. 커피 한 잔을 팔더라도 내 일을 해 보고 싶다는 생각을 했죠."

그는 마침 학교 선배인 박지웅 패스트트랙아시아(벤처 캐피털 회사) 대표로부터 입사 권유를 받았고, 박 대표가 투자한 푸드플라이에 창업 초창기 멤버로 합류했다. 얼마 지나지 않아 대표가 됐는데 연봉은 30% 깎였다.

포항공대와 글로벌 컨설팅 기업이란 간판을 과감히 버린 그의 첫 무대는 길거리였다. 처음엔 사람이 없어 직접 오토바이를 몰고 배달을 나갔다. 여기저기 맛집도 찾아다니며 "저희가 배달할 테니 음식만 만들어 주세요. 2만 원에 팔면 저희한테 3000원만 주시면 됩니다"라고 설득했다.

"들어 보지도 못한 업체랑 어떻게 일합니까?"

반응은 싸늘했다. 그러나 두 번, 세 번 혹은 그 이상 찾아갔더니 대부분 백기를 들고 동참했다. 배달 시장은 갈수록 커지고 맛집이라 할지라도 오프라인 매출만으로 사업을 확장하기는 어려운 현실 때문이었다.

"몇 년 전 크리스마스 때가 가장 큰 악몽이었죠. 배달 차량을 몰고 강남에 나갔는데 차로 꽉 찬 겁니다. 지하철도 계단부터 줄을 서야 해서 탈 수 없었고요. 무작정 차를 길가에 주차해 놓고 배달 음식을 안고서 배송지까지 뛰어갔습니다. 다행히 시간에 맞춰 배달할 수 있었죠."

포항공대 출신이라고 하면 으레 석사·박사 과정을 거쳐 대기업 연구원이나 대학 교수를 하리라고 짐작한다. 실제로도 이런 과정을 걸어온 인재가 많다. 그는 어떻게 간판을 포기할 수 있었을까? 그 역시 일반적인 과정을 포기하는 데 용기가 필요했다.

"대기업에선 대부분 선택하지 않은 상사와 일해야 하는데, 그들의 의사결정을 인정할 수 없을 때 자괴감이 커집니다. 내가 만약 대기업에서 1억 원, 2억 원을 받더라도 누가 시켜서 하는 것이냐, 아니면 내가 직접 주도적으로 이끌 것이냐, 이걸 삶의 기준으로 삼았어요."

그의 선택에 대해 부모는 아직도 100% 인정해 주지 못하고 있다. 애시당초 포항공대 가는 것조차 반대한 부모는 딜로이트컨설팅에 가는 것도 반대했다. 그러나 그는 '창업은 365일 중 364일은 안 좋은 일, 어려운 숙제를 해결해야 하는 고통의 연속이지만 행복하다'고 말한다.

한국의 젊은 부자들은 대학교를 나와서 바로 창업하는 경우도 있지만 큰 조직, 전문직에 몸을 담았던 사람도 많다. 그들은 대부분 큰 조직의 답답하고 꽉 막힌 스케줄에 한계를 느꼈다. 물론 소수긴 하지만 아예 대학을 자퇴하고 창업한 청년도 있다. 정환종 밸류시스템자산운용 대표 이야기다.

19

한양대 경영학과 자퇴하고
3000억 원 굴리는 CEO가 되다

**학벌과 라인 중시하는 금융 업계에서 오로지 실력으로
초기 자금 100만 원, 출신 덜 따지는 지방에서 승부수**

대한민국 상위 0.5%만 살고 있다는 삼성동 주택가를 가다 보면 2층 단독 주택을 만날 수 있다. 정환종(36) 밸류시스템자산운용 대표가 사옥으로 쓰는 주택 건물이다. 현관을 열고 들어가니 전속 주방장이 점심 준비에 한창이었고 직원들은 분주하게 일하고 있었다.

'사람들이 두려워 행동할 때 탐욕을 갖자.'

사무실 벽에 '효도하자'라는 문구와 함께 나란히 걸려 있는 문구다. 정 대표가 2009년에 창업해서 만든 이 회사는 대한민국 상위 1%의 고액 자산가들의 자금을 운용하는 곳이다. 재벌 3세, 중견 기업 오너까지 그에게 돈을 맡긴다. 창업 7년 만에 굴리는 자금이 3000억 원을 넘었다. 덕분에 일반 회사원을 했다면 꿈꾸기 어려운 돈을 벌었는데 그의 투자 전략은 워런 버핏과 비슷하다.

"과거 10년간 한국, 미국, 영국의 주가가 3% 이상 떨어진 날을 분석해 봤습니다. 3개국이 함께 4% 이상 떨어진 24개 사례 중 22개에서, 폭락

15일 후 주가가 평균 8% 올랐습니다. 큰 충격에서 완전히 회복되는 시간은 20일 정도죠. 일반 투자자는 좋은 실적이나 호재가 나올 때 관련 주식을 삽니다. 저희는 반대로 이때 미리 사 둔 주식을 팝니다. 정보의 불균형이 해소된 주식은 투자하면 안 됩니다."

운용 자산의 95%를 국내 주식에 투자하고 나머지는 헤지펀드, 해외 투자 일임 상품에 넣는다. 수수료 수입 등으로 2015년 22억 원의 당기 순이익을 냈다. 무엇보다 요즘 대세인 인공 지능을 적극 활용한 새로운 수익 모델로 승승장구 중이다. 로보어드바이저(로봇과 투자 전문가의 합성어로 인공 지능이 컴퓨터 알고리즘과 빅데이터를 이용해 자동으로 투자 자산을 배분하는 기술)를 적극적으로 쓴다. 로보어드바이저는 세계적으로 성장하는 시장이다. 일본 노무라종합연구소는 2020년까지 로보어드바이저 관리 자산이 2000억 달러(227조 3000억 원)에 이를 것으로 전망했다. 국내 로보어드바이저 펀드 시장도 출범 8개월 만에 설정액 규모가 700억 원으로 늘었고, 업체는 30곳이 넘는다.

"인공 지능은 과거 수십 년 동안의 주식 시장 차트를 0.1초 단위로 찍은 '스냅샷'을 갖고 있습니다. 무한에 가까운 스냅샷들을 분석해 10초마다 상승 또는 하락하는 장의 미래를 예측해 종목을 사고팝니다. 사람은 '점심 먹고 오후에 팔지 뭐'라는 결정을 내리지만, 인공 지능은 끊임없이 일합니다."

국내 성장주(기업 성장이 증명된 주식)와 가치주(저평가받는 주식) 비중을 6 대 4 정도로 유지한다. 펀드 평가 회사 KG제로인의 2013~2015년 3개년 수익률 분석에 따르면, 투자 자문사 가운데 상위 5% 안에 든다.

제주도 성산읍에서 나고 자라 제주시에서 고등학교를 다니던 그는 고

"돈은 출신과 학벌을 따지지 않습니다.
어떻게든 좋은 수익률을 만들어 주는 사람에게 옵니다.
그 믿음을 잃지 않고 포기하지 않았어요.
30명을 만나 1명의 마음만 얻으면 성공합니다."

등학생 때부터 주식에 흥미를 느꼈다. 새롬기술이란 종목에 투자했으나 한 달 만에 폭락해 휴지 조각이 됐다. 새롬기술은 세계 최초 무료 인터넷 전화인 '다이얼패드'를 출시해 큰 화제가 되면서 국내 거물 투자자들의 돈이 몰렸다. 그러나 허위 공시, 취약한 수익 구조가 밝혀지면서 2000년 초 28만 원이 넘던 주가가 같은 해 5500원까지 미끄러져 주식 시장에 큰 충격을 안겼다. 1990년대 말, 외환 위기 시절 그의 아버지는 '서울대 나와도 제주도에 내려와서 감귤 농사하더라. 좋은 학교 갈 필요 없다'고 했다. 그리고 한양대에 진학할 때는 '1학년 1학기 등록금만 대줄 테니 나머지는 알아서 하라'고 했다. 그는 등록금도 벌 겸 고시원에 터를 잡고 주식 공부에 매달렸다.

"증권 회사 주식 투자 대회 1위 입상자, 증권사 PB 등 무작정 수백 명을 찾아다녔어요. 제대로 배우면 충분히 돈을 벌 수 있다고 생각했어요."

100만 원으로 주식 투자를 시작했다.

"정상적으로는 100만 원을 1년 안에 1억 원으로 만드는 게 불가능해요. 미수 거래(외상으로 주식을 사는 것)를 했습니다. 수익이 나면 갚고, 더 많이 빌려 투자하는 일을 반복했습니다. 삼성, 아모레퍼시픽 같은 우량주에 투자했죠. 사업 보고서처럼 공개된 정보지만 일반 투자자들은 관심을 갖지 않는 정보, 이미 알려졌지만 공식 발표는 하지 않은 정보를 충분히 활용했습니다. 가령 A기업이 액면 분할할 예정이면 미리 주식을 사고, 정식 발표를 하면 팔았어요. 사업 보고서에는 나와 있는데, 기사화되지 않은 정보가 많습니다. 기업 내부자보다 두세 발 늦어도 일반 투자자보다는 두세 발 빠르게 움직이면 된다고 생각했죠. 수업 시간 중에라도 좋은 정보가 눈에 띄면 화장실 가서 투자했어요."

대학교 2년을 마치고 군대까지 다녀오니 초기 투자금 100만 원이 크게 불었다. 자금 규모가 커지면서 수익 규모도 커졌다. 그러자 '학교를 졸업하고 취업을 할까, 바로 투자사를 창업할까' 고민이 들었다. 그런데 아버지가 이렇게 말했다.

"사업하러 경영학과 간 것 아니냐. 그 정도 배웠으면 됐다. 뭐 하러 졸업까지 하느냐. 자퇴해라."

그는 한양대를 그만두기로 결심했다.

"나중에 취업하면 수레바퀴 같은 삶을 살게 될 것 같더라고요. 주도적인 삶을 살아야겠다는 결심이 섰어요. 다만 자퇴하면 '고졸'이 된다는 게 걸렸죠. 그런데 아버지가 자퇴를 권유하시는 거예요. 2006년 친구 8명을 모아 바로 창업했죠."

초기 100만 원이던 그의 운용 자금은 어느새 수십 억 원 단위로 커졌다. 투자 자문사는 자본금 1억 원만 있어도 차릴 수 있다. 그러나 영향력 있는 투자 자문사가 되려면 개인 자금보다 외부 거물들의 자금을 대거 유치해야 한다. 정 대표도 고액 자산가의 자금을 끌어와야 했다. 그러기 위해서는 제도권 은행, 증권, 보험사에서 고액 자산가의 돈을 위탁 받아 높은 수익률로 가치를 증명해야 했다.

처음엔 영업왕이란 사람들을 찾아가 지혜를 구했다. 길거리 전단지도 돌렸다. 그렇게 1년 했지만 실패했다.

"금융계에서 학벌과 출신이 너무 중요하더라고요. 서울 강남 한 은행 지점을 찾아 '내 돈 20억 원을 예금하고 운용할 테니 수익률을 지켜보라'고 했어요. 하지만 100% 넘는 수익률이 났는데도 고액 자산가를 연결해주지 않았어요. 한양대를 중퇴한 제주 출신 어린애를 믿지 않은 것이죠."

그는 마지막으로 역발상 시도를 했다. 학력과 출신을 덜 따지는 지방에서 승부를 보기로 한 것이다. 그래도 문전 박대가 일상이었다. '30명을 만나야 1명의 마음을 얻을 수 있다'는 마음으로 꾸준히 찾아다녔다. 부산, 광주, 대구에서 금융 회사 30곳씩 골라 매일 돌았다. 2년간 모텔방을 전전하며 빵과 우유를 돌린 것이다. 어느 순간 '정 과장'이란 별명이 붙었다.

"그렇게 노력했더니 부산의 한 은행이 저희를 딱하게 여기고 지역 유지 몇 분을 소개해 주시더라고요. 다행히 수익률이 좋게 났어요. 소문이 퍼지면서 자리 잡았고, 2011년 서울로 돌아왔습니다."

이후 비상했다. 서울의 재벌 오너, 중견 기업 회장까지 찾아오면서 최근 국내 투자 자문 업계에 돌풍을 일으키고 있다. 그의 회사에는 미국 월가, 명문 공대, 서울대, 고려대 박사 출신 인력이 합류해 있다. 학력으로 보자면 그는 명함도 못 내민다. 그럼에도 그는 회사의 폭발적인 성장세를 이끄는 CEO이자 최대 주주다. 그는 창업 과정에서 깨달은 게 있다고 말한다.

"돈은 출신과 학벌을 따지지 않습니다. 어떻게든 좋은 수익률을 만들어 주는 사람에게 옵니다. 그 믿음을 잃지 않고 포기하지 않았어요. 30명을 만나 1명의 마음만 얻으면 성공합니다. 본인이 '흙수저'라고 생각한다면 금융 분야 창업도 도전해 볼 만한 가치가 있다고 생각합니다."

혹시 대학을 졸업하지 않은 게 후회되진 않을까?

"이 공간이 대학입니다. 제가 필요하면 찾아서 공부합니다. 하고 싶은 공부만 하는 주도적 학습을 하는 거죠. 투자자와 시장의 마음을 얻는 게 대학 졸업보다 훨씬 어려운 일입니다."

정 대표는 학벌 때문에 초창기 많은 어려움을 겪었다. 금융 업계는 사

한국의 젊은 부자들

실 학벌과 출신이 지배하는 곳이다. 기본적으로 기획재정부, 금융위원회 등 금융 산업을 관리·감독하는 정부 부처도 이른바 명문대 출신의 엘리트들이 주름잡고 있다. 돈을 투자하는 고액 자산가들도 학벌이 좋은 투자자를 선호한다. 정 대표는 이런 편견을 깨고 성공한 사례다. 왜냐하면 학벌이 좋은 사람이나 안 좋은 사람이나 똑같이 '고수익'을 원하기 때문이다. 결국 돈은 돌고 돌아 수익률이 좋은 곳으로 몰린다. 돈의 본질적인 속성을 꿰뚫은 그는 포기하지 않았다. 그 결과 그에게 대학교 자퇴는 오히려 새로운 성공의 기회를 가져다주었다.

20

삼성전자 퇴사하고 손가락 통화 기술 개발, 출시하기도 전에 주문 폭발

**5000만 원 목표 크라우드 펀딩,
37일 만에 16억 원 모은 대박 기술**

트렌드를 잘 살리지 못하고 망한 아이템은 수도 없이 많다. 최초의 SNS 라고 불리는 싸이월드 미니홈피, 마이크로블로그이던 미투데이, 미국의 SNS 신성이라는 트위터도 지금 위기다. 2016년 10월에 전체 인력의 8% 를 추가 감원했으며 한때 큰 인기를 누린 동영상 촬영 앱인 바인도 정리 할 계획이다. SNS의 인기는 이제 페이스북, 인스타그램 등 새로운 서비스 들이 누리고 있다.

트렌드에 올라탈 타이밍은 언제이고 어떤 트렌드를 봐야 할까? 사실 최적의 타이밍과 트렌드는 알기 어렵다. 그러나 최소한 그 변화상을 꾸준 히 공부하면 큰 그림을 그리는 것은 가능하다. 1990년대 말 DVD 우편 배 송으로 시작해 2000년대 중반 온라인 스트리밍으로 갈아타 지금은 콘텐 츠 업계 최강자가 된 넷플릭스의 리드 헤이스팅스는 이렇게 말한다.

"놀랍게도 똑똑한 사람들이 오히려 타이밍을 못 잡습니다. 파괴적 비즈 니스의 예술은 10년 후를 상상하는 겁니다. 10년 후의 기술은 지금 기준으로는 빨라 보일 수 있습니다. 하지만 그렇기 때문에 10년 후를 대비하는 비즈니스를 미리 만들어 가야 하는 겁니다. 폭발 시점(explosion point)을 기다리면 너무 늦어 버리게 됩니다. 그래서 우리는 DVD로 스트리밍의 시대를 준비한 겁니다."

그는 1997년 블록버스터에 맞서 DVD 배송 사업을 시작했다. 그런데 그 사업은 DVD 우편 배송 사업을 위한 발판이었다. 헤이스팅스는 창업 10년 뒤인 2007년 사업의 100%를 인터넷 스트리밍으로 갈아타겠다는 계획을 짰다. 그 생각으로 1999년 세쿼이아 캐피털의 전설적 벤처 캐피털리스트인 마이클 모리츠를 찾아갔다.

"제가 시작한 DVD 배송 사업은 전초전입니다. DVD 시장은 머지않아 인터넷 스트리밍 서비스 체제로 전환될 겁니다."

그러나 그는 거절당했다. '이미 내년이면 모든 게 디지털화되지 않느냐, 새롭지 않다'는 것이었다. 당시는 닷컴 버블의 시기였다. 인터넷의 모든 기술이 단 1~2년 안에 완벽히 실현된다는 믿음이 모두를 지배했다. 흥미로운 것은 필자가 2013년 9월 마이클 모리츠 회장을 만났을 때 '넷플릭스에 투자하지 않은 것이 최대 후회'라고 밝혔다는 사실이다. 그는 '제대로 검토하지 않았다'며 아쉬움을 내비쳤다. 구글, 유튜브, 링크드인을 발굴한 모리츠 회장도 트렌드 예측에 실패할 때가 있었던 것이다.

그런데 인터넷 스트리밍은 헤이스팅스에겐 그렇게 빨리 달성할 수 없는 목표였다. 사실 스마트 워치도 마찬가지다. 2012년 스마트 워치를 세계적으로 처음 만든 회사는 페블이었다. 그땐 엄청난 돌풍이었다. 그러나 애플 워치, 삼성 워치, 핏빗 등장 이후 내리막길로 접어들며 기능성 스마트 워치 회사인 핏빗이 인수를 검토하는 것으로 알려졌다. 하지만 사실 스마트 워치는 전 세계적으로 내리막길을 걷는 것으로 보인다. 2016년 3분기 글로벌 시장에서 스마트 워치 판매량은 전년 동기 대비 51.6% 급감한 270만 대에 머물렀기 때문이다. 헤이스팅스는 2013년 필자를 만났을 때 '스마트 워치는 5~10년 뒤에 제대로 된 시장이 나타날 것으로 보인다'고 했다.

그런데 여기 표면적으로는 기울어져 가는 스마트 워치를 기반으로 새로운 기술을 개발해 세상을 놀라게 한 청년이 있다. '이놈들연구소'의 최현철(34) 대표다.

삼성전자를 퇴사하고 창업한 최 대표가 개발한 팔찌형 밴드인 시그널은 상대방의 말소리에 따라 보내는 진동을 손목을 거쳐 손가락 끝까지 흘러가게 한다. 손가락을 귀에 대면 이 진동이 귓속 공기와 만나 소리로 바뀌어 들리게 된다. 전화기에서 음성으로 들리던 음파가 한 번 더 변환 단계를 거쳐 우리 귀로 전달되는 셈이다. 손목에서 만들어진 진동은 초음파나 다른 유해한 신호를 사용하지 않고 안전한 주파수의 신호를 사용하기에 신체에 해로운 영향도 없다. 이 팔찌를 차고 전화가 왔을 때 손가락을 귀에 대면 통화가 가능하다. 이 제품의 가격은 139달러(15만 8000원)로 미국 크라우드 펀딩 사이트 킥스타터에서 펀딩을 진행했다. 목표 모금액은 5만 달러(5700만 원). 그런데 모금 개시 37일 만에 8000명이 넘는 후원자로부터 147만 달러(16억 7000만 원)가 모였다. 목표 금액의 서른 배에 달하는 금액이었다. 중국, 일본, 한국에서 크라우드 펀딩을 진행하고 제품을 판매하면 300억 원 정도의 매출이 날 것으로 보고 있다. 해외 유통 업체와 국가별 리테일러들로부터 수만 대에 달하는 제품 납품 요청을 받은 상태다. 이외에도 이메일을 통해 일반인들의 구매 요청이 쇄도하고 있는 상

"나중엔 직원들이 자기 아이디어로 회사를 만들고
분사할 수 있는 구조를 만들려고 합니다.
제가 삼성전자에서 나온 것처럼요."

황이다. 러시아, 인도, 유럽 등 전 세계에서 큰 관심을 보이고 있다. 그런데 그는 어떻게 이런 아이디어를 생각해 냈을까?

"스마트 워치가 처음 등장했을 때 한 선배가 통화하는 걸 봤어요. 스피커 모드로만 통화할 수 있더라고요. 주변에서 통화 내용을 다 들었죠. 민망해하는 선배를 보면서 어떻게 하면 좋을지 고민했습니다. 스마트 워치에 이어폰까지 꼽으면 불편할 것 같았어요. '손가락으로 전화를 받을 수 있으면 어떨까' 하는 생각을 했죠."

소리는 스마트폰의 70% 수준이다. 음량 볼륨은 삼성 갤럭시 시리즈의 최대 음량이 15라면 아직 10 정도에 머물고 있다. 그래서 빠른 시일 안에 볼륨을 높일 수 있도록 개선할 계획이다.

"많은 분이 골전도 헤드폰과 원리가 비슷하다고 하십니다. 진동으로 소리를 전달한다는 점에서는 비슷하지만, 차이가 있습니다. 골전도 헤드폰은 머리에 낀 헤드셋이 진동하면 뼈와 달팽이관이 떨리며 소리가 전달되는 형태지만 시그널은 손가락 진동이 귓속 공기와 만나 소리로 바뀌는 방식이에요."

삼성전자에서부터 혁신이 시작됐다. 회사에서 아이디어 공모를 했는데, 그의 아이디어가 뽑혔다. 삼성은 그의 아이디어를 독특하게 여겨 스핀오프 1호 기업으로 내보냈다. 삼성 DMC연구소에서 5년간 빅데이터와 영상 처리 분야를 연구한 그는 1억 원 가까운 연봉을 포기하고 회사를 나왔다.

그는 스마트 워치 시장의 새로운 트렌드를 스스로 만들어 올라탔다. 현재 그냥 시계에 입을 대고 통화하는 스마트 워치 기술 자체는 매력적이지 않다는 것이 증명되고 있다. '통화하면 남들이 다 들어서 불편하다는' 인식이 컸기 때문이다.

"지금 만드는 시그널 프로젝트를 성공시켜야죠. 중국, 일본, 한국에서도 크라우드 펀딩을 기획하고 있어요. 축적해 놓은 아이디어도 하나씩 제품으로 만들어 낼 생각입니다. 그리고 나중엔 직원들이 자기 아이디어로 회사를 만들고 분사할 수 있는 구조를 만들려고 합니다. 제가 삼성전자에서 나온 것처럼요."

1장에서 언급한 김주윤 대표의 '닷 워치'를 보자. 손가락으로 자판을 눌러 시각 장애인들이 메시지를 시계로 주고받는 기술을 만들어 세계적인 열풍을 불러일으켰다. 초창기의 스마트 워치 모델은 거칠고 아직 기술적인 진화가 부족해 판매량이 떨어졌지만 '별도의 기계에 크게 의존하지 않으면서 통화하고 각종 스마트폰 서비스를 편안하게 누리고 싶다'는 근본적인 욕망 자체에 대한 갈급함과 수요는 넘쳐 나고 있다. 그런 의미에서 최 대표는 사람들의 마음을 제대로 꿰뚫은 셈이며, 덕분에 성공할 수 있었다.

21

우리나라 젊은 기업가들이
더 대단한 이유

앞으로 1인 1회사의 시대가 온다
스물두세 살 젊은이들이 변화 주도할 것

대부분의 한국 부모들은 자녀들의 실패를 자신의 실패보다 더 괴로워한다. 그래서 좋은 아이디어와 사업 모델을 가진 청년들도 현실의 벽에 부딪혀 좌절하곤 한다. 이것은 '실패'를 미덕으로 생각하지 않는 한국 부모들의 고질적인 병이다. 실패 속에서 더 강해질 수 있는데도, 무조건 안전지대 안에만 자녀를 두려고 하기 때문이다.

그러므로 우리나라처럼 살벌한 사교육 시스템의 틀 안에서, 새로운 관점을 보지 못하는 현실 속에서, 남들과 거꾸로 가는 아이디어로 대박 아이템을 찾아낸다면 일단 칭찬부터 해 줘야 한다.

지금 글로벌 창업의 흐름을 주름잡는 대가들은 앞으로 20대 초반, 10대 초반에서 부자들이 나올 것이라 말한다. 잊을 만하면 해외 뉴스를 통해 ○○나라의 열다섯 살 소년이 사업으로 큰돈을 벌었다, 어떤 나라의 열한 살 소녀들이 쇼핑몰 사업으로 거액을 투자 받았다는 식의 이야기가 들린다. 지금 우린 그런 기사를 '가십성'이라고 치부한다. 그러나 이런 기사들을 좀 더 진지하게 봐야 할 필요가 있다.

대기업 입사나 공무원 시험만 준비하는 풍속도 속에서는 젊은 부자들이 더 이상 나올 수가 없다. 세계적인 IT 잡지 《와이어드》의 창업자인 케빈 켈리는 IT 분야에 대한 미래 예측으로 유명한 인물이다. 캘리포니아 퍼시피카 시 숲속 자택에서 마주 앉았을 때 그는 '기술 발전은 이제 막 시작됐을 뿐'이라고 말하며 앞으로는 '기술 발전으로 창업이 쉬워질 것이며, 모든 사람이 1인 기업을 소유해 60억~70억 개의 기업이 생길 것'이라고 내다봤다.

"사업체 숫자가 전 세계 인구 숫자와 비슷해질 테고, 모두가 스마트폰을 가진 것처럼 사람들이 하는 모든 일이 테크놀로지화가 될 겁니다. 창업을 하기에는 규제가 너무 많다고 하는데, 곧 그런 규제들이 전부 사라지고 창업이 아주 쉬워지는 때가 올 겁니다."

그런가 하면 구글, 유튜브, 링크드인 등 세계적인 기업을 처음으로 발굴한 투자 회사 세쿼이아 캐피털의 마이클 모리츠 회장은 다음과 같이 말했다.

"제가 구글 창업자인 래리 페이지와 세르게이 브린에게 투자했을 때 그들의 나이가 스물두 살, 스물다섯 살이었습니다. 야후에 투자했을 때는 제리 양과 데이비드 필로 나이가 스물다섯 살, 스물여섯 살이었죠. 당시한 지인이 '전체 직원이 3명인데 이들의 나이를 모두 더해도 예순네 살밖에 안 돼'라고 했어요. 미래 세대는 그것보다 더 젊어질 겁니다. 앞으로는 스물두 살, 스물세 살들이 시대를 이끌어 갈 겁니다. 우리가 한 번도 생각하지 못한 아이디어를 가진 그들이 세상을 바꾸게 되는 것이죠. 그들이야말로 미래의 내비게이터예요."

한국의 젊은 부자들은 어떤 아이디어를 들고 세상에 뛰어들었을까? 그들은 그런 아이디어를 어디에서 얻었을까? 그들의 심장을 쿵쾅거리게 만든 아이디어가 어떻게 탄생했는지 살펴보자.

CHAPTER 3

누구나 원하지만
아무도 하지 않는 것을 찾아라

마스크팩을 쓰면서 늘 찜찜하던 게
팩이 얼굴 전체에 확실하게 붙지 않는다는 점이었어요.
그런데 이 점이 해결된 팩이 하나도 없다는 게 신기했어요.
이것을 해결하면 성공할 수 있겠다는 생각이 들었습니다.

— 김한균(코스토리 대표)

22

다 쓰러져 가는 공장을
세계적인 명소로 만든 첼시 마켓의 교훈

필자는 지난여름 뉴욕으로 휴가를 갔다. 뉴욕에 가면 꼭 가 보고 싶은 곳이 있었는데, 9번가에 있는 '첼시 마켓'이다.

겉모습은 빨간 벽돌 모양의 공장. '도대체 여기가 왜 관광 명소일까'라는 의문이 들었다. 우리나라 산업 단지 어딘가에 있는 낡은 공장 같은 느낌이 들었기 때문이다. 입구에 들어서니 필자의 선입견은 감탄으로 바뀌었다. 유기농 채소와 견과류, 야채, 치즈와 치즈케이크, 랍스터, 수제 초콜릿 등을 파는 이곳엔 35개의 상점이 옹기종기 모여 있는데, 전 세계에서 몰린 관광객들로 넘쳐 났다. 또 미국의 내로라하는 대형 할인점이나 백화점에서도 먹을 수 없는 신선한 먹거리와 맛집들로 가득 차 있었다. 낡은 공장의 내부 인테리어, 바닥 재질, 벽돌로 채워진 벽은 그대로 복원되어 있었다. 그렇게 과거의 추억이 녹아든 가장 '트렌디한' 핫플레이스에서 지겨운 줄 모르고 수시간을 즐겼다.

원래 첼시 마켓은 1890년대 과자 회사 나비스코에서 오레오 쿠키를 만들던 공장이었다. 이후 공장을 확장해 뉴저지로 옮기면서 건물만 남았다. 그러다 1990년 들어 건축가인 어윈 코언이 이 건물을 사들여 180도 변신시켰다. 100년 전통의 '낡음'의 미학을 유지하면서도 그것에 완전히 새로운 멋을 준 것이다.

천장 곳곳에 노출된 파이프로 앤티크한 분위기를 연출했고, 공장에서 작업용으로 쓰던 엘리베이터도 그대로 활용해 시간 여행을 떠나게 했다. 버려진 송수관을 살려 인공 폭포를 만들었고, 공장 건물을 관통하던 기차 선로는 인테리어 장식으로 썼다.

그렇다면 뭘 새롭게 만들었을까? 첼시 마켓에 입점해 있는 상점 대부분은 평범한 가족이 대대로 운영해 온 소규모 가족 회사다. 대기업 프랜차이즈는 찾아볼 수 없다. 엄선하고 엄선한 '장인 정신'을 가진 자영업자들이 어디에서도 맛볼 수 없는 치즈케이크와 빵을 만든다. 어떤 골목을 가도 대기업 프랜차이즈 외식 레스토랑이나 카페를 꼭 하나씩 끼고 있는 뉴욕 시에서 첼시 마켓은 보물 같은 차별화를 만들어 낸 것이다. 첼시 마켓을 재탄생시킨 어윈 코언은 한 매체와의 인터뷰에서 '35곳의 가족 상점이 만들어 내는 다채롭고 창의적인 물건과 음식이 이곳을 맨해튼에서 가장 특별한 장소로 변신시켰다'고 했다.

공장이 첼시 마켓으로 변한 스토리를 보면 '리뉴얼의 힘'을 알 수 있다. 오래된 것도 현대인이 원하는 것에 맞게 재해석하면 그 폭발력은 위대할 수 있다는 것이다. 첼시 마켓은 지금 국내 여러 전통 시장, 골목 상권이 벤치마킹하는 명소 중 하나가 되었다.

사실 기존에 있는 것을 재포장해 보여 주는 것은 놀라운 힘이다. 쉽게 말해 통념을 폐기하고 관점을 재창조하는 일이다. 그러나 한국의 많은 청년은 '재포장'에 약하다. 오래되고 낡은 관행이나 습관, 제도를 바꾸거나 새롭게 포장할 생각은 하지 않고, 늘 그렇게 해 오던 '일상'으로 받아들이기 때문이다.

꼭 건물이나 물건만 '꿈의 리뉴얼'을 할 수 있는 게 아니다. 수십 년간 우리 주변에 상식처럼 존재해 온 기존 개념에 새로운 기술과 기능을 녹여 내 재포장 작업을 성공적으로 이끌어 낸 이들이 있다.

23

로스쿨 합격해 놓고
창업할 수밖에 없던 이유

부산 여행에서 숙소 못 구해
비어 있는 방 바로 예약할 수 있는 서비스 개발

'왜 호텔은 당일 예약이 안 될까?'란 일상생활에서 생긴 평범한 질문으로 4년 만에 수십 억 원 자산가가 된 20대 여성이 있다. 당일 숙박 예약 회사인 봉봉랩(서비스명은 호텔나우)의 김가영(29) 대표다. 그녀가 만든 서비스는 국내 2000개 호텔과 제휴하고 있어 당일 예약이 가능하다. 예컨대 아침 9시나 10시에 앱을 켜고 그날 나온 특급 호텔을 비롯한 주요 숙박 업체의 방을 예약할 수 있는 것이다. 이 아이디어가 나온 이후 당일 호텔 예약 서비스가 크게 유행하고 있다.

유명 5성급 호텔의 공실률은 약 30%, 그 이하의 호텔은 50% 정도다. 그러나 호텔들은 방을 팔 때 항상 사전예약을 하는 관행을 지켰다. 빈방으로 그냥 방치하면 돈이 날아가는데도 말이다. 김 대표는 호텔들을 설득해 1박에 14만~15만 원 하는 방을 6만~7만 원으로 낮췄다. 거래 금액의 10%를 매출로 삼고 있다.

다운로드 건수가 200만 건이 넘어선 이 앱은 2015년 140억 원의 예약

"딱히 선택이랄 건 없어요. '변호사가 되면 사회에
기여할 수 있겠다, 멋있겠다' 정도로 막연하게 생각했어요.
그런데 어느 순간 '왜 해야 하지?'란 의심이 들더라고요.
저 자신에게 솔직해져 봤어요.
그랬더니 '대단히 잘하는 일'은 아니란 생각이 들었어요."

거래액을 기록했는데 2016년에는 300억 원으로 껑충 뛰었다. 2016년 7월 봉봉랩은 시장의 관심을 끄는 대박을 냈다. 대형 숙박 업체인 야놀자에 회사 지분 100%를 수십 억 원에 매각한 것이다.

사업 아이디어는 뜻하지 않은 때 불쑥 튀어나왔다. 2012년 가을, 당시 서강대 로스쿨 입학을 확정한 김 대표는 부산 해운대로 여행을 떠났다. 숙소 예약을 하지 못하고 떠나면서 '쉽게 당일 예약이 되겠지'라고 생각했는데 오산이었다. 방이 모두 꽉 차 손님을 못 받는 호텔은 그렇다 해도, 설령 빈방이 있어도 당일 숙박 시스템이 없는 호텔들은 예약을 하지 않았으면 못 받는다고 거절했다.

"몇 시간을 돌아다녀도 호텔에 방이 없더라고요. 찜질방에서 자기는 죽어도 싫었거든요. 그때 '당일 호텔 예약을 해 주는 서비스는 왜 없을까? 아침이나 점심쯤 호텔을 예약하고 여행을 떠나는 앱을 만들면 어떨까?' 하는 생각이 들었어요."

그래서 2013년 초 로스쿨 입학을 포기하고 서울 시내 호텔 100여 곳을 돌아다녔지만 '우리 호텔은 브랜드 이미지 때문에 공실이 있어도 못하겠다', '여학생이 이런 곳을 오느냐'고 거절당하기 일쑤였다. 호텔 산업이 겉으로는 시대 흐름에 맞춰 빨리 변화하는 것처럼 보이지만 실제 내부 영업과 마케팅, 판매 시스템은 구시대에 사로잡혀 있기 때문이었다.

"호텔과 우리 모두 돈을 벌 수 있는 '윈윈(win-win)' 기회잖아요. 그런데 귀를 기울이지 않더라고요. 판촉 담당 지배인을 만나는 것도 어려웠어요. 5성급 호텔은 브랜드 이미지 때문에 공실이 있어도 계약을 못하겠다고 하고, 그래서 처음엔 상처를 많이 받았죠."

하지만 김 대표는 포기하지 않고 '공실로 놔둬서 뭐 하느냐. 저희랑 계약하면 한 방당 5만 원은 버실 것이다'라고 설득했다. 2013년 중반 첫 서비스를 출시했는데 첫날 5명이 구매했다. 지금은 하루 2만~3만 건의 예약이 들어온다.

그녀가 관찰한 호텔의 불편함은 그동안 쌓아 온 커리어를 일순간에 포기할 정도로 강력한 것이었다. 공무원인 아버지의 바람대로 서강대 법대에 들어간 그녀는 막연하게 '변호사가 되면 사회에 기여할 수 있겠다' 정도로만 생각했다.

"그런데 어느 순간 '왜 해야 하지?'란 의심이 들더라고요. 저 자신에게 솔직해져 봤어요. '대단히 잘하는 일'은 아니란 생각이 들었어요. 싸우는 일이라 법원에 갈 때마다 스트레스를 받았거든요. 게다가 3년간 등록금이 5000만 원이 넘고 이런저런 생활비까지 합하면 1억 원 정도는 들 것 같더라고요. 그래서 접었죠."

김 대표는 로스쿨 진학을 포기하고 창업 결심을 하던 순간부터 '내가 안 하면 누군가 먼저 하겠지'란 강박 관념이 들었다고 한다. 다급했다. 부모에게 설명했더니 반대가 거셌다.

"쉽지 않지만 꼭 도전해 보고 싶다, 실패해도 다시 로스쿨 시험을 봐서 진학할 수 있다고 설득했죠."

공동 창업자 2명과 함께 4000만 원을 모았다. 김 대표는 로스쿨 학비를 창업 자금에 보탰다.

서비스 계획이 서자 2013년 1월 회사를 세우고 영업에 돌입했다. 처음에 극도로 반대하던 호텔들도 그녀의 끈질긴 설득에 넘어갔다. 우여곡절 끝에 탄생한 호텔나우는 대박을 치기 시작했고, 곧 부모에게 얻은 로스쿨 등록금을 고스란히 갚았다.

"저는 창업할 거라고 생각해 본 적이 없어요. 그저 '예쁜 모바일 앱 하나 만들고 싶다'는 생각이 다였어요. 대신 '내 관심사로 사람들을 편안하게 해 주자, 내가 만든 걸 사람들이 쓰는 걸 보고 싶다'는 욕구가 있었고, 이게 창업으로 이어졌어요. 처음부터 다 알고 시작하는 경우가 얼마나 있겠어요. 좋은 아이디어가 있으면 도전해 보세요. 저도 문과생이라 재무·IT에 대해 잘 몰라요. 하지만 끊임없이 물어보면서 하면 돼요."

24

YG 양현석 대표가
새벽에도 수시로 전화하던 디자이너,
싸이와 G드래곤의 획기적 앨범 디자인 비결은?

아무도 쓰지 않을 것 같은 산업용 소재를 앨범 디자인으로
첫 월급 80만 원, 지금은 최소 2억 원

낡은 것을 새로운 것으로 바꾸는 과정은 굉장히 고되고 험난하다. 좋은
사업 아이디어가 있다고 해도 그것이 세상에 나오기까지는 끊임없는 시
행착오와 재가공, 구체화 작업을 거쳐야만 한다. 그런 과정을 거쳐 사람
들이 무심코 당연하게 받아들이던 관행이 돈을 부르는 사업으로 탈바꿈
한다.

2007년 설립돼 2013년 야후에 인수된 소셜 네트워크 사이트 텀블러
(Tumblr)는 3억 2470만 개의 블로그에, 매달 5억 5500만 명이 방문하는
세계적인 주제 큐레이션 사이트다. 매일 3900만 개의 새로운 포스트가
생성되고 있다. 그런데 텀블러의 문화, 예술, 스포츠 등 블로그 주제 가운
데 큐레이터(Curator)라는 항목이 있다. 흔히 큐레이터는 미술관에서 미술
품을 안내하고 설명해 주는 사람을 일컫지만, 여기서는 의미가 전혀 다르
다. 이들은 글도 안 쓰고, 사진도 안 찍는다. 다만 다른 사람들의 콘텐츠
를 끌어들여 자신만의 뚜렷한 관점으로 새롭게 보여 주는 것이다.

예를 들어 텀블러 블로거인 오스틴 레드글리프의 '정리 정돈이 잘된 사물(Things organized neatly)'에는 세상에서 정리 정돈이 가장 잘된 장면만 뽑아 올린다. 하얀색 벽에 각종 메모지가 가지런하게 정돈된 모습, 책과 필통과 종이를 세상에서 가장 예쁘게 쌓아 놓는 법, 막대사탕과 홍당무와 단추라는 절대 어울릴 것 같지 않은 조합으로 디자인하는 법 등 '도대체 이게 뭐 하는 짓인가'란 생각이 들 정도다.

'강아지가 혓바닥을 약간 내미는 모습(Dogs with their tongue out a little)'이란 블로그도 인기다. 이 블로그는 그냥 귀여운 동물 사진을 올리지 않는다. 혓바닥을 살짝 내민 강아지 사진만 올려서 인기를 끈다. 지인이나 주변 사람들의 '혓바닥 살짝 내민 강아지' 모습만 모은 것이다.

이런 작업들은 뭐든 전문 분야로 세세하게 나뉘는 '콘텐츠 소비' 시대에선 놀랄 일이 아니다. 기본인 것이다. 당장 스마트폰을 열어 네이버 메인 화면을 보자. 뉴스, 연예, 스포츠 같은 판 외에도 수많은 주제판이 생겨났다. 네이버 JOB&도 사실은 엄청난 큐레이션 시장의 한 축이다. 이외에도 다양한 맛집이나 명소를 소개하는 플레이스, 과학, 영화, 여행, 건강 등 수많은 주제판이 늘어났다. 정보의 홍수 시대에 쏟아져 나오는 수많은 콘텐츠 중 나의 관심사만 콕 집어 이를 깊이 들여다보는 것이 대세이기 때문이다.

재가공에 이어 기존의 올드함을 새로움으로 바꾸는 방법은 '융합'이다. 정말 상상할 수 없는 A와 B를 잇는 것이다. 예를 들어 '귤껍질로 명함을 만들 수 있을까?' 또는 '라이터에 USB 기능을 담으면 어떨까?' 같은 상상을 해 보는 것이다. 그런데 이 같은 상상을 현실로 바꿔 연예계에 충격을 안긴 사람이 있다. 바로 매치(MA+CH)의 장성은(39) 대표다.

대학을 졸업하고 디자인 업계에 뛰어든 그녀가 당시 받던 돈은 월 80만 원이었다. 그러나 지금 그녀가 연예인들의 음반 디자인 작업을 해 주고 받는 돈은 적게는 600만 원에서 많게는 2000만 원까지다. 싸이, G드래곤, 이승환, 빅뱅, 이하이, 박진영, 비, 배용준 등 슈퍼스타들의 단골 디자이너인 그녀는 이제 1년에 최소 2억 원의 순수입을 올린다. '박봉'을 감수하며 일하는 대부분의 대한민국 디자이너들에게는 그녀가 롤모델이다. 일부 연예 기획사의 CEO 스카우트 제의를 거절하고 얼마 전 새롭게 창업해 성공 가도를 달리고 있다.

YG엔터테인먼트 양현석 사장은 그녀를 스카우트한 덕분에 대박을 쳤다. 을지로 방산시장에서 구한 온갖 희귀한 재료들로 앨범 표지와 박스를 만드는 '대혁신'을 했기 때문이다. 그저 연예인들의 예쁘고 잘생긴 얼굴만 담아 내던 구닥다리 앨범을 완전 180도 바꿨다. 한국의 2000년대 초 한류 붐을 그녀가 견인했다고 보는 사람도 많다.

그녀의 신의 한 수는 무엇일까? 바로 '을지로 방산시장'이다. 주택이나 상가 인테리어에 쓰이는 리모델링 재료들을 구하는 곳이다. 각종 벽지와 비닐, 스티로폼부터 시작해 필름, 시트, 성형품 등에 사용하는 폴리염화비닐(PVC), 보호용 필름인 EVA, '뽁뽁이'로 불리는 버블캡(bubble cap), 다양한 섬유 소재(FABRIC) 등 희한한 재료가 많다.

공전의 히트를 친 〈강남스타일〉이 담긴 싸이의 6집 앨범은 원형 케이스로 만들었는데, 방산시장에서 구한 아크릴을 위에 덮었다. G드래곤의 〈하트브레이커〉 앨범은 3D 모양인데, 피눈물을 흘리는 하얀색 플라스틱 얼굴 모형에 블리스터라는 플라스틱 재질로 포장을 만들었다. 태양의 솔로 앨범인 〈SOLAR〉는 렌티큘러(lenticular)라는 재료로 만들었다. 빅뱅 앨범

"제가 좋아하는 것을 찾아 꾸준히 노력한 것밖에 없습니다.
제가 마음에 새기는 명언이 하나 있는데요.
김구 선생님이 하신 말씀이에요. '돈에 맞춰 일하면 직업이고,
돈을 넘어 일하면 소명이다. 직업으로 일하면 월급을 받고,
소명으로 일하면 선물을 받는다'라는 말이에요."

에는 쇠를 가공해 이용하기도 했다. 배용준의 초창기 드라마 DVD 케이스는 스티로폼을 깎아 만들었다.

"계속 CD를 팔려면 변화가 필요했어요. 당시 CD 앨범 표지는 가수 사진 위주였죠. 새 앨범이 나와도 배경이나 색깔에 다소 변화를 주는 정도에 그쳤어요. 그런데 이렇게 평이한 디자인으로는 MP3 등 무료 음원 시대에 CD가 팔리기 어렵거든요. 그래서 앨범 디자인의 틀을 바꾸기로 했습니다. 가수 때문에 앨범을 사는 게 아니라, 참신한 디자인을 보고 앨범을 사게 만들자는 것이었죠."

기존의 '앨범=가수 사진'이라는 틀에 박힌 방식을 뒤집어 보기로 한 것이다. 앨범 디자인을 시작하면 그녀는 을지로 방산시장을 정기적으로 방문한다. 비닐, 플라스틱, 박스, 부자재 등을 사들여 앨범을 책이나 미술품, 선물처럼 꾸미는 것이다. 그냥 무작정 재료를 사서 만드는 것이 아니라 습관을 만들었다. '프로세스 북'이 그것.

"하나의 디자인이 나오기까지 제작 과정을 담은 책이에요. 천, 고무 같은 재료를 스케치북에 붙이면서 제작 과정을 기록했죠. 좋은 재료를 끊임없이 모으고, 디자인의 실패와 성공 사례를 수집했습니다."

그녀가 맡은 YG 소속 가수들의 앨범에는 간혹 얼굴이 들어가기도 하지만 상당수는 없다. 메시지로 승부하는 것이다. G드래곤의 앨범에는 3D 모양으로 피눈물을 흘리는 하얀색 플라스틱 얼굴 모형만 나온다. '가슴이 찢어지는 사람(heartbreaker)'의 이미지를 그대로 보여 주는 것이다.

그녀는 양현석 사장이 가장 아끼는 직원이기도 했다. YG 사무실에 간이침대를 갖다 놓고 하루에 3~4시간만 자며 연구했다. 양 사장은 새벽 3~4시에도 전화해 '이것 좀 해 달라', '또 어떤 아이디어가 있느냐'는 식으로 물어 댔다. 새벽마다 가수들을 만나 음악 콘셉트를 공부해 디자인에 반영하는 것은 일상이었다.

"전혀 쓰일 것 같지 않은 산업용 재료들을 갖다 붙이고, 섞고, 합치는 일은 요즘 시대에 매우 중요해졌습니다. 저는 이런 작업이 굉장히 즐겁고 흥미로웠고요. 옛날부터 있어 왔지만 다양하게 활용되지 않은 재료를 요즘 시대에 맞게 재해석하는 습관이 저를 이끌었습니다."

25

아토피성 피부로 고생한 덕분에
매출 75억 원 눈앞에 둔
24세 화장품 회사 사장님

어릴 때부터 화장품 조합하며 특별한 제조 비법 개발
19세에 화장품 회사 세우고 5년 만에 해외 진출까지

내가 느끼는 불편함과 고민을 남들이 보편적으로, 수동적으로, 무감각적으로 감수하면서 생활하고 있다면 그것은 훌륭한 사업 아이디어가 될 수 있다. 사실 그 불편함을 해결하려는 갈망은 유년 시절부터 나온다.

'요가복의 샤넬'이라 불리는 캐나다 룰루레몬 사는 2014년에만 20억 달러(2조 2700억 원)의 매출을 거둔 대기업이다. 미국 경제지 《포춘》에서 '가장 빨리 성장한 100대 기업'으로 2011년부터 4년 연속 선정됐을 만큼 폭발력이 엄청나다. 콩이나 대나무에서 추출한 원료로 만든 웰빙 유기농 요가복이다. 이 회사는 창립(1998년)한 지 불과 18년밖에 안 됐다. 무엇이 이 회사를 성장하게 했을까?

창립자 칩 윌슨은 '1만 시간의 재봉질과 운동 경험이 대박을 만들었다'고 한 언론 인터뷰에서 말했다. 어렸을 때부터 수영, 서핑을 즐기던 윌슨은 어머니와 함께 재봉질을 배웠다. 그는 서핑을 하면서 꽉 조이는 불편한 바지에 주목했다. '헐렁한 서핑용 바지를 만들어 볼까?'란 생각을 했고, 실제 헐렁한 서핑복이 서핑에 훨씬 적합하다고 느꼈다. 백화점에 아이디어를 제안했지만 거절당한 그는 기능성 의류 매장을 직접 열었고, 요가에 자신의 옷 철학을 접목했다. 윌슨은 지금 캐나다를 대표하는 억만장자 중 한 사람이 되었다.

젊은 청년들이 자신의 경험을 살리지 못하는 이유는 대부분 스무 살 전의 경험을 망각하는 경향 때문이다. 누구든 아홉 살, 열 살에는 남들과 달리 자신만의 '꽂힌' 분야가 있다. 우리 아들이 자동차 장난감 중에 유독 덤프트럭을 좋아할 수 있다. 남들처럼 똑같이 게임을 좋아하지만, 체스나 체커스에 꽂혀 있을 수도 있다. 그렇다면 우리 아이는 '그저 장난감을 좋아하는 평범한 아이'가 아니라, '체스에 재능이 있는 아이'가 될 수 있는 것이다.

관점의 차이에서 오는 부모의 양육 태도는 아이에게 커다란 영향을 미친다. 문제는 아이가 '미치도록 사랑하는 것'을 제때 살리지 못하고, 입시의 쏠림 현상에 빠져 적성을 말살해 버린다는 데 있다. 만약 내가 열 살 때 겪은 불편이 10년, 20년 뒤에도 여전히 사회에서 해결되지 않고 다른 사람들도 불편을 느낀다면, 그것은 돈을 부르는 아이템이 될 수 있는데도 말이다. 하지만 우리나라 청년들은 '경험의 스펙트럼' 출발선이 대학교 1학년이다. 그때부터 이런저런 활동을 '인생 최고의 경험'이라고 포장하며 취업 시장에 뛰어들어 실패하곤 한다. 그래서인지 우리나라에서 자신의 경험과 강점을 사업으로 발전시켜 성공을 거두면 더 대단해 보인다.

인천의 남동공단에 가면 대학생인지 사업가인지 구별하기 어려운 풋풋한 여성 창업가를 만나 볼 수 있다. 보나쥬르 김다해(25) 대표다. 회사를 찾아갔더니 직원(10명) 90%가 대표보다 나이가 많았다. 대학을 중퇴하고

"일이 안 풀리면 외부 거래 업체나 관계사들이
'대표가 나이가 어려서 그래'란 말부터 한다고 들었어요.
한국 사회에선 어쩔 수 없는 것 같아요. 별로 신경 쓰지 않아요."

창업한 지 5년 만인 2015년 매출 50억 원, 순이익 15억 원을 찍었다.

그녀는 크림, 로션, 세럼 등 70여 종의 천연 화장품을 개발해 온라인 쇼핑몰에서 판매한다. 유분, 여드름, 피지 같은 피부 트러블을 겪는 여성이 주요 고객이다. 한 달에 1만 명의 고객이 그녀의 제품을 사는데 반품률은 고작 0.2% 정도에 불과하다. 그만큼 품질에 신경을 쓰기 때문이다. 한약방이나 해외 학술지에서 찾은 재료를 아낌없이 넣어 만드는데, 어떤 제품은 원가 비중이 90%를 넘기도 한다.

어린 나이에 창업하게 된 계기는 본인의 피부 트러블 때문이었다. 어릴 때부터 아토피성 피부에 여드름이 많던 그녀에게는 '딸기코'라는 별명이 있었다. 집 근처 봉래산에서 따온 피부에 좋다는 깻잎을 푹 달인 물을 얼굴에 바르는 것이 일상이었다.

"어성초, 유황, 부활초 등 어릴 때부터 피부에 맞는 원료를 찾아 썼거든요. 그러다 보니 저만의 화장품 원료 버킷 리스트가 저절로 만들어졌어요. 시중의 화장품은 맞지 않았으니까요."

부산의 23제곱미터(7평)짜리 월세방에서 할머니와 살던 그녀는 열아홉 살에 인천으로 와 창업에 뛰어들었다. 아버지가 어렵게 차린 화장품 공장 연구원들과 부대끼면서 살았다. 이 연구원들에게 자신이 쌓은 원료 배합 노하우를 알려 주며 제품 제작을 의뢰했다. 샘플 테스트는 자신의 피부로 했다. 오랫동안 피부 트러블을 겪어 온 만큼 자기 얼굴보다 더 나은 테스터가 없었기 때문이다. 그녀의 노하우를 담은 제품은 50만 개나 팔려 나갈 정도로 인기를 끌었다. 아버지한테 빌린 종잣돈 1000만 원은 오래전 갚았다. 지금은 아버지 공장에서 화장품을 일부 생산하는데, 생산비 겸 용돈(?)으로 매달 5000만 원씩 지급하고 있다.

26

쓱쓱 긁으면 나타나는 멋진 야경, 스크래치 열풍 만들어 낸 공대생

복권에서 아이디어 얻어 스크래치 펜으로 그리는
황홀한 야경으로 25억 원 매출

홍대 입구 쪽으로 건너가면 호텔나우처럼 주변에서 얻은 간단한 아이디어로 중국, 일본에 진출해 대박을 내는 청년이 있다. 라고디자인의 하성용(30) 대표다. 하 대표가 만든 제품은 '스크래치 나이트뷰'. 스크래치 펜으로 먹지의 회색 밑그림을 따라 쓱쓱 긁으면 코팅한 부분이 벗겨지면서 파리, 뉴욕 같은 명소의 야경이 금빛으로 드러난다. 4~5시간 긁어내면 한 편의 멋진 그림이 완성된다.

이 제품은 2015년 교보문고 '취미 분야' 1위를 3개월간 차지했다. 핫트랙스 코너에서만 10만 부가 팔렸다. 국내 시장을 석권하고 중국과 일본에 진출했는데, 2015년에 매출 15억 원을 올리고 2016년에는 25억 원을 기록했다. 놀라운 것은 순이익률이 50%에 달한다는 사실이다. 창의성을 알아본 중국 칭다오 시에서 '칭다오 미디어 단지'의 각종 디자인과 그래픽 총괄을 하성용 대표에게 맡기기도 했다. 창업 2년 만에 해외 매출 비중이 50%를 넘어섰고, 2018년에는 대부분의 매출이 해외에서 나올 전

"제 첫 창업은 정부 지원 덕분에 가능했어요.
라고디자인도 컨테이너 창고를 월 10만 원의 싼 임대료에
서울 청년창업센터에서 빌린 적이 있고요.
또 배송 회사 연결을 도와줘
싼값에 배송 서비스를 이용한 적도 있어요. 창업을 꿈꾼다면
다양한 정부 제도와 정책을 많이 활용해 보세요."

망이다.

이 스크래치 나이트뷰 제품의 흥행 코드는 흥미롭다. 첫째, 랜드마크를 정중앙에 배치하지 않는다. 에펠 탑을 오른쪽에 두고 에펠 탑 너머의 풍경, 거리, 주택으로 나머지를 채우는 식이다. 둘째, 노란색과 주황색, 금색으로 조합한 색감으로 긁는 맛을 더한다. 마지막으로, 해외 명소를 참조해 풍경의 디테일을 그린다.

"랜드마크 너머에 무엇이 있을까 하는 궁금증을 해결해 주는 것이 포인트입니다."

무엇보다 손으로 하는 취미를 상실해 가는 현대인들에게 새로운 여가 생활을 선물했다.

청년은 미술 전공가도, 그래픽이나 그래피티 전문가도 아니었다. 한양대에서 건축을 전공했다. 친구들이 삼성, 현대차에 취업할 때 그는 경험의 세 가지 조각을 조합했다.

어느 날 한 미술 전시회에서 뉴욕 크라이슬러 빌딩이 걸려 있는 사진을 봤다.

"사진에 불이 없더라고요. 그런데 불을 밝히면 정말 예쁘겠다는 생각이 들었어요. 그때 복권을 떠올렸어요. 쓱쓱 긁으면 숫자가 나오는 것처럼, 그림을 긁으면 예쁘게 불이 들어오는 사진을 직접 그려 보게 하면 어떨까 생각한 것이죠."

충무로 인쇄소를 돌아다니며 이것이 돈이 되겠다는 것을 직감했다. 종이에 검은색 막을 코팅한 후 긁으면 그림이 나오는 기술을 구현하는 데는 그리 큰돈이 필요해 보이지 않았다.

"한 업체를 찾아갔더니 시제품 만드는 데 500만 원을 달라고 하더라고요. 다른 곳에선 300만 원을 달라고 하고요. 엄두가 안 나 제작 방법을 물어 습득했어요. 다른 인쇄소를 찾아가 들은 내용을 설명해 주고 그대로 만들어 달라고 했더니 100만 원을 달라고 하더라고요."

그러나 당시엔 이 돈도 수중에 없었다. 마지막이란 심정으로 다른 인쇄소를 찾았다. 그곳에서 '종이만 사 오면 공짜로 해 주겠다'고 약속했다. 젊은 열정이 기특했던 것.

"된다는 감이 왔습니다. 공짜로 해 주겠다는 업체까지 나타났다는 건 원가가 많이 들지 않는다는 뜻이잖아요. 그때부터 진짜 뜨거운 가슴으로 충무로를 뛰어다녔습니다. 이 바닥에서 절 모르는 사장님이 없을 정도였어요."

디자인 경험도 전무했다. 그러나 확실하다는 확신에 차서 잘하는 디자이너를 수소문해 공부했다. 퇴근길에 붙잡아 과외를 받고, 포토샵부터 일러스트레이터까지 전부 배웠다. 그러면서 종잣돈 200만 원을 가지고 카페를 사무실 삼아 일을 시작했다. 라고디자인이란 회사명도 당시 유행한 개그맨 정형돈의 노래 '해볼라고'에서 아이디어를 얻어 지었다. 맨 처음 시안 10개를 만들었다. 이걸 팔아 100만 원이 모였고, 이 돈을 재투자해 만든 제품을 팔아 400만 원, 800만 원으로 불려 나갔다. 노력 끝에 '텐바이텐'에 입점했고, 그때부터는 일사천리였다.

27

쓰레기에 새로운 가치 부여하는
업사이클의 마법

**프라이탁과 이스트팩의 결정적 차이,
브랜드 가치를 높이는 스토리는 무엇인가?**

요즘 홍대나 대학로, 명동에서 10~20대 젊은이들을 보면 10명 중 1~2명은 들고 다니는 가방이 있다. 번질번질한 재질에 알록달록한 색감의 스위스산 가방 '프라이탁'이다.

프라이탁은 마커스 프라이탁과 다니엘 프라이탁 형제가 1993년 스위스에서 설립한 가방 회사다. 전 세계 22개국의 470곳에서 매년 500억 원 이상의 매출을 올리는 것으로 알려져 있다. 20년간 300만 개 이상의 가방을 팔았다. 가방 종류가 5000여 개인 만큼 똑같은 모델을 메고 다니는 사람은 찾아보기 어렵다.

수많은 가방 회사 가운데 프라이탁이 유독 눈에 띄는 이유는 이 회사의 가방들은 다른 회사의 가방과는 달리 독특한 재료로 만들어졌기 때문이다. 가방 천은 폐차에서 뜯어낸 안전벨트로, 접합부는 자전거 바퀴에서 떼어 낸 고무 튜브로 만들었다. 간단히 말해 쓰레기로 만든 가방인 것이다. 쓰레기로 만든 가방이지만 가장 싼 것이 15만 원이고, 비싼 것은 60만 원에 이른다. 그런데도 매년 전 세계에서 20만 개가 팔린다. 더러워 보이는 재활용품인데도 학생들은 이를 '명품'으로 받아들인다. 매년 35만 톤의 방수포와 1만 8000개의 자전거 튜브, 15만 개의 중고 안전벨트 버클을 재활용한다.

그래픽 디자이너이던 프라이탁 형제는 기후와 상관없이 자신들이 작업한 창작물을 안전하게 보호해 줄, 그러면서 기능성도 뛰어난 가방을 찾았다. 그들은 살던 취리히 집에서 영감을 얻었다. 교차로를 오르내리는 트럭을 봤는데, 트럭을 덮은 가지각색의 타폴린(tarpaulin, 흔히 타프라고 하는 타르를 칠한 방수포) 천이 매력적이었다. 방수가 되면서도 질기고 튼튼했다. 형제는 그 길로 트럭 방수천으로만 가방을 만들기 시작했다. 원칙은 간단했다. '재활용되는 재료를 이용할 것'이었다. 그것도 5년 정도 이용해 때가 묻은 방수천이어야 했다. 이 회사의 직원들은 전 세계를 돌아다니며 트럭 운송 업체에서 가방 제작에 사용할 방수천을 구한다. 절대 새 원단이나 새 천을 쓰지 않는 것이 원칙이다.

형제가 처음부터 '재활용을 이용하겠다'는 생각을 한 것은 아니었다. 단지 트럭 방수천이 튼튼해 그것으로 가방을 만들었더니 물도 안 새고 좋았던 것이다. 그러나 그들의 우연한 아이디어는 결국 그들의 경영 철학이 됐다. 다니엘은 프라이탁 홈페이지에 이렇게 썼다.

"우리 환경과 사회를 위해 장기적인 관점에서 지속 가능성을 어떻게 들여다봐야 할지 따져야 합니다. 쓰레기로 만든 프라이탁 제품들은 강하고, 방수가 되며, 기능적으로 쓸 만하며 자원을 낭비하지 않습니다."

프라이탁은 '업사이클(upcycle, 오래되고 낡은 재료에 부가 가치를 더해 새롭게 만든 제품)'의 원조 기업으로 불린다. 리사이클에서 한 단계 업그레이드된

업사이클이란 개념은 요즘 등장한 것 같지만, 사실 독일의 디자이너 라이너 필츠가 1994년에 처음 제안한 것이다. 20여 년이 흐른 지금 '업사이클'이 패션 업계를 중심으로 히트를 치고 있다. 경기가 불황일수록 '올드한 것'이나 '쓰레기'를 재활용하는 합리적인 소비가 늘기 때문이란 분석이다.

필자가 중·고등 학교를 다니던 1990년~2000년대 초에는 '이스트팩' 가방이 유행했다. 이스트팩은 미국에서 1952년에 출발한 기업이다. 대학생들이 군용백에 책을 담아 가지고 다니는 것에서 영감을 얻어 첫선을 보인 이스트팩은 다양한 색감과 프린트로 주목을 받다가 미국 대학가에서 큰 인기를 끌며 전 세계로 번졌다. 특히 하버드대 등 미국 동부의 아이비리그 대학생들의 '필수품'이라는 인식이 퍼지면서 대박을 쳤다. 도시적이면서 학구적인 스타일로 '명문 사립'을 연상시키는 모던함이 인기 비결이었다. 당시 이스트팩 열풍을 보도한 〈동아일보〉는 1997년 4월 22일자 기사에서 '디자인이 단순하고 깔끔하며, 헐렁헐렁 늘어지는 힙합패션과 찰떡궁합이 인기 요인'이라고 보도하기도 했다. 당시 가격은 개당 4만 원. 지금 일부 이스트팩 고급형 가방은 10만 원이 넘기도 하지만, 대체적으로 5만~10만 원대에 팔린다. 게다가 원단도 새것이다. 프라이탁처럼 50만 원을 웃도는 상품은 없다.

1990년대 말, 우리에게 외환 위기라는 아픔이 있었다. 그때 경제가 크게 출렁였지만, 2000년대 들어 경제가 회복됐다. 부동산에 돈은 쉴 새 없이 흘러들어 갔고, 은행 금리는 10%대를 웃돌았다. 2008년 글로벌 금융위기 이후 지금까지 근 10년째 이어지는 저성장은 과거에 한 번도 없었다. 이 지독한 경기난에 이처럼 쓰레기로 만든 재활용 가방이 경제가 좋았던 과거보다 비싸게 팔리는 이유는 무엇일까? 합리적인 소비 시대에 말이다.

사람들이 업사이클이라는 가치 자체에 더 많은 돈을 지불할 의사가 있기 때문이다. 가령 30만 원짜리 프라이탁 가방을 사면 사람들은 '최소 3만~4만 원은 내가 사회에 환원하고 기여한다'는 생각을 한다. 이스트팩이 잘나가던 시절만 하더라도 물건에 업사이클 같은 가치를 부여하기가 어려웠다. 오로지 '남들이 멋있다고 하기에, 내가 메면 예쁠 것 같기에' 샀다. 욕구를 하나만 충족하는 셈이다.

경기 불황에 미국 신발 브랜드 탐스슈즈가 잘나가는 이유도 프라이탁과 비슷한 맥락으로 해석할 수 있다. 탐스슈즈의 슬립온 신발은 값싼 재료를 이용해 만든다. 주로 동대문에서 물건을 떼어 오는 대학로의 신발가게에서는 슬립온을 한 켤레당 5000원에도 팔고 있다. 그러나 탐스슈즈는 4만~5만 원대에 불티나게 팔린다. 비슷한 '스펙'의 슬립온인데도 왜 탐스슈즈는 더 비쌀까? 하나를 사면 하나를 취약 계층에 기부하는 원포원(One For One)의 가치와 브랜드 스토리에 사람들이 열광하기 때문이다.

그래서 '합리적인 소비'라는 말은 이제 '가치 소비'로 재해석해 받아들여야 한다. 큰돈을 들여 품격 있는 제품을 구입하려 할 때 내 소득 수준과 상관없이 이유가 그럴듯하면 산다는 것이다. 사회에 뭔가 보탬이 되자는 욕구와 가격이 비싼 제품을 선호하는 우리나라 특유의 '베블런 효과(가격이 오르는데도 일부 계층의 과시욕이나 허영심 때문에 수요가 줄어들지 않는 것)'가 결합된 현상이다. 경기 불황으로 소득차가 커지면서 집과 자동차를 예전처럼 좋은 걸 살 수는 없지만, 그보다 작은 소비에서는 이처럼 '사치'를 즐기게 된다는 것이 필자의 생각이다.

그러나 단순한 환경 보호와 기부 같은 스토리만으로 업사이클 제품이 뜬다고 볼 수는 없다. 아무리 스토리가 좋아도 제품을 사고 싶게 만들어야 소비자들의 눈길을 끌 수 있다. 그런데 업사이클 제품이 재활용하는 재료와 디자인은 대개 세상에 한 번도 상용화된 적이 없던 것이다. 바로 그런 점에서 스토리라는 강력한 무기와 함께 완전히 새로운 개념의 제품을 만들 수 있는 것이다.

이처럼 전혀 새로운 업사이클 제품은 뭔가 '혼란스럽고 망가지는 듯한' 느낌을 주지만, 동시에 쿨하면서 유니크하고, 무엇보다 '남들과 전혀 다름'을 보여 줄 수 있다는 점에서 각광받는다.

28

버린 그림으로 만든 가방을 12만 원에 판매 vs 9900원짜리 과일을 990원에 판매

**미대생들의 습작으로 세상에 하나뿐인 가방을 만드는 얼킨,
품질은 멀쩡하지만 유통 기한 임박한 상품 판매하는 떠리몰**

한국의 여러 젊은 부자가 이런 글로벌 흐름에 올라탔다. 프라이탁과 매우 비슷한 콘셉트로 사업을 하는 청년이 '얼킨'의 이성동(31) 대표다. 한양대에서 의류학을 공부한 이 대표는 2014년 4월 버린 그림을 재활용해 패션 가방을 만드는 문화 예술 브랜드 얼킨을 만들었다. 2016년 상반기에만 매출 1억 원을 기록하며 빠르게 성장하고 있다. 특히 해외에서의 반응이 폭발적이다. 싱가포르, 중국 등지의 바이어들이 가방을 주문하고 있고, 의류 브랜드 크리스 크리스티 매장 등에도 납품하고 있다.

그는 미대에서 학생들이 버리는 그림을 받아 가방을 만든다. 보통 100호(162×130센티미터)짜리 그림에서 적게는 2개, 많게는 4개의 가방이 나온다. 한 학년 정원이 120명인 미대에서 한 사람당 2장씩만 그림(100호)을 보내도 240장이 생긴다. 한 학년 학생들의 그림으로 최대 960개의 가방을 만들 수 있다. 미대생들에게 같은 양만큼 새로운 캔버스를 돌려준다. 버리는 그림이지만, 시간과 노력에 대해 보상하는 것이다. 그의 가방들은

"아무리 버리는 그림이라 해도 미대생들의
시간과 노력이 담긴 작품입니다.
그림으로 가방을 만든 브랜드는 얼킨이 처음일 거예요.
세계에 한국을 '그림을 들고 다니는 나라'로 알리고 싶어요."

온라인에서 12만~13만 원에 팔린다. 팝아티스트 찰스장과 협업한 가방은 온라인에서 74만 5000원에 팔리기도 한다.

그가 아이디어를 떠올린 것은 2013년 졸업 전시회에서였다. 1년간 애써 그린 그림이 전시 후에 대부분 버려졌다. 일부 그림을 가져와 패션 소재로 쓸 수 있는지 실험했다.

"다양한 배합으로 코팅제를 만들어 직접 바르기도 했고, 상태를 얼마나 오래 보존할 수 있는지도 살폈습니다. 그림을 가방에 입히기까지 반년이 걸렸어요. 연구해 보니 가방은 세탁을 자주 안 하니까 오랫동안 그림 상태를 유지할 수 있고, 디자인적으로 사람들이 열광할 것이라 생각했어요."

이 대표는 미대생뿐 아니라, 이름이 알려지지 않은 다양한 작가들과도 협업한다. 협업한 작품을 옷과 가방으로 만들어 판다. 탐스나 프라이탁처럼 '업사이클'의 브랜드 스토리를 뿌리부터 만들려는 시도다.

이처럼 상품의 가치를 올리는 방법은 스토리텔링에 알파 요인을 결합하는 데 있다. 얼킨은 '버리는 미술 작품'이라는 가치를 상품으로 승화했다. 비록 버리는 그림이지만, '준전문가'인 미대생들의 땀과 열정, 최고를 지향하는 노력이 담긴 '전시회 작품'이다. 피카소나 앤디 워홀처럼 세계적 작가의 작품은 아니지만 '나는 미술을 사랑한다'는 가치와 '쓰레기가 될 수 있던 보물을 살렸다'는 환경 보호적인 가치가 소비자들의 지갑을 열게 하는 것이다. 사람들이 용인할 만한 수준인 품질을 갖췄을 때, 파격적인 가격 할인은 또 다른 소비층을 발굴하는 새로운 '잭팟' 전략이 될 수 있다.

반대로 가격을 파격적으로 낮춤으로써 상품의 가치를 끌어올리는 전략도 가능하다. 프롤로그에 소개한 김소영 SYJ 대표도 의류 제작에 대한 고정 관념을 깨면서 원가를 파격적으로 낮출 수 있었다. 그녀의 첫 아이템은 맨투맨 티셔츠(허리선까지 내려오는 긴팔 티셔츠로 캐주얼하게 입을 수 있는 옷)였다. 값이 싸면서 수요가 많고 만드는 시간도 짧아서 눈에 조금만 띄면 빠른 현금 회전이 가능한 스테디한 아이템이었다. 창업 첫해 매출이 36억 원이 나면서 급변하는 의류 업계 '정글'에 안착했다. 그러나 경쟁 업체들의 가격 경쟁에서는 비슷하거나 밀렸다. 핵심인 원가 절감이 안 되면 빠르게 성장할 수 없다고 판단했다.

"롱런하기에는 모자랐어요. 새로운 접근법이 필요했죠."

짜도 짜도 나오지 않는 마른 수건에서 물을 짜내야 하는 상황이었다. 기존 방식대로는 원가를 줄이는 데 한계가 있었다. 그러다가 지금까지 누구도 생각하지 못한 아이디어가 떠올랐다. 바로 버리는 옷을 새 옷으로 변신시켜 보자는 것이었다.

정육 업계에서는 삼겹살이나 등심 같은 부위를 정리한 뒤 상품 가치가 별로 없어 버리는 머리, 엉덩이, 귓밑 부위의 고기를 '뒷고기'라고 한다. 옛날에는 뒷고기를 파는 가게가 없었다. 그러나 전국적으로 돈육 가격이 가파르게 상승하면서 원가 절감 차원에서 경상도 부산과 포항 지역을 중심으로 1인분에 몇 천 원밖에 하지 않는 뒷고기를 팔아 성공 사례를 만든 곳이 생겨났다. 자투리 원단은 이런 뒷고기처럼 버리는 원단을 상품화하는 전략이었다.

자투리 원단은 아무도 거들떠보지 않는 골치 아픈 쓰레기였다. 주요 의류 업체들은 대량의 자투리 원단을 돈을 들여 버려야 하는 상황이라 이를 수거해 가는 것을 오히려 고마워했다. 제일모직, LG패션 같은 주요 의류 업체에서 5톤 트럭 20~30대 분량의 폐원단을 가져왔다. 새 원단이라면 1야드(약 90센티미터)에 3000~4000원을 줘야 하지만 폐원단은 단돈 300원. 무려 90% 할인된 가격이다. 자투리 원

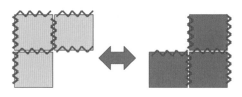

재생 원단 : 버려지는 원단을 활용하여 봉제하는 기술

단을 새 원단처럼 가공하는 공정을 거쳐야 하지만 자재비가 거의 공짜나 다름없기 때문에 원가를 40% 이상 줄일 수 있었다. 이제 다른 경쟁 업체들이 도저히 따라올 수 없는 상황이 된 것이다. 인재들과 함께 1년에 걸쳐 'ㄱ, ㄴ' 봉제 기술을 개발했다. 원단을 봉제할 때 'ㄱ' 모양 블록과 'ㄴ' 모양 블록으로 하면 트임 없이 옷을 만들 수 있는 방법이다. 이 기술로 특허까지 받았다.

"자투리 원단은 옷의 매무새 등 품질이 떨어져요. 그냥 옷으로 만들면 실밥이 터지는 등 문제가 발생할 수 있거든요. 'ㄱ' 모양 블록과 'ㄴ' 모양 블록을 맞추는 게임 테트리스에서 아이디어를 얻었습니다. 원단을 'ㄱ'과 'ㄴ' 모양으로 봉제하니 트임 없이 자연스럽게 만들어졌어요."

버려지는 원단은 가공하고 염색을 거쳤다. 그래도 자투리 원단만 쓰기에는 품질이 떨어져 티셔츠 앞판은 자투리 원단으로, 뒤판은 새 원단으로 만들었다. 자투리 원단 여러 개를 이어 만든 '퀼트' 스타일의 디자인 의류도 개발했다. 새 원단으로 맨투맨 티셔츠를 만들 때 원가는 2000~3000원이다. 그러나 짜투리 원단을 이용하니 원가가 1500원으로 뚝 떨어졌다. 이렇게 만든 옷이 동대문에선 4000~5000원, 백화점 편집 매장에선 1만 원에 팔린다. 경쟁 의류 업계 어디서도 생각하지 못한 이 발상은 히트를 쳤다. 원가를 낮추니 여러 백화점에서 먼저 연락이 왔고, 의류 판매 행

사로 이어지면서 입소문을 탔다.

"공짜로 자투리 원단을 내주던 의류 공장들이 요즘 들어 갑자기 돈을 더 달라고 합니다."

그녀는 의류 분야에서 다양한 역발상 실험을 이어 가고 있다. 섬유에 지방을 연소하는 성분을 넣어 다이어트 효과를 볼 수 있는 레깅스 제품이 한 예다. 이 제품은 출시를 앞두고 있다. '재봉틀을 다루는 재봉사 인력이 고령화된다'는 생각에 로봇이 자동으로 옷을 만드는 '로봇팔' 재봉틀을 개발해 특허를 출원하기도 했다.

"봉제 일을 하시는 분들은 대부분 60~70대예요. 젊은 20~30대는 봉제 일을 꺼리고요. 앞으로 옷을 만들어 줄 인력이 줄어든다는 겁니다. 그래서 로봇이 자동으로 원단을 이어서 박아 주고 옷을 만드는 재봉틀을 개발했어요."

역발상으로 대박을 친 김 대표의 회사에 인재들이 몰리고 있다. 창업 2년 만에 신입 사원 공개 채용까지 실시했다. 20대에 상장 회사를 바라볼 수 있는 계기가 '작은 발상의 차이'에서 나온 것이다.

그런가 하면 물건을 시중 가격보다 90% 싼 가격에 팔아서 대박을 친 청년도 있다. '떠리몰'의 신상돈(36) 대표 이야기다. 이 청년이 파는 물건 중에는 저급 불량품이 아니라 멀쩡한, 심지어 누구나 아는 유명 브랜드 상품도 수두룩하다. 어떻게 90% 할인 판매가 가능할 수 있을까?

우리는 때때로 유통 기한이 지난 과일이나 음료를 냉장고에서 발견할 때가 있다. 때론 못 먹을 정도로 부패해 있기도 하다. 그런데 먹어 보면 맛이 전혀 다르지 않을 때도 많다. 문제는 대다수는 그 순간을 '그럴 수 있지'라며 넘긴다는 것이다.

왜 그럴까? 사실 유통 기한은 음식을 먹어도 안전한 마지막 날짜가 아니다. 유통 기한의 의미는 유통업자가 제품을 판매할 법적 기한을 의미한다.

[특상품 흠과]
못생겨버린 나주 배 15kg (15과)

유통 기한의 의미가 잘못 쓰이고 있어 2012년 정부에서 유통 기한과 소비 기한(use by date)을 병행 표시하는 시범 사업을 하기도 했다. 소비 기한은 해당 식품을 소비자가 먹어도 건강이나 안전에 이상 없는 최종 시한을 말한다. 취지는 좋았지만 홍보 부족으로 실패했다. 어쨌거나 소비자들이 음식을 사 먹을 때 '유통 기한의 함정'에 빠져 있는 셈이다.

신상돈 대표는 이러한 소비자들의 고정 관념을 파고들어 B급 제품을 싸게 팔아 성공을 거뒀다. 여기서는 세계적인 청과 회사 돌(Dole)의 곡물선식을 990원에 살 수 있다. 유통 기한이 1주일 남은 정가 9900원짜리 상품을 90% 할인해 판매하는 것이다. 시중에서 13만 5000원 하는 훈제연어포는 2만 3900원. 유통 기한이 2주일 정도 남은 '신선하지 않은 제품'이다. 대신 할인율은 90%가 넘는다.

유통 기한이 임박한 상품 200여 종을 최대 90% 할인해 판매하는 그의 쇼핑몰은 소비자들로 북새통을 이룬다. 2013년 5월 오픈했는데, 2014년 24억 원의 매출을 낸 데 이어 2015년엔 30억 원의 매출을 내며 껑충 성장했다. 회원수는 설립 첫해 90여 명에서 3년 만에 13만 명. 매일 1만 7000명이 찾는다.

신 대표가 성공한 첫 번째 비결은 선입견과 싸워 이겼다는 점이다. 대부분은 유통 기한이 임박한 제품을 먹으면 건강에 나쁘다고 생각한다.

신 대표는 2010년 홍대 건축과를 졸업하고 식품 온라인몰을 운영했다. 특별할 것 없는 유통 구조의 회사였다. 그러다 우연히 한 거래 업체 직원에게서 '유통 기한이 1개월 이상 남은 제품도 소비자들이 꺼리고 마트도 받아 주지 않아 폐기 처분한다'는 이야기를 들었다.

그는 유통 기한이 임박한 아사이베리 음료를 시험 삼아 팔았다. 2만~3만 원짜리 제품을 4500원에 내놓았더니 준비한 100개가 순식간에 동이 났다. 엄마들이 활동하는 카페와 블로그에서 입소문이 난 것이다.

"시장성을 확인한 순간이었죠. 유통 기한이 가까울수록 할인율을 높이는 전략으로 과일을 팔기로 했어요."

검증은 소비자가 직접 한다. 소비자에게 배송해서 직접 물건의 포장 상태나 파손 여부를 검사하게 하는 '떠리몰 미스터리 쇼퍼' 제도를 운영한다. 더불어 홍대 등지에 오프라인 매장을 열어 소비자가 제품을 직접 보고 만질 수 있도록 한다. 유통 기한이 임박한 제품은 대장균 검사도 실시한다.

"불안감을 잠재우기 위해 정기적으로 일부 품목을 선정, 대장균과 세균 검사를 합니다."

떠리몰의 대표 상품은 '못난이 과일'. 대표적인 배 상품 이름이 '못생겨버린 나주 배'다. 상품 이름 자체가 단점투성이다. 그러나 만약 이 과일 이름을 '꿀이 뚝뚝 떨어지는 배' 혹은 '싱싱한 나주 배'로 지었다면 망했을지도 모른다. B급 떨이 상품이기 때문이다. 솔직하게 '나 못생겼다'고 강조하면 소비자들의 호감을 얻게 된다. 그것이 오히려 신뢰를 만든다. 《호감이 전략을 이긴다》의 저자 로히트 바르가바는 '라이코노믹스'

(likeonomics)란 신조어를 만들어 냈다. like(호감)와 economics(경제학)를 합성해 만든 조어인데, 신뢰가 위기에 처한 시대엔 진실성과 호감이 불신을 잠재우고 새로운 경쟁력이 될 수 있다는 설명이다.

떠리몰은 기준 규격보다 작거나 상처가 있어 밭에 버려지는 배, 감자, 당근, 키위, 오렌지, 레몬 등의 농산물을 선별해 들여와 판다. 전국의 영농조합 5~6곳과 거래를 하는데 농가들은 좋아한다. 농가들은 폐기될 운명에 처한 농산물을 싸게라도 팔아 좋고, 소비자들은 값비싼 고급 과일을 절반 이하 가격에 맛볼 수 있어 좋다. 버려지는 '자투리 원단'으로 옷을 만들어 성공한 김소영 대표의 전략과 비슷하다 할 수 있다.

떠리몰의 성공을 보면 알 수 있는 사실이 하나 더 있다. 자본주의 사회에서는 언제나 팔 수 있는 한도 이상의 상품을 생산한다는 것이다. 사실 큰 기업에서는 생산이나 영업, 마케팅 담당자 못지않게 대우받는 보직이 제품 공급 체인을 담당하는 '서플라이 매니저(supply manager)'다. 가령 애플의 각 주요 지사에는 전 세계에서 만드는 애플을 현 시장의 수요에 맞게 예측해 아이폰이나 아이워치 등 제품을 수입하는 물량을 계산하는 서플라이 매니저들이 있다. 애플의 한 전직 서플라이 매니저는 이렇게 말한 바 있다.

"한국에서 1000만 대가 팔릴 것으로 예상하면 꼭 1200만~1300만 대가 필요해 애를 먹습니다."

반면, 인기가 없는 중소기업의 제품은 필요 이상으로 예측해 재고를 남기는 경우가 많다. 재고를 처리하는 것도 모두 '돈'이다. 이러한 자본주의의 간극은, 마른 수건도 다시 짜야 하는 요즘 같은 불황에 돈을 버는 역발상 전략이 될 수 있다.

25개국 60억 원 수출 계약 맺은
상상 초월 최첨단 쓰레기통

아무도 신경 쓰지 않는 쓰레기통에 집중
태양광 활용해 여덟 배 더 많이 담을 수 있어

쓰레기가 넘치는 자본주의의 간극을 파고든 남자가 권순범(29) 대표다.
그의 별명은 '쓰레기로 밥 벌어먹는 남자'. 그는 대학교 재학 시절 '태양
광 압축 쓰레기통'인 클린큐브를 개발했다. 2015년 10억 원의 매출을 올
린 데 이어, 2016년 상반기에만 60억 원의 수출 계약 '잭팟'을 터트렸다.
25개국에 수출하고 있는데, 매출의 95%가 이미 해외 시장에서 나온 것
이다. 회사 이름은 에너지(Energy), 환경(Environment), 풍요함(Enrichment)
등 신재생 에너지를 통해 살기 좋은 환경을 만들겠다는 의미에서 이큐브
랩(E-Cube Labs)으로 정했다.

그가 만든 쓰레기통은 쉽게 말해 보통 쓰레기통보다 세 배 이상의 쓰레
기를 담을 수 있는 쓰레기통이다. 이른바 태양열 압축 쓰레기통이다. 태양
열 기판으로 배터리를 충전하면 특별히 제작한 압축기를 활용해 쓰레기
를 최대 여덟 배 넘게 압축할 수 있다. 그게 전부가 아니다. 태양광의 힘을
얻어 자동으로 움직이며, 쓰레기가 쌓이면 단계별로 꾹꾹 눌러 준다.

태양광에 사물 인터넷(IoT) 기술까지 덧입혔다. 쓰레기 용량 부피, 수거 날짜, 어떤 경로를 통해 수거하면 되는지 알려 주는 솔루션까지 만든 것이다. 대당 100만~200만 원으로 가격이 비싸긴 하지만, 쓰레기 수거 횟수를 예측할 수 있다는 점 때문에 쓰레기 산업이 민영화되어 있는 해외에서 오히려 인기 폭발이다.

그가 이 쓰레기통을 발명한 것은 2010년 대학 3학년 시절, 친구와 홍대 거리를 걸으면서 발견한 쓰레기 때문이었다. 술병, 과자 봉투 등 온갖 쓰레기로 거리가 몹시 지저분했다.

"좀 심하다는 생각이 들더라고요. 당장 청계천 공구 상가를 돌아다녔어요. 나름대로 도안을 만들어 갔는데 구체적이지 않다고 손을 내저었어요. 그래서 환경미화원을 직접 도와 드리며 쓰레기 수거의 업무 강도와 불편한 점을 몸소 체험해 개선점을 많이 발견했습니다."

이 아이디어로 주한유럽연합상공회의소가 주최한 아이디어 경진 대회에 나가 1등을 차지했다. 그랬더니 일사천리였다. 한화케미칼은 '태양광 산업에 많이 투자하는데, 클린큐브를 쓰고 싶다'며 1억 원 규모의 구매를 결정했다. 동국대 등 60개 대학, 서울시 구청, 제주도와 대구시 등과 제품 공급 계약을 체결했다.

아무도 거들떠보지 않는 쓰레기통을 혁신적으로 리뉴얼한 청년에게 모두가 환호한 것이다. 특히 민영화되어 있지 않은 해외의 선진국에선 열광한다. 쓰레기 수거 비용을 대폭 줄일 수 있기 때문이다.

"섹시하지 않은 사업일수록 섹시한 기회를 가질 수 있어요. 경쟁 압박이 낮기 때문이죠. 더 성장할 기회를 꼭 잡을 겁니다. 전 세계 시장을 대상으로 하면 규모가 550조 원에 달합니다."

"섹시하지 않은 사업일수록 섹시한 기회를 가질 수 있어요.
경쟁 압박이 낮기 때문이죠. 더 성장할 기회를 꼭 잡을 겁니다.
전 세계 시장을 대상으로 하면 규모가 550조 원에 달합니다."

태양광 압축 쓰레기통은 대기업에서 알아보고 대량 구매를 결정했지만, 정반대의 일도 일어난다. 업무에서 쓰라린 실패 경험을 맛본 아픔에 회사를 그만두었으나 이를 창업으로 연결해 우뚝 선 남자가 있다. 파력발전 사업을 하는 인진의 성용준(43) 대표다. 그는 잘나가던 SK에너지를 그만두고, 파도로 24시간 전력 에너지를 만드는 아이디어로 승승장구하고 있다. 보통 파력 발전은 수심 30미터의 먼바다에 해저 케이블을 설치해야 가능하다. 비용도 100억 원에 달한다. 그러나 그는 3미터의 낮은 수심에서도 에너지를 흡수하는 장치를 개발해 해저 케이블 비용 없이 가까운 바다에서도 발전을 가능하게 했다. 부력체에 로프를 연결해 가까운 바다에서 전기를 끌어오면 약 1메가와트의 전력을 생산한다. 전기 요금이 월 5만 7000원 나오는 집에서 보통 0.5킬로와트를 쓴다. 1메가와트가 1000킬로와트인 점을 감안하면 수백 가구에 전기를 보급할 수 있는 것이다.

"제 기술은 전 세계 섬을 타깃으로 만들어졌습니다. 섬은 전력 수급 문제가 완전히 해결되지 않고 있거든요. 대부분 배로 디젤 연료를 수송해 디젤 발전으로 전기를 만들거나, 육지에서 케이블로 전기를 공급해요. 이 때문에 국내 130여 개 섬에 전기를 공급하는 한국전력은 연간 1200억 원의 적자를 봅니다. 그런데 제 방식의 파력 발전은 설치비를 10억 원까지 낮출 수 있어요."

그는 올 중순 크라우드 펀딩 플랫폼인 와디즈를 통해 30일 만에 4억 5000만 원을 모았다. 당초 12만 주(3만 원)의 주식을 와디즈에서 발행했는데, 워낙 인기가 높아 발행 주식을 18만 주(4억 5000만 원)로 늘린 것이다. 218명의 개인 투자자가 인진의 주식을 사들였다. 국내에서 크라우드 펀딩을 이용한 최대 펀딩 규모다. 제주도와 영국, 일본 등 해외 진출에도 성공해 2018년부터는 매출이 100억 원 단위로 기하급수적으로 늘어날 전망이다.

잘나가던 SK에너지의 플랜트 엔지니어링 담당 과장이던 그는 2008년 파력 발전 신기술을 고안했다. 곧 공장 설비를 바꿔 에너지 효율을 높이는 사업을 회사에 제안했다. 약 730억 원을 절감할 수 있는 사업이었고, 투자금 회수도 3년이면 가능한 일이었다. 그러나 애써 준비한 보고서는 회사 심의 위원회에서 통과되지 못하고 백지화됐다.

"그 과정이 매우 정치적이었어요. 회사를 위해 꼭 해야 하는 일이라고 확신했는데, 유야무야 없어지는 걸 보면서 더 이상 실패를 경험할 수 없다고 확신했습니다. 창업이 답이었어요."

결국 2010년 퇴사한 그는 그동안 머릿속에 그려 온 파력 발전 아이디어를 구체화해 나갔다. 2년간 중소기업에서 경영, 재무, 회계, 비즈니스 개발 업무 등의 경험을 쌓은 다음 창업했다. 중간에 자금줄이 끊겨 회사 문을 닫을 뻔한 적도 있다. 그럴 때마다 일본 등 해외 시장 판로가 뚫려 위기를 극복했다. 그는 '실패의 경험이 아니었다면 여기까지 오지 못했을 것'이라고 한다.

30

세계적인 IT 회사가 된
시스코의 출발점은 '컴퓨터 덕후 부부'

누구나 원하지만 아무도 하지 않는 일을 찾는 가장 쉬운 길은 무엇보다 자신이 가장 즐겨 하는 취미의 영역에 있다.

세계적인 기업들의 탄생 과정을 살펴보면 개인적인 취미나 사생활에서 시작해 거대 기업으로 발전한 경우가 심심찮게 있다. 예를 들어 2015년 492억 달러(55조 8000억 원)의 매출을 기록한 공룡 IT 회사 시스코를 보자. 시스코는 컴퓨터 네트워크를 연결하는 라우터(router)를 세계 최초로 상업화한 회사다. 세계에서 가장 큰 네트워킹 회사로 성장한 시스코는 사물 인터넷 등 미래를 혁신하는 미국 실리콘밸리의 상징 같은 곳이다.

그런 시스코를 대학교 직원으로 일하던 커플이 창업했다면 믿겠는가. 데이비드 버넬이 쓴 시스코 창업기 《시스코 커넥션, 인터넷 슈퍼파워에 숨은 스토리(Cisco connection, The story behind the real internet superpower)》를 보면 스탠퍼드대 경영대학원 컴퓨터 랩 담당 매니저인 산드라 러너와 스탠퍼드대 컴퓨터 부서의 엔지니어 레오나드 보삭은 서로 사귀는 사이

이면서 컴퓨터 덕후였다. 그들은 이메일을 통해 '러브 레터'를 보내고 싶어 했다. 그러나 스탠퍼드대 경영대학원과 컴퓨터 부서의 네트워크가 연결되지 않아서 이메일 교신이 불가능했다. 그래서 그들은 네트워크끼리 연결할 수 있는 멀티 프로토콜 라우터를 개발했다. 결혼까지 한 부부(현재는 이혼)는 스탠퍼드대를 나와 1984년 시스코를 창업했고, 그들이 만든 라우터는 1987년 150만 달러(17억 원)의 매출을 거두며 폭발 성장했다.

컴퓨터 덕후인 두 사람은 결혼 후 거실의 가구를 치우고 이 라우터를 개발했다고 한다. 버넬은 당시를 이렇게 묘사했다.

"컴퓨터에 미친 두 사람은 스탠퍼드대에서 주변 건물에 있는 컴퓨터를 네트워크로 연결하려고 했다. 맨홀 구멍과 하수구 사이로 컴퓨터를 연결하는 케이블을 이어 운영 체계가 달라도 컴퓨터끼리 네트워크가 연동되는 시스템을 만들었다. 이 혁신을 위해 주택 담보 대출까지 받아 가며 1주일에 100시간 이상씩 일했다."

시스코 하면 '존 체임버스'라는 위대한 CEO가 머릿속에 떠오른다. 그러나 당초 출발은 이처럼 컴퓨터 덕후 커플의 미친 열정에서 비롯된 것이다. 훗날 시스코는 세쿼이아 캐피털에서 투자를 받게 되는데, 마이클 모리츠 세쿼이아 캐피털 회장은 필자를 만나 이렇게 회상했다.

"정말 수많은 벤처 캐피털리스트가 시스코에 '노'라고 했습니다. 그러나 우리가 처음 만났을 때 그들은 마치 기도문(mantra)을 외우듯이 같은 이야기를 반복했습니다. '우린 네트워크를 네트워크한다(We network the network)'란 말이었죠."

이 두 컴퓨터 덕후는 지금 시스코에서 퇴사해 각자 자기 사업을 하고 있다. 그러나 '러브 레터'에서 출발한 연애 사생활은 자신들의 공통 취미

200

이자 직업인 컴퓨터로 이어졌고, 그것은 곧 스탠퍼드대를 그만두고 창업해 성공할 만큼의 몰입으로 연결됐다.

앞서 1장에서 세상을 이끄는 세계적인 대가들 가운데 역발상적 마인드로 대박을 친 콘트래리언이 많다고 설명했다. 그 역발상의 출발점은 대개 자신의 취미와 사생활인 경우가 많다. 넷플릭스의 리드 헤이스팅스 창업자는 DVD를 빌려 보는 취미가 있었는데, DVD 연체료가 싫어 온라인 DVD 배송을 꿈꾸게 됐다. 세계 1위 창고형 할인점 코스트코를 창업한 제임스 시네걸이 세상에서 가장 사랑하는 소리는 마트에서 캐셔가 계산할 때 들리는 '링링' 소리다. 열여덟 살 때부터 그의 취미이자 일은 마트에서 짐을 나르는 것이었다.

세계에서 가장 영향력 있는 100인(《타임》 2006년, 2011년)에 선정된 아리아나 허핑턴이 창업한 글로벌 온라인 매체인 〈허핑턴 포스트〉. 2016년 기준 월 1억 5000만 명이 방문하며 온라인 방문자수 기준 세계 1위 언론사로 발돋움한 이 매체 직원은 기자와 편집자, 엔지니어를 합쳐 전 세계에 675명에 불과하다. 미국 〈뉴욕 타임스〉의 직원 숫자는 3500여 명으로 〈허핑턴 포스트〉보다 많다. 그러나 〈허핑턴 포스트〉는 자발적으로 글을 쓰는 블로거가 4만 명에 달한다.

쉰다섯 살에 창업한 허핑턴은 어릴 때부터 글쓰기가 취미였다. 그녀는 스물세 살에 첫 책을 썼고, 마리아 칼라스와 파블로 피카소의 전기를 쓰면서 유명세를 탔다. 그런 그녀가 자신의 취미인 글쓰기를 사업으로 연결해 보겠다고 결심한 것은 본인이 캘리포니아 주지사 선거에서 떨어졌을 때다. 2003년 캘리포니아 주지사 선거 당시 그녀의 경쟁 상대는 영화 〈터미네이터〉로 유명한 아널드 슈워제네거. 허핑턴은 선거 운동 두 달 만에 슈워제네거에게 지지율에서 밀려 중도 사퇴했다. 그러나 그녀는 '당시 온라인을 통해 선거 자금을 100만 달러(11억 원)나 모은 것을 보고 영감을 얻었다'며 '실패(failure)가 모험(venture)을 위한 원동력이었다'고 했다. 온라인으로 이렇게나 돈이 많이 모이면, 온라인으로 다른 사람의 글을 한 곳에서 보는 강력한 컬렉터 블로그(collector blog)를 만들 경우 대박을 낼 수 있겠다는 생각이 든 것이다.

그동안 인쇄 매체에서 줄곧 글을 쓰며 유명해진 그녀는 글의 힘을 믿고 있었다. 재미있는 이야깃거리가 있으면 신분에 상관없이 크게 히트를 칠 수 있다고 생각했다. 우선 그녀는 앨 고어 미국 전 부통령, 가수 마돈나, 영화배우 존 큐잭, 다큐멘터리 감독 마이클 무어 등 유명 인사들에게 글을 직접 쓰라고 했다. 이들에게 제시한 원고료는 0원. 글이 인기를 끌면 개인의 브랜드에 직간접적으로 도움이 되면서 원고료 이상의 큰 효과를 얻을 수 있기 때문이었다.

"사회 저명인사들을 돈으로 설득하기는 어려워요. 대신 그들은 세상과 연결되는 통로를 확보하는 데 관심이 많죠. 존 케리 상원 의원에게 5만 원이나 10만 원을 줄 테니 블로그에 글을 쓰라고 하면 뭐라고 할까요?"

유명 인사들의 글과 함께 소년 가장, 서점 주인 등 주변에서 흔히 볼 수 있는 사람들도 블로거로 내세웠다. 블로거 500여 명으로 출범한 창립 첫 달인 2005년 8월 방문자수는 51만 명에 불과했다. 소프트뱅크 손정의 회장이 성장 가능성을 알아보고 2005년 500만 달러(57억 원)를 투자했고, 그 후 24시간 실시간 콘텐츠 생산 및 보급 플랫폼으로 바뀌었다. 2009년 9월엔 월 방문자수가 940만 명을 돌파하면서 〈워싱턴 포스트〉를 추월했고, 2010년엔 2400만 명을 넘으면서 〈월 스트리트 저널〉을 넘어섰다. 마침내 2011년엔 3600만 명을 넘으면서 〈뉴욕 타임스〉를 추월해 세계적인 언론사로 발돋움하게 됐다.

31

군대에서도 화장하던 남성 화장품 블로거, '6개월 매출 500억 원' 회사 만들기까지

열 살 때부터 화장품 사던 화장품 덕후
얼굴에 찰싹 달라붙는 획기적인 마스크팩 개발

요즘에는 온라인이나 각종 블로그를 보면 '화장하는 남자'가 많다. 여성만큼 예쁘게 마스카라를 하고 BB크림을 바르는 남자들이 늘고 있다. 그러나 10년 전만 해도 화장하는 남자는 생소했다. 당시에 화장하는 남자를 가리키는 '그루밍족(grooming)'이라는 새로운 용어가 생겨나기도 했다. 남자가 여자처럼 화장품을 모으고 화장하는 행위가 신선함으로 받아들여진 것이다. 물론 편견도 많았다.

코스토리 김한균(32) 대표도 10년 전에는 별명이 '화성인'이었다. 그가 화장품을 사랑하게 된 이유는 어린 시절부터 피부 콤플렉스가 심했기 때문이다. 중·고등 학교 시절부터 피부가 까만 데다 여드름이 많아 피부 관리에 목숨을 걸었다. 용돈을 받으면 좋은 화장품을 구해서 얼굴에 발랐다. 학원비로 받은 60만 원을 화장품 사는 데 모두 쓰고 부모에게 혼이 나기도 했다. 군복무 시절에는 100일 휴가 후 마스크팩과 피부 관리기를 들고 복귀했다가 군대 내에서 화제가 되기도 했다.

피부 콤플렉스를 극복하기 위해 시작한 화장품 수집은 결국 취미가 됐다. 그리고 그는 이 취미를 돈으로 만들었다. 남성 최초의 뷰티 분야 파워블로거로 이름을 알리다가 2012년 화장품 회사 '코스토리'를 세웠다. 창업 3년 만인 2015년 매출 160억 원을 기록했고, 2016년에는 상반기에만 매출 500억 원을 달성한 신화의 주인공이 됐다. 2016년 총매출이 1300억 원에 이른 것으로 알려졌다. 대출이나 투자를 받지 않고 일궈 낸 성공이다.

현재 전국 올리브영 600여 개 지점에 화장품을 납품한다. 서울 신사동 가로수길 등에 오프라인 매장도 열었다. 홍콩과 중국에서 가장 인기가 많은 화장품 유통 체인 매장인 사사(SASA)와 왓슨스(Watson's)에도 진출했다.

코스토리 최고의 히트 상품은 마스크팩. 중국 사람들은 색조 화장을 잘하지 않는 대신 운전할 때도 얼굴에 붙일 정도로 팩을 좋아한다. 시중에 나와 있는 마스크팩은 이미 수백 가지가 넘는데 코스토리의 마스크팩이 특별한 이유는 뭘까? 마스크팩을 쓰는 사람 대부분이 불만을 갖고 있지만 그러려니 하고 넘어가는 점, 즉 얼굴에 완벽하게 달라붙는 팩이 없다는 점을 노렸다. 마스크팩 사용자들은 굴곡진 코 옆과 눈 부분이 들뜨는 것이 항상 불만이었다. 그가 만든 마스크팩은 얇고 뜨는 부분이 없다. 그게 바로 수백 가지 마스크팩 중에서도 유독 인기를 끈 이유다.

"제가 금수저라고요? 에이, 스무 살 때부터 하루 2~3시간만 자면서 일하고 공부했어요."

집안 형편이 어려워 열아홉 살 때부터 중국집, 피자집, 학원 과외 등 각종 아르바이트를 섭렵하면서 화장품값을 충당했다.

"20대 시절 좌우명은 '생각한 후 움직이는 건
20대가 아니다'였어요. 30대가 되면서 '사랑하고 일하고,
일하고 사랑하자'로 바꿨어요.
고생 많이 했잖아요. 저와 직원들 모두 일과 삶의 균형을
맞출 수 있는 회사를 만들고 싶어요."

그는 군대에서 자신의 취미를 직업으로 삼아야겠다고 결심했다.

"화장품을 바른다며 꼴통이라고 부르던 선임들이 피부 관리를 해 달라고 줄을 선 거예요. 내무반의 슈퍼스타가 됐죠. 화장품 지식이 남에게 도움이 되겠다 판단했어요."

2009년 대학을 졸업하고 아모레퍼시픽에 입사했다. 이후 아토팜, 그루폰을 옮겨 다니며 신제품 기획과 온라인 마케팅을 하면서 창업에 대한 꿈을 키웠다. 화장품 연구원들을 찾아가 화장품을 만드는 법에 대해서도 공부했다. 자신의 취미를 제품 생산으로 연결하는 꿈을 키운 것이다.

2011년, 드디어 자본금 300만 원을 들고 상지대 창업보육센터에 자리를 얻었다.

"그때까지 한 일이 다 창업을 위한 것이었어요. 각종 화장품 아르바이트와 블로거 활동, 마케팅, 제조에 대한 경험은 모두 화장품에 대한 열정 때문이었습니다."

화장품에 대해서는 누구보다 빠삭했다. 하지만 자신감만으로는 사업이 진행되지 않았다. 기획서를 들고 전국의 화장품 연구소를 30곳 넘게 찾아다녔지만 모두 퇴짜를 맞았다. 함께 일하던 회사 동료에게 사기를 당해 전 재산 5000만 원을 날리기도 했다. 직원 월급을 마련하기 위해 저녁 7시부터 새벽 4시까지 아르바이트를 하기도 했다.

당시 그는 결혼을 하면서 아이를 갖게 됐다. 배 속의 아이가 딸이란 사실을 알게 된 그는 딸을 피부가 좋은 행복한 아이로 만들어 주고 싶었다. 출생부터 돌까지 쓸 수 있는 제품을 구상했다. 이를 위해 국내 제품부터 해외 유명 브랜드 제품까지 유아용 화장품을 모두 구입해 제품 하나하나 성분을 따져 보고 효과를 알아봤다. 그런데 유기농이라는 유아용 화장품에도 화학 성분이 많이 들어 있었다. '천연', '무향'을 강조하는 제품도 실상 파라벤이나 페녹시에탄올 등의 방부제가 들어 있는 경우가 많았다. 마침 갓 태어난 딸 한별이는 심한 건성 피부였고 산후조리원 시절부터 '건조한 아이'로 불렸다. 산후조리원에 '우리 아기는 그 화장품 쓰지 말고 이것만 써 달라, 목욕하고 이것만 사용하게 해 달라'고 요청하기도 했다.

2012년, 마침내 아기 오일을 개발했다. 호호바씨오일, 마카다미아씨오일 등 천연 유기농 성분이 열 가지 넘게 들어간 오일이었다. 우선 딸 한별이와 조카들, 주변 지인들에게 테스트를 했는데, 좋은 반응을 얻었다.

호응에 힘입어 '아빠가 딸을 위해 직접 만든 화장품'을 출시하기로 했다. '아빠가 만든 화장품'이라는 브랜드로 아기 오일을 만들어 블로그 이웃들에게 나눠 줬다. 건성 피부인 한별이를 목욕시키고 직접 오일을 발라 주어 피부가 좋아진 100일 된 딸의 모습을 블로그에 공개하자, 구매 요청이 밀려들었다. 하루 최고 방문자수가 10만 명에 이르는 그의 블로그에서 입소문이 삽시간에 퍼졌다. 100개, 500개, 1000개씩 판매량이 늘었다.

2013년부터는 현재 히트 상품이 된 마스크팩 개발에 돌입했다. 목표는 얼굴에 붙여도 몰라볼 정도로 얇은 팩이었다.

"마스크팩이 얼굴 전체에 잘 붙지 않는다는 점이 늘 찜찜했는데 이 부분을 해결한 마스크가 하나도 없다는 게 신기했어요. 이 문제를 해결하면 성공할 수 있겠다는 생각이 들었습니다."

그가 말을 이어 갔다.

"다른 팩은 몇 분만 지나도 들뜨지만 저희 제품은 20분이 지나도 얼굴에 달라붙어 있습니다. 그런데 얼굴에 붙어 있도록 만들다 보니 얇아야 했고, 접힌 부분을 펼 때 쉽게 찢어지는 문제가 생겼죠. 이를 해결하기 위해 필름지를 끼워 넣었어요. 덕분에 찢어지지 않고 쉽게 펼 수 있는 마스크팩을 만들 수 있었지요."

2014년, 그렇게 해서 나온 것이 '봄비 꿀단지 마스크팩'. 그는 처음부터 중국 시장을 노렸다. 처음에는 중국 현지에 자본금 1억 원을 들여 법인을 설립했지만, 곧 폐업을 결정했다. 중국 현지 법인장을 내세우긴 했으나, 법인 설립부터 위생 허가 같은 이슈를 돌파하지 못했기 때문이다.

김 대표는 '무조건 될 때까지 해 보자'는 생각으로 밀어붙였다. 매달 중국 출장을 갔고, 중국 경영대학원인 장강상학원(CKGSB)에 진학해 현지 비즈니스맨들과 친분을 쌓아 나갔다. 또 선전, 상하이, 광저우 등 중국 전 지역 화장품 박람회에 꼬박꼬박 참여했다.

현지 중국인 파트너들을 만날 때마다 그가 한 일은 얼굴에 직접 마스크팩을 붙이고, 홍보 문구가 담긴 중국어 문장을 힘차게 읽으며 설득하는 것이었다.

"중국어를 할 줄 몰랐어요. 그렇다고 중국어를 긴 시간 들여 배울 수도 없고요. 홍보할 때 필요한 중국어 문장을 파트너들에게 읽어 줬습니다."

중국 파트너들은 화장품 납품 제의에 당장 거래할 것 같았지만, 실상은 그렇지 않았다. 오랜 시간 끊임없이 만나고 설득하는 과정을 거친 후 드디어 기회가 주어졌다. 그의 노력에 감동받은 중국 파트너가 나타나면서 중국 시장을 사로잡게 된 것이다. 2016년 중국 춘절 기간 한국에 온 유커들이 가장 많이 산 화장품 TOP3에 이 제품이 들어 있다.

그의 열정을 이끌어 준 것은 화장에 광적일 정도로 집착한 취미였다. 자신이 사랑하고 좋아하는 일을 사업화하기 위해 그는 여러 가지를 포기해야 했다.

"대학 친구가 별로 없어요. 빡빡한 아르바이트 일정 때문에 엠티 같은 것을 한 번도 못 갔거든요. 하지만 더한 것도 포기할 수 있었어요. 화장품을 위해서라면 말이죠."

친구들이 놀 때도 그는 오로지 화장품에만 집중했다. 피부 관리와 메이크업에 관한 자격증을 6개나 땄고, 기업으로부터 화장품을 받아 관련 리뷰를 작성해 자신의 블로그(완소균이)에 올렸다. 화장품 회사가 주최하는 각종 공모전에 응했고 인턴십에도 열심이었다. 아르바이트도 화장품 매장 에뛰드에서 했다.

"다른 화장품 매장은 '남자라 안 된다'고 퇴짜를 놓았는데, 유일하게 저를 받아 주었죠. 10곳이나 돌아다녔는데 말이에요. 그런데 남자 사장님이 있는 가게를 찾았더니 '나 혼자 남자라 심심했는데 잘해 보자'고 허락해 주시더라고요."

그는 이 매장의 300여 개 화장품 이름을 모두 외우는 우수 알바생이었다고 한다.

자기 피부에 맞는 좋은 화장품으로 피부 콤플렉스를 극복하고, 그것을 취미이자 지식으로, 그리고 창업으로까지 발전시킨 케이스다.

32

모든 직원이 만화 덕후,
레진코믹스가 승승장구하는 비결

만화를 하루에 1시간씩 읽어야 한다는 입사 조건
아무리 스펙이 좋아도 덕후가 아니면 뽑지 않는다

코스토리 김한균 대표는 자신의 '화장품 덕후' 취미를 창업으로 연결했다. 그것도 폭발적인 반응을 얻으면서 말이다. 사실 우리나라 청년들은 누구나 취미가 하나씩 있다. 누군 어렸을 때부터 우표를 모으고, 누군 영화 감상을 좋아하고, 누군 김 대표처럼 화장하는 것을 몰래 즐긴다. 그러나 수많은 청년이 취미를 살리지 못한다. 대개 취업할 때는 사람을 많이 뽑는 영업직이나 경영 기획 직군으로 자신이 살아온 길을 애써 끼워 맞춘다. 사실 영업이나 경영 기획은 진짜 취미와 관련이 없는 '회사를 위한 회사 일'이다. '저는 열 살부터 취미가 영업이었어요'라고 말하는 사람은 전 세계 어디에도 없다. 이처럼 꿈을 짜 맞추는 동안 내가 사랑하는 취미 열정은 사라진다. 취미를 여전히 사랑하면 직장인 동호회에서 열정을 불태운다. 취미는 직업이 되는 것보다 직업 스트레스를 푸는 용도가 된다. 왜 취미가 직업이 될 수 없을까? 취미로 큰돈을 벌 수는 없을까?

취미를 오랜 기간 갖게 되면 한 분야에 대한 나만의 차별화된 취향과 관점, 철학이 생긴다. 그것은 그 누구도 만들어 줄 수 없는 나만의 경험에서 나온다. 또 오랜 기간 그 산업이 어떻게 돌아가는지 구체적으로 연구하지 않더라도 흐름을 꿰뚫을 수 있다. 바로 그런 경험이 하고 싶은 일을 하면서도 큰돈을 벌 수 있는 기회를 열어 준다. 물론 취미를 단순히 즐기는 소비자 관점에서 판매자 관점으로 재해석해야 한다는 숙제가 놓여 있긴 하다. 이 점을 해결한다면 내가 즐기는 취미를 마니아들이 즐기는 틈새시장으로, 더 나아가 전 세계를 공략하는 글로벌 사업으로 만들어 갈 수 있다.

이처럼 덕후 정신으로 시작해 대박을 친 회사가 서울 강남 역삼동에 있다. 빨간색 간판이 달린 빌딩 안으로 들어가면 한쪽에 만화책으로 도배된 곳이 있다. 곳곳에 다트판과 동네 오락실을 연상하게 하는 대형 오락기까지 놓여 있는 이곳은 지금 한국에서 가장 빠르게 성장하는 웹툰 회사 '레진코믹스'다. 500편의 웹툰을 서비스하는 '웹툰의 성지'다.

2016년 창립 3주년을 맞은 웹툰 플랫폼인 레진코믹스는 2013년 6월, 41편의 유료 웹툰 서비스를 시작한 첫날부터 돈을 긁어모았다. 첫날 매출은 1000만 원. 2014년에 매출 103억 원을 기록했고, 2015년에는 매출 300억 원을 달성했다.

문을 열고 들어가자 뻬죽뻬죽한 스포츠 머리의 권정혁(44) 공동 창업자가 반겨 준다. 그는 레진코믹스의 최고 기술 책임자(CTO)를 맡고 있다. 1997년부터 삼성전자, KT하이텔 등 여러 IT 기업을 거친 그는 영화, 책에 관한 '서브컬처' 분야의 파워블로거로 활동하던 한희성 씨와 동업해 대박을 쳤다.

두 사람이 아무 생각 없이 '웹툰 플랫폼이 돈이 될 것 같으니 해 보자'고

"무엇보다 한 가지에 빠져 있으면
업무에서도 뛰어난 집중력을 보입니다.
'덕질' 하는 분야를 업무와 연결할 수도 있어요."

결심한 것은 아니다. 사업의 뿌리는 어렸을 때부터 만화를 사랑한 '덕후' 정신이었다. 권 CTO는 이렇게 말했다.

"어머니가 만화가게를 하셨어요. 초등학생 때 만화책에 파묻혀 살았습니다. 《슬램덩크》 등 각종 만화를 사랑했죠. KT에 다니다가 그만두고 새로운 일을 해 보고 싶었습니다. 그런데 만화 시장이 온라인화되면서 점점 무료로 바뀐 거예요. 웹툰이 생기면서 말이죠. 그러다 보니 무료 만화 말고 품질 높은 만화를 찾기가 어려웠어요. 만화를 정말 잘 그리는 사람도 돈을 벌기 어렵고 자신을 홍보하기도 어려웠어요. 그래서 생각했죠. 유료로 정말 재밌는 만화책을 팔자고요. 다시 만화 시장을 부흥시켜 보자고요."

권정혁 CTO는 온라인 모바일 플랫폼 운용 수수료 비용은 빼고 수익의 약 60%는 작가가, 40%는 레진코믹스가 가져가는 구조를 짰다. 작품마다 1회부터 일정 회까지 무료이고 이후 부분은 구입하는 '부분 유료화 모델'이 시작됐다. 그랬더니 만화가를 꿈꾸는 사람들이 열광했다. 〈캠퍼스 로맨스〉 같은 히트 작품이 쏟아지면서 지금은 매달 600만 명이 방문한다.

시작부터 대박을 친 레진코믹스는 사실 '만화 덕후'들만 모인 곳이다. 재무, 회계, 디자인, 인사 등 직원 78명이 모두 만화 덕후다. 채용 지원 자격에서부터 '만화를 매우 좋아해야 하며, 입사 후에는 만화를 하루에 1시간씩 읽어야 한다'는 조건을 내걸었다.

권 CTO는 면접을 보면서 출신 학교는 체크하지 않지만 덕후인지는 철저하게 검증한다고 한다. 아무리 명문대를 졸업했어도 덕후가 아니면 안 뽑는다.

"만약 재무 담당자가 만화를 안 좋아하면 '이런 거에 돈을 왜 쓰지?'란 의문을 갖게 됩니다. 그러고는 만화 서비스를 담당하는 직원에게 왜 이렇게 예산을 많이 썼느냐고 추궁합니다. 만화를 이해해야 투자의 의미를 이해할 수 있습니다. 무엇보다 한 가지에 빠져 있으면 업무에서도 뛰어난 집중력을 보입니다. '덕질' 하는 분야를 업무와 연결할 수도 있지요."

레진코믹스의 미국 법인장 제임스 김(32)은 미국 만화광이다.

"지난 수십 년간 나온 마블과 DC코믹스 만화를 엄청나게 모았죠."

용량으로 따지면 수십 테라바이트에 달할 것이라고 농담처럼 말했다. 그는 당초 미국 메릴랜드 주립대에서 마케팅 박사 과정 수료를 눈앞에 뒀다가 때려치웠다. '내가 진짜 하고 싶은 만화에서 일을 찾자'는 생각 때문이었다.

"세상 떠날 때까지 하고 싶은 게 만화였어요."

취미를 사업으로 연결하는 것의 강력함은 단지 '내가 그것을 잘 안다'는 정도를 넘어선다. 권정혁 CTO는 '우리 회사가 만화 덕후만 뽑는 이유는 몰입의 힘이 있기 때문'이라고 한다. 취미를 즐기는 사람들은 5시간이고, 10시간이고, 또는 밤을 새워서라도 몰입한다. 시간 가는 줄 모르고 말이다. 어느 순간부터 그것은 더 이상 일이 아니게 된다. 취미를 돈으로 연결한 사람들에게는 '무조건 끝장을 봐야 한다'는 정신이 있다. 또 자신에게 맞지 않는 일은 정말 혐오할 정도로 싫어한다.

레진코믹스 창업자들이 자신의 취미인 만화를 일로 연결한 배경은 무엇일까? 만화는 여전히 많은 사람에게 취미지만 그것을 소비하는 대가는 터무니없이 낮아졌기 때문이다. 어렸을 때부터 만화 주인공의 실패와 성공에 자신의 감정을 이입해 오면서 흥미와 흥분을 느끼던 창업자들이었다. 자신이 정말 사랑하는 취미의 흐름을 오랫동안 추적하며 가슴으로 느껴 오지 못했다면 새롭게 생태계를 바꿔 보자는 도전장을 쉽게 내밀지 못했을 것이다.

"그때까지 국내 작가들이 연재할 수 있는 곳은 주요 포털 사이트 두 군데뿐이었어요. 연재하는 작품수도 제한이 되어 있었죠. 저희 출발점은 무조건 만화가를 행복하게 해 주자는 것이었어요."

레진코믹스의 만화는 선정적이고 자극적이라는 이유로 이런저런 논란이 있어 왔다. 그러나 만화를 직업으로 삼으려는 웹툰 작가들에게 새로운 꿈을 안겨 준 것만은 분명하다. 레진코믹스의 웹툰 작가들은 연재 기간에 웹툰 유료 판매가 전혀 없어도 월 200만 원의 기본 월급을 받는다. 현재 계약한 작가는 400여 명이다. 일부 작가는 인기를 얻으면서 월수입이 500만 원이 넘기도 한다. 소비자들에게도 새로운 만화 시장을 열어 주는 동시에 웹툰 작가라는 '사양 직업'을 '만화를 그려도 먹고살 수 있다'는 '유망 직업'으로 바꿔 놨기 때문이다.

"웹툰 공모전을 매년 여는데 우승 상금을 1억 원씩 겁니다. 매년 700~1000명의 작가가 몰려요. 만화가와 행복한 생태계를 만들어 갈 겁니다."

33

국내 골목골목 안 다녀 본 곳 없는
국내 1호 로케이션 매니저

**하루에 1300킬로미터 운전,
15년 동안 이동 거리 지구 열다섯 바퀴**

그러나 취미를 살리더라도 나만의 세상에 빠져 있는 취미라면 별 소용이 없다. 나의 취미를 확장해 남들이 불편을 느끼는 것을 파고들 줄 알아야 한다.

로케이션 플러스 김태영(44) 대표는 아예 국내에 없던 직업을 만든 인물이다. 그는 국내 1호 '로케이션 매니저'다. 영화, 드라마, CF 등의 배경으로 쓸 만한 장소를 섭외하는 일을 한다. 그가 우리나라에 최초로 이 직업을 소개하면서 50명 정도의 로케이션 매니저가 생겨났다.

15년 전 국내 최초로 시작했다. 그간 내로라하는 국내 흥행작인 〈아저씨〉, 〈타짜〉, 〈쌍화점〉 등 8편의 영화와 3000편의 TV CF 장소를 섭외했고, 평창 동계 올림픽 성화 봉송 루트 자문 위원까지 맡고 있다. 그의 몸값은 국내 영화계에서 매우 높다. 영화 제작 프로덕션과 같이 움직이는데, 통상 3~6개월 작업에 월 1500만~2000만 원을 받는다. 영화 〈타짜〉의 경우 60여 개 장소를 섭외하고 4000만 원을 받았다. 직원 8명이 일하는데, 매출 대비 영업 이익률이 30%를 넘는다.

"보통 영화 촬영할 때 섭외팀이 같이 나가서 일해요. 기름값, 식비, 숙박비가 한 달에 350만 원 정도 듭니다. 좋은 촬영 장소를 섭외하는 것은 쉽지 않아요. 때로는 경찰서장이나 정부·지자체 담당자들을 찾아가 설득을 해야 합니다. 촬영 전체 운영과 통제도 맡습니다. 영화 한 편에 60여 곳이 등장하면 보통 640여 곳 중에서 최종 촬영지를 고릅니다."

그는 하루에 15~16시간씩 차를 타고 이동하면서 가장 좋은 장소를 미리 찍어 둔다. KTX 호남선 철길을 따라 벚꽃이 가장 예쁘게 핀 곳, 멋진 고층 건물 배경이 한눈에 보이는 주유소 등이다. 이런 장소 사진을 데이터화한 것만 160만 컷이다.

그것은 그의 본업인 사진작가에서 출발했다. 원래 수원과학대에서 기계공학을 전공한 그는 사진이 취미가 되면서 다시 수능을 준비해 신구대 사진과에 입학했다. 1998년 졸업 이후 촬영 일을 시작해 스튜디오에서 졸업 앨범이나 학사모 사진 찍는 일을 주로 했다. 그러다 '내가 멋진 사진을 찍어 파는 것도 좋지만 멋진 사진을 찍을 수 있는 장소를 남들에게 안내해 주는 것도 좋지 않을까?'란 생각을 갖게 됐다.

동시에 영화 업계에서는 장소 섭외 때문에 고민이 많았다. 보통 조감독들이 지도책을 하나 들고 1~2주간 전국을 누비며 촬영 장소를 물색해 왔다. 좋은 장소만 점찍어 놓는다고 해서 바로 촬영이 가능한 것도 아니다. 지자체나 기업에 일일이 허가를 받는 과정이 귀찮다. 영화 제작팀의 막내들인 조감독들이 하기에는 다소 험하고 사고 위험성도 있다.

"시장성이 있겠다 생각했습니다. 제 취미가 여행이라서 재미가 있을 것 같았어요. 영화 프로덕션에서도 이 일을 누군가 대신 해 줬으면 하는 욕망

"근성과 추진력이 필요해요.
우리는 직원들을 '전투 요원'이라 부릅니다.
일이 거칠어서 '여행하고 사진 찍고 재밌겠다'란 생각으로는
오래 못 버팁니다."

이 있는 일이었거든요. 대학 동기 2명과 500만 원씩 내서 숙대 앞 건물 지하에 13제곱미터(4평)짜리 사무실을 마련했습니다."

당시 해외에서는 영화나 CF 촬영 장소를 안내해 주는 로케이션 매니저란 직업이 급부상하고 있었지만, 국내엔 아직 없었다. 기획서를 들고 장소를 물색해 발견한 각종 장소 사진과 홍보 영상물 CD를 모든 영화 프로덕션에 발송했더니 한 군데에서 연락이 왔다.

"SK엔크린 주유소 광고 건이 최초의 일이었어요. 주유소 근처의 전봇대는 깔끔해야 하고, 자동차가 들어오는 입구의 배경도 탁 트이고, 도심이 한눈에 배경으로 보여야 했죠."

영화 프로덕션 조감독들의 불편을 덜어 주니 그때부터 일이 봇물처럼 밀려들었다. 영화 프로덕션에서 너도나도 영화 촬영 장소를 섭외해 달라는 요청이 들어온 것이다.

처음에는 영화 촬영 장소만 섭외해 주는 일을 했다. 이를 바탕으로 점점 일을 확장했다. 영화 대본을 보고 적절한 장소를 추천하는 것에서부터 주차, 물품 운송, 숙소, 식사, 장소 섭외 예약까지 모두 짜 준다. 촬영 공간에 대한 전반적인 관리를 맡는 것이다. 사진을 예쁘게 찍는 것부터 촬영장의 운영과 통제까지 모두 책임진다.

"이틀간 1300킬로미터씩 운전한 적이 있어요. 체력적으로 지칠 때가 많죠. 위험한 상황도 많아요. 들개에게 물릴 위기도 있었고, 비포장 도로를 후진으로 30킬로미터로 달린 적도 있죠. 산 위에서 내려다보이는 장소를 섭외하기 위해 내비게이션에 나오지 않는 곳에 가기도 합니다."

15년간 이동거리가 무려 60만 킬로미터. 지구를 열다섯 바퀴 정도 돈 셈이다.

"예쁜 공간을 사진으로 담는 일을 하다 멋진 공간을 사람에게 연결해주는 다리 역할을 하게 되었지요. 공간을 찾아내고, 그 안에 담긴 이야기를 발견해 사람과 연결하는 것입니다."

빠르게 성장하는 김 대표 회사의 직원들에게는 특별한 직함이 있다. 바로 '전투 요원'이다. 이들에게는 몇 가지 공통점이 있다. 모두 사진을 잘 찍는 사진작가들이라는 점, 그리고 강력한 근성과 추진력을 갖추고 있다는 점이다.

"회사에 스물세 살 된 사원이 있어요. 우리 회사에 들어오려고 3주간 이백일곱 번 히치하이킹을 해 전국 일주를 하고 장소 포트폴리오를 만들어 왔어요. 그 포트폴리오를 만드는 데 든 돈은 15만 원이었대요. 숙박은 무료로 공급 받거나 길거리 벤치, 경기장 라커 룸에서 해결했고요."

국내에 없던 새로운 직업을 만든 그는 이제 세상에 없던 시장을 만들고 있다. 전투 요원처럼 대담하게 자신의 업무를 확장하고 있는 것이다.

"1년 전 로케이션 마켓(LOMA)을 오픈했어요. 촬영 장소를 온라인으로 검색하고 비교할 수 있는 유료 플랫폼입니다. 15년간 모은 130만 컷 이상의 국내 로케이션 정보를 제공합니다. 1000만 원을 지불하는 고객 1명이 아니라 이용료 10만 원을 내는 고객 100명을 유치하기 위해 개설했습니다. 미디어 콘텐츠 종사자를 위한 교육 콘텐츠를 만들고, 웨딩이나 여행에 대한 정보를 제공하겠다는 계획도 갖고 있어요. 최종 목표는 로케이션 매니저라는 직업이 필요 없어질 정도로 로케이션 마켓을 활성화시키는 겁니다."

그는 자신의 취미인 사진과 여행이 직업이 되어서 행복하다고 한다.

"매일 취미를 즐기는 기분입니다. 아름다운 풍경을 즐기며 햇살이 비치는 장소에서 감동을 받습니다. 여행도 가고 돈도 벌고 얼마나 좋습니까. 제 직업이 변호사나 의사보다 낫다고 생각합니다. 적어도 남들을 압박하거나 옥죄지는 않거든요. 사람에게 감동을 주기 위해 좋은 영화를 만들려는 멋진 공간을 찾는 것이 제 임무니까요."

김 대표의 여정을 보면 독특하다. 졸업생 학사모를 찍는 사진작가에서 '사진이 잘 나오는 장소를 섭외해 주는 매니저'로 자신의 전문성을 재해석한 것이다. 처음엔 대학교 강의부터 시작해 CF, 내로라하는 영화 작업에 이어, 이젠 IT 플랫폼까지 확장했다. 자신이 구축한 영역에서 '로케이션 마켓'이란 시장도 만들어 가고 있다. 그저 사진만 찍어 판매하는 사진작가에서 세상에 없는 부가 가치를 만들어 브랜드를 확장하는 것이다.

자신이 사랑하는 일을 사업으로 연결한 부자들은 이렇듯 자신의 전문성을 다양한 브랜드로 넓혀 나간다. 작게 시작해 확신하기 전까지는 기존의 일을 하다가 확실한 타이밍에 뛰어드는 것. 실패 가능성을 줄이면서 조금씩 자신의 전문성을 재해석하고 브랜드를 확장해 가는 전략을 쓰는 것이다.

점점 더 복잡해지는 미래를 마주하는 우리가 주목해야 할 점은 자신의 취미와 사랑하는 일에 미리 투자하는 것이다. 따라서 평생직장이 아닌 취미형 직장을 갖고 억지로 하는 일이 아닌 사랑하는 일을 새롭게 재창조하는 과정이 반드시 필요하다.

그런데 이 모든 도전을 하기 전, 자신이 사랑하는 취미로 직업에 도전하기 전, 한 가지 고정 관념을 없애야 한다. 이제 평생직장 시대가 사라지고 취미형 직장이 대세가 되고 있다는 사실이다. 취미란 결국 자신이 좋아서 하는 일이고, 좋아서 하는 일은 내가 더 열정적으로 열심히 할 수 있는 일이다. 반드시 취미를 가지라는 말은 아니다. 내가 몰입할 수 있는 일을 발견하기 위해서는 다양한 경험이 필요하다. 따라서 인생을 덜컥 올인하는 대신 적절한 시간과 노력과 비용을 투입해서 할 수 있는 일을 다양하게 경험하는 것이 좋다. 그것은 결국 자기 자신을 더 잘 알아 가는 과정인데, 그것이 노후 연금보다 백 배는 안정적이고 효율적인 투자일 수 있다. 그런 와중에 적절한 사업 아이템을 발견하고 그것을 할 만한 여건이 갖춰지고 사회가 그런 사업을 용인할 수 있는 타이밍이 되면, 그 일에 뛰어들어도 좋을 것이다.

34

열등감이 만들어 준 기회,
나랑 같은 고민을 하는 사람이 이렇게 많았어?

**탈모 트라우마에서 비롯된 탈모 샴푸 개발로 3년 만에 매출 300억 원
세계적 투자자 짐 로저스 회장의 투자 받아**

사업에 성공하기 위해서 자신이 좋아하는 일을 해야만 한다는 법칙은 없다. 자신의 트라우마가 성공의 기회가 되는 경우도 많다.

트라우마는 우리를 짓누르는 깊은 상처이다. 내가 입은 상처와 비슷한 상처를 안고 살아가는 사람들이 분명히 있다. 노벨상을 수상한 수많은 석학이 자신의 트라우마를 위대한 연구 결과로 빚어냈다는 사실을 알고 있는가.

2000년 행동경제학으로 노벨 경제학상을 수상한 대니얼 카너먼 교수를 보자. 《생각에 관한 생각》이란 책으로도 유명한 카너먼 교수는 프린스턴대 심리학과 출신이다. 그는 역사상 처음으로 비(非)경제학 전공 출신의 노벨상 수상자다.

'사람들은 통제력이 없으며, 대부분 지나치게 직관적인 결정에 의존한다'고 주장한 카너먼 교수는 앵커링 효과(숫자를 하나 설정해 두고 그것에 도달하지 못하면 목적을 성취하지 못한다는 생각), 휴리스틱(문제의 답을 경험에 의한 추

측이나 직관적 판단으로 하는 것) 등 경제학과 심리학에 지대한 영향을 미친 20개가 넘는 심리 이론을 만들었다. 그의 주장은 한마디로 '사람은 상식 밖의 행동을 하는 동물'이란 것이다.

그의 노벨상 수상의 원동력은 유년 시절의 아픔에 있다. 유대인인 그의 가족은 1920년대부터 프랑스 파리에 살았다. 그는 어린 시절 유대인을 상징하는 다윗의 별(Star of David. 유대교와 이스라엘을 상징하는 삼각형 2개를 겹쳐 놓은 문양) 배지를 스웨터 속 티셔츠에 달고 있었는데, 하루는 친구와 놀다가 집에 가는 길에 갑자기 독일 군인과 맞닥뜨렸다.

"저는 진땀이 났어요. 속으로 '죽었다'고 생각했죠. 설마 하면서도 서둘러 도망치려는데 그 군인이 진짜로 저를 쫓아오는 거예요. 그가 다가와 저를 번쩍 들었죠."

하지만 공포의 순간도 잠시, 그 군인은 어린 카너먼을 포근하게 안아 주는 것이 아닌가.

"그 군인은 독일말로 저에게 뭐라고 하면서 지갑을 열더니 자기 아들 사진을 보여 주었어요. 그러고는 돈을 주고 보내 줬습니다. 저는 그때 생각했죠. '내 티셔츠에 달린 다윗의 별을 봤다면, 어떻게 됐을까?'라고 말입니다."

진짜 그 군인이 카너먼의 스웨터 속에 달린 '다윗의 별'을 봤다면 어떻게 됐을까? 물론 살려 줬을 수도 있지만 즉시 죽였을지도 모를 일이다. 이 트라우마가 대니얼 카너먼이 심리학을 공부하게 된 계기가 된다. 그는 이렇게 말한다.

"저는 독일군을 만난 이후 그 어느 때보다 확신에 찼습니다. 아직도 잊을 수 없는 그 경험은 인간이 끊임없이 복잡하고 흥미로운 존재라는 것을 깨닫게 해 주었습니다. 저는 사람의 생각과 심리를 다루는 심리학에 입문 했다고 마음을 먹었습니다."

이스라엘 최고 명문 히브리대에서 심리학을 전공하고, UC버클리대에서 박사 학위를 받은 그는 인간이 불확실한 상황에서 어떻게 판단하고 의사 결정을 내리는지 연구를 시작했다. 그는 인간이란 자신을 부정하는 것을 본능적으로 싫어하고, 잘못된 의사 결정을 방치할 수 있으며, 과신과 낙관주의, 편향적 판단을 일삼는 존재라고 봤다. 이런 주장이 전제가 된 그의 연구가 결국 노벨상으로까지 이어지게 된 것이다.

트라우마를 성공 사례로 만든 젊은이는 한국에도 많다. 창업 2년 만인 2016년 매출 300억 원을 달성한 권규석(33) 휴메이저 창업자도 그중 한 사람이다.

그는 영국의 런던예술대학(LCC)을 꿈 없이 다니던 청년이었다. 가정 형편이 어려워지면서 한국에서 취업 자리를 알아보고 있었다. 그런 그의 취업 시도를 가로막는 트라우마가 있었다. 어렸을 때부터 머리가 빠지는 탈모 증세가 심각하다는 것이었다.

"스무 살이 되지 않았는데도 머리숱이 적어 원래 나이보다 열 살 이상으로 보는 사람이 많았어요. 그럴 때마다 인생에 회의가 느껴지고 아무것도 하고 싶지 않았지요."

탈모는 그가 해결할 수 없는 상처이자, 자신감을 떨어트리는 취약점이었다. 그러나 취업 때문에라도 문제를 해결해야 했다. 시중을 둘러봤더니 자신에게 맞는 탈모 샴푸가 없었다. 대부분 한약 냄새가 진동하고, 막상 써도 머릿결이 뻣뻣해지는 탈모 샴푸뿐이었다.

여러 인터넷 사이트를 돌아다니다 보니 자신과 똑같은 고민을 하는 청

"머리털이 20대 초반부터 빠지지 않았다면
창업할 생각조차 못했을 겁니다. 평범한 직장인이 됐겠죠.
취업 준비생 신세로 남아 있을 수도 있고요. 탈모가 인생을 바꿨습니다.
아, 지금은 머리털이 다시 잘 자라고 있네요."

년이 많았다. '아직 서른 살도 안 됐는데 머리털이 푹푹 빠진다', '모자 쓰고 다니는 것은 한계가 있다'는 식의 고민이 넘쳐 났다. 점점 스트레스가 늘어나는 한국 사회에서는 2030뿐 아니라, 청소년들에게서도 탈모가 나타난다는 뉴스가 속속 등장했다.

"이거다 싶었어요. 2030이 정말 좋아할 만한 탈모 샴푸, 그거 내가 만들 수 없을까? 생각한 거예요. 그래서 연구를 시작했죠."

그래도 이 사업이 성공할 수 있을지 아직 불확실한 상태라서 검색 끝에 미국에서 젊은이들이 자주 사용하는 탈모 샴푸 소량을 수입해 자신이 개설한 온라인 쇼핑몰에서 팔았다. 최초 수량 120개가 순식간에 동이 났다.

그는 미국에서 가장 뛰어나다는 탈모 전문의를 찾아갔다.

"미국 애틀랜타에 있는 탈모 연구의 권위자이신데, 그분에게 자문을 구했습니다. 같이 탈모 샴푸를 만들어 보자, 매출이 나면 수익의 상당 부분을 정기적으로 제공하겠다고 설득했죠."

효모, 멘톨, 감초처럼 머리에 좋은 여러 가지 재료를 샴푸에 첨가하면 탈모 예방에 좋다는 그 전문의의 주장은 미국의 권위적인 의학 학술지에 여러 번 등재됐다. 그의 연구 결과를 토대로 1년간 제품을 개발했고, 한국피부임상과학연구소에서 이 제품을 쓰면 피지량과 각질이 감소하는 대신 두피 탄력과 모발 힘이 증가한다는 인증도 받았다. 결과는 놀라웠다. 2014년 홈쇼핑에 출시한 후 지금까지 350만 개가 팔렸다. 세계적인 투자 대가인 짐 로저스도 투자했다. 외부 투자를 몇 차례 받으면서 2년 만에 회사 가치가 700억 원이 넘었다.

"머리털이 20대 초반부터 빠지지 않았다면 창업할 생각조차 못했을 겁니다. 평범한 직장인이나 취업 준비생 신세가 됐을 거예요."

트라우마에서 비롯되는 아이템에는 몇 가지 특징이 있다. 나만 알고 있는 것 같지만 사실은 많은 사람이 공감한다는 점이다. 누구도 대 놓고 이야기하고 싶지 않아 쉬쉬하고 있을 뿐이다. 따라서 트라우마를 창업 아이템으로 잘 연결해 포장하면 폭발력을 만들어 낼 수 있다.

그러나 주변에서, 내 속에서 잘 찾았다고 해서 바로 성공할 수는 없다. 핵심은 아이디어의 성공 가능성을 잘 타진해야 하는 것이다. 가장 먼저 해야 할 일은 사전 조사다. 그러기 위해서는 직접 시장을 방문해 보는 것이 필요하다. 발로 뛰어야 하는 것이다.

호텔나우 김가영 대표는 서울 전역의 웬만한 호텔은 다 찾아다녔고, 이관우 버즈빌 대표도 사업 가능성을 타진하기 위해 서울대와 카이스트의 내로라하는 교수들을 만나 의견을 들으며 성공 가능성과 위험성을 면밀하게 따져 봤다.

가령 의류 매장을 열고 싶다면 다른 매장에 많이 가 봐야 한다. 그래서 고객이 가장 오래 살피는 옷이 무엇인지, 가장 잘 팔리는 옷이 무엇인지, 가장 안 팔리는 옷이 무엇인지 봐 둘 필요가 있다.

다음은 관찰력을 키우는 것이다. 자산가들이 맡긴 수천 억 원의 돈을 관리하는 부자학 전문가 신동일 KB국민은행 스타PB센터 PB는 이렇게 말한다.

"한 기업체 회장을 만났을 때 깜짝 놀랐습니다. 그분이 '이 집은 한동안 장사가 잘된다. 여기 테이블이 20개가 있는데 계산하면 총 80명이 먹는다. 점심때만 3회전이 가능할 것 같다. 1인당 2만 원으로 잡으면 매출이 상당하지? 게다가 식육점을 직접 하니까 마진율이 30% 이상이다. 그렇다면 수익은……' 이러면서 꼼꼼히 보시더라고요. 이런 계산을 하는 분이 많아요. 부자가 되기 위해 노력하는 과정에서 남을 관찰하는 것을 즐기거든요."

　이런 노력이 아이디어를 대박으로 만드는 첫걸음이다.

CHAPTER 4

성공보다 실패에 더 익숙한
젊은 부자들의 실패 극복법

도전했다가 실패하는 것은 자연스러운 일 아닌가?
큰 성공은 수십 번의 실패가 쌓인 후에 찾아온다.
나는 실패에 대해 아무 걱정이 없다.

– 제프 베저스(아마존 CEO)

35

실패를 심각하게
걱정하지 않아도 되는 이유

필자가 네이버 잡앤(JOB&)에 기사를 쓰면서 느낀 점이 있다. 젊은 사람들이 성공하는 기사를 올리면 조회수가 많다는 점이다. 그런데 꼭 댓글이나 메일로 '성공기 말고 실패기도 올려 달라. 실패에서도 교훈을 얻을 수 있다'는 피드백이 날아온다. 그래서 실패하는 창업 이야기를 쓰면 조회수가 높지 않다. 그러려니 넘어가려고 할 때 이런 피드백들이 꼭 있다.

"실패한 사람처럼 해 보라는 말입니까? 그래서 남는 게 뭐가 있습니까?"

400만 명 이상의 설정자에, 하루 100만 명이 콘텐츠를 소비하는 네이버 JOB&은 20~30대의 취업 준비생, 예비 창업가, 창업가, 직장인, 전문직 종사자들이 드나드는 공간이다. 그런데 이들은 성공하는 사람 이야기를 읽으면 실패의 갈증을 느낀다. 동시에 실패하는 사람 이야기를 들으면 성공의 갈증을 느낀다. 무엇이 정답인지 알 수 없다. 다만 한 가지 알 수 있는 것은 성공의 과정에서도 실패의 극복 과정을 비중 있게 다루지만 그것에는 큰 관심을 기울이지 않는 경향이 있다는 점이다.

사실 이 문제는 우리나라 사람들의 습성이기도 하다. 남들에게 실패를 권장하면서도 정작 자신은 실패하지 않길 원한다. 그러나 실패는 성공을 공부하는 것보다 위대한 일이다. 실패의 끝자락에는 항상 우연처럼 새로운 성공의 기회가 숨어 있기 때문이다.

실패를 거듭하는 젊은 부자들은 새로운 시도로 실패를 타개하려고 한다. 창업 분야에서는 이러한 시도를 피벗(pivot)이라고 한다. 쉴 새 없이 개선하고, A가 안 되면 A에서 얻은 교훈으로 B를 해 보는 등 온갖 노력 끝에 대중이 무엇을 사랑하는지 깨닫는다. '실패를 함구하는 건 성공을 뽐내는 것보다 더 위험하다'는 프랑스 경제학자 프랑수아 케네의 말처럼 실패를 드러내 놓고 배우고 새로운 도전에 적용해 봐야 한다.

2016년 8월 1일 기준 시가 총액 3640억 달러(413조 3000억 원)로 월마트를 제치고 애플, 구글, 마이크로소프트에 이어 미국 상장 기업 4위로 올라선 아마존 창업자 제프 베저스는 미국 경영 전문지 〈비즈니스 인사이더〉 인터뷰에서 '도전했다가 실패하는 것은 자연스러운 일 아닌가? 큰 성공은 수십 번의 실패가 쌓인 후에 찾아온다. 그래서 나는 실패에 대해 아무 걱정이 없다'고 했다. 전기차와 우주선을 만들면서 숱한 실패를 경험한 테슬라의 일론 머스크 역시 비슷한 말을 했다.

"실패는 필수 옵션이다. 실패하지 않았다는 것은 충분히 혁신하지 않았다는 것이다."

아마존은 실패의 연속이 만들어 낸 보석이다. 2007년에 출시한 송금 서비스인 웹페이는 스마트폰이 보급되지 않은 시기에 출시돼 2014년 철수했다. 너무 이른 타이밍을 잡은 것이다. 아마존의 '파이어폰'은 스마트폰으로 모바일 쇼핑까지 지배하겠다며 2014년에 나왔다. 그러나 최악의 실패를 했다. 약 1억 7000만 달러(2000억 원)의 손실만 보고 판매가 중단됐을 정도다. 이외에도 DVD 우편 배송, 아마존 월릿, 아마존 뮤직 임포터(음악 재생 플랫폼) 등을 내놨지만 모두 접었다.

그러나 베저스의 원칙은 실패가 계속되더라도 끊임없이 실험하는 것이다. 그는 지루하게 성공한 직원들은 회사에 불필요한 존재라고도 했다. 파이어폰의 실패는 전용 스마트폰을 넘어서 모든 디바이스에서 통하는 앱과 웹사이트를 구축해야 한다는 교훈으로 연결됐다. 모두가 '미친 짓'이라며 손가락질한 아마존의 클라우드 서비스인 아마존 웹서비스도 초창기엔 '돈 먹는 하마'였다. 남는 서버 공간을 임대하는 사업인 클라우드 컴퓨팅은 고객들이 온라인 서버를 기반으로 사이트를 구축하거나 앱을 만드는 작업이다. 실패작이라고 욕먹던 이 서비스는 2015년 90억 달러(10조 2000억 원)의 매출을 기록하며 MS, 구글, IBM을 압도하고 있다. 그는 최근 주주들에게 보낸 연례 서한에 이렇게 썼다.

"아마존을 가장 성공한 회사보다 가장 편안하게 실패하는 회사로 만들고자 합니다. 실패와 혁신은 쌍둥이입니다. 우리가 1000억 달러(113조 6000억 원)의 매출을 내면서 끊임없이 실패에 도전하는 이유입니다."

그럼에도 불구하고 실패는 누구에게나 아프다. 피할 수만 있다면 피하고 싶은 것이 사람의 마음이다. 문제는 아무도 실패를 피해 갈 수 없다는 것이다. 성공한 사람과 실패하는 사람의 결정적 차이는 바로 실패를 어떻게 받아들이고 활용하느냐에 달려 있다. 젊은 부자들 역시 성공보다는 실패에 더 익숙할 정도로 숱하게 실패를 경험했다. 때로는 재기하기 어려울 만큼 치명적인 실패도 겪었다. 이들은 그런 처절한 실패를 어떻게 극복한 걸까?

36

3D 프린터 사업가로 변신한
우주인, 고산

우주인 선발에 탈락한 것이 오히려 기회
2017년 목표 매출은 50억 원 이상, 제조업 혁명 일으키겠다

2006년 한국 1호 우주선 탑승자로 뽑혔다가 2008년 발사 한 달을 앞두고 탈락한 '비운의 우주인' 고산(41) 씨. 훈련 규정을 어겼다는 이유로 우주선에 타지 못한 그는 한국항공우주연구원에서 2년간 일하다 2010년 미국 하버드 케네디 스쿨 유학길에 올랐다.

7년이 지난 지금 그는 무엇을 하고 있을까? 최근 서울 종로의 어느 빌딩 사무실 지하 1층, '에이팀벤처스(A-Team Ventures)'라는 간판이 걸린 문을 열고 들어갔다. 사무실엔 가정용 프린터보다 두 배쯤은 큰 직사각형 모양의 기계 여러 대가 있었다. 요즘 화제인 3D 프린터다.

3D 프린터는 플라스틱, ABS수지(열가소성 플라스틱) 같은 재료를 700도 이상의 온도에서 녹여 0.25~0.8밀리미터 두께로 뿌리는 기계다. 재료를 얇게 계단처럼 층으로 쌓아 올려 물건을 출력한다. '제조업 혁명'을 출력하는 기계란 별명이 붙어 있다.

"안녕하세요. 3D 프린터를 만드는 고산입니다."

"우주에 갔다면 남들이 '우주인'에게 기대하는 삶을
살았을 것 같아요. 돌이켜 보면 우주에 안 간 것이
인생의 기회였습니다. 세상의 다양한 문제를 꼭 우주에 가야만
해결할 수 있는 것은 아니니까요."

고 대표가 손을 내밀었다.

우주인 도전에 실패한 그는 제2의 도전에 한창이다. 세계적 3D 프린터 기업을 만들겠다는 꿈이다.

"머릿속에 든 아이디어를 손 위 실물로 구현하는 메이커스(makers) 열풍이 전 세계적으로 불고 있습니다. 사람들이 상상하는 것을 다 현실로 만드는 기계를 만들 생각입니다. 제 인생을 걸 만한 도전입니다."

그는 직원 20명을 둔 에이팀벤처스를 2014년 설립했다. 여러 벤처 투자 기관에서 15억 원을 유치했다. 2016년 매출은 2억 5000만 원. 직원을 계속 뽑고 투자를 하고 있어서 아직 순익은 나지 않는다고 한다.

"제품을 2016년 하반기에 출시했어요. 반응이 좋아 해외 8개국에서 요청이 쇄도하고 있습니다. 2017년에는 목표인 매출 50억 원을 넘길 수 있다고 생각합니다."

회사에는 국내외 인재들이 몰려와 있었다. 카카오·아모레퍼시픽·SK·한샘 출신의 엔지니어 및 디자이너들 뿐만 아니라 테슬라 창업자 일론 머스크가 운영한 솔라시티(태양광 회사)에서 일한 직원도 있었다.

"만약 제가 진짜 우주를 다녀왔다면 인생을 다이내믹하게 살지 못하고 '박제'처럼 살았을 것 같습니다. 남들이 '우주인'에게 기대하는 삶을 살았을 것 같다는 이야기입니다. 과학 정책을 연구하며 사는 것은 굉장히 안정적인 삶입니다. 실제 여러 기업이나 기관에서 스카우트 제의도 받았습니다. 그러나 그렇게 살았다면 인생에 재미가 없었을 겁니다. 돌이켜 보면 우주를 안 간 것이 인생의 기회였습니다."

서울대 수학과를 거쳐 동 대학원 석사(인지과학) 과정을 밟은 그는 삼성종합기술원 연구원으로 일해 오다 2006년 1만 8000 대 1이라는 천문학적 경쟁률을 뚫고 우주인 후보 자리를 차지했다.

우주인 자격 박탈 이후 항공연에서 2년 일하며 '우주 연구원 또는 행정가'의 진로를 그렸다고 한다. 여러 단체에 꿈을 주제로 한 강연을 400회 이상 다니기도 했다.

"400억 원에 이르는 국민 세금으로 러시아 우주 훈련을 다녀왔는데 사회에 환원해야 하잖아요. 그중에서도 보육 시설에 있는 소외된 아이들을 많이 만나러 다녔습니다."

하버드대 케네디 스쿨에 전액 장학금을 받는 조건으로 합격했다. 그런데 대학원에 진학하기 전 우연히 수강한 미국 실리콘밸리 싱귤래러티 대학(singularity) 창업 프로그램이 그의 인생을 바꿨다. 싱귤래러티 대학은 항공우주국과 구글이 공동으로 만든 창업 기술 교육 기관이다.

"30개국 출신 예비 창업가 80여 명이 바이오·나노·컴퓨터 과학 기술을 배우고, 2~3개의 창업 아이디어를 내면 벤처 캐피털 투자를 받을 수 있는 과정이에요. 여기서 3D 프린터를 목격했어요. 깜짝 놀랐습니다. 세상의 다양한 문제를 꼭 우주에 가야만 해결할 수 있는 것이 아니었습니다. 한국에는 취업 때문에 힘들어 하며 스스로 다른 것을 발견하지 못하는 청년이 많다는 생각이 들었습니다. 그래서 싱귤래러티 같은 창업 기관을 직접 만들어 보기로 했습니다."

진학 1년 만에 하버드대 케네디 스쿨을 자퇴했다. 귀국하자마자 예비 창업자, 대학생들을 모아 무박 2일 동안 3D 프린터로 제품을 만드는 '메이커톤(Make-A-thon)' 행사를 네 차례 주최했다. 행사 후원금으로 3000만 원 넘게 들어왔는데, 이 돈으로 예비 창업가들에게 3D 프린터, 레이저 커터, CNC 머신 등 산업용 기계로 제품을 만들 수 있는 공간을 제공하는 비영리 단체 타이드 인스티튜트(Tide Institute)를 서울 세운상가에 열었다.

"3000만 원이면 1년을 버틸 수 있더군요. 월세 150만 원, 운영비와 생활비로 한 달 100만 원이면 살 수 있었습니다."

누구든지 제품을 직접 만들어 보고 싶으면 와서 무료로 만들 수 있고, 각종 창업 워크숍에도 참여하는 공간인 팹랩(Fab Lab)을 개설했다.

"3D 프린터 열풍이 불면서 연간 수천 명의 청년이 우리가 만든 공간에서 제품을 만들고 있습니다. 여기서 창업해 대기업 투자를 받고 스타트업을 설립한 청년도 많아요. 기업 후원금도 제법 들어오면서 서울 3곳을 비롯해 대전·제주·수원에도 팹랩을 만들었고, 얼마 전에는 미얀마에도 열었어요."

2014년 에이팀벤처스를 설립하면서 그는 타이드 인스티튜드 대표직을 그만두고 에이팀벤처스에만 집중하고 있다. 3D 프린터는 기존의 공장 위주 제조업은 더 이상 발전하기 어려운 상황에서 '제조의 민주화' 시대를 몰고 왔다. 그는 이런 매력에 끌렸다고 한다.

"누구나 원하는 제품을 만들고 소유하는 상황, 이것이 제조 혁명입니다. 인공 지능이나 사물 인터넷만큼 3D 프린터의 전망도 밝습니다."

그는 우주인 도전에 실패했다가 다시 실패 위험이 있는 창업을 한 것에 후회가 없다고 한다.

"실패를 경험하지 않고서는 성장하기 쉽지 않습니다. 평탄하게 살았는데 멋지게 성공한 사람이 더 적을 겁니다. 실패를 경험하더라도 계속 도전하는 것이 제 인생입니다."

37

세 번 실패 딛고 마지막 도전,
모바일 식권으로 100억 원 매출의 인생 역전

사시 준비 3년, 창업 실패 4년
빅맥이 최고의 사치이던 서른 살 청년의 반전 성공

해방 이후 기업들이 속속 등장하면서 60년 이상 존재해 왔지만 그 누구도 '왜'라는 질문을 던지지 않은 아이템이 있다. 바로 종이 식권이다. 회사에 다니는 직장인이라면 총무팀에서 나눠 주는 종이 식권으로 구내식당이나 회사 인근 식당에서 점심 식사를 한다. 회사뿐만 아니라 대학교, 고등학교 등 학교에서도 종이 식권은 여전히 존재한다.

스마트폰과 스마트 워치는 물론이고, VR이니 드론이니 새로운 신기술이 하루 자고 일어나면 나오는 판에 기업 총무팀의 식권 업무는 '구시대의 표상'이었다.

그들의 일상은 매달 몇 명의 직원에게 식권을 나눠 줄지 계산하고, 수량에 맞게 인쇄 업체에 맡기는 것이었다. 인쇄 업체가 손가락만 한 직사각형 모양의 식권을 대량으로 제작하면, 그걸 가위나 칼로 자른다. 그러고는 각 부서의 행정 직원을 통해 나눠 준다. 이것은 비효율의 극치였다. 미리 점심을 먹을 것으로 예상되는 직원에겐 식권을 줄 수 있지만, 야근을 할지도 모르는 직원에게는 어떻게 해야 할까? 야근하는 직원에게도 저녁 식대가 나가지만, 언제 야근을 할지 모르므로 식권을 미리 줄 수 없다. 이럴 때 총무팀에서 식당에 '장부'를 만든다. 밥을 먹은 직원들이 이름을 쓰고 사인을 하고 가면, 나중에 그만큼 정산을 한다. 그러나 총무팀이 바빠 정기적으로 식당에 못 나오면 식당 주인들이 손해를 본다. 당장하루 매출이 급한 식당 주인들은 발을 동동거릴 수밖에 없다. 종이 식권은 여러모로 낭비가 심한 구시대적 문화인 것이다.

이처럼 바뀌지 않는 낡은 관행을 스마트폰으로 완전히 바꿔 버린 청년이 있다. 모바일 식권 서비스인 '식권 대장' 서비스를 하는 '벤디스'의 조정호(31) 대표 이야기다. 모바일 식권 앱에 직원이 로그인하고 들어가면 본인이 한 달간 쓸 수 있는 포인트가 있다. 이걸로 기존에 사용하던 2~3곳의 회사 인근 밥집 말고도, 디저트, 브런치 등 다양한 맛집을 이용할 수 있다. 기업 총무팀은 그저 약속된 날짜에 벤디스에 식사 대금을 입금하고, 벤디스는 그 금액을 이용 식당에 지급한다. 기존에 종이 식권 때문에 발생한 비용을 12% 절감하면서도, 직원들에게 많은 식당을 이용할 수 있는 혜택을 주는 것이다.

이 놀라운 혁신에 대기업들이 우르르 몰렸다. 한국타이어, 한솔, SK플래닛 등 84개 기업체가 쓰는데, 매달 사용 건수가 15만 건. 2015년 매출만 100억 원에, 순이익은 3~5%를 기록했다. 네이버와 본엔젤스가 잇따라 투자를 하면서 매출은 기하급수적으로 늘어날 전망이다.

"왜 기업 총무팀이 매번 식권을 가위로 자르고 그걸 직원에게 나눠 줘야 했을까요? 저는 여기에 의문을 던졌습니다. 직원들은 매번 점심때 제휴가 맺어진 소수의 김치찌개와 생선구이 집을 갔어요. 기업 총무팀이 시간이 없거나 또는 귀찮아서 다양한 식당과 제휴를 맺어 직원에게 선택권을 주지 못했거든요. 저는 이런 낡은 관행을 새롭게 해석했습니다. 모바일을 통해서 말입니다."

직장인의 식사 시장은 생각보다 크다. 연간 10조 원이다. 이 가운데 종이 식권이 3조 원, '장부 후불 정산' 방법이 2조 원이다. 이걸 넓혀 초·중·고등 학교 종이 식권 시장으로 가면 규모는 기하급수적으로 커질 예정이다. 한마디로 새로운 시장을 아예 개척해 버린 것이다.

조 대표는 아무도 주목하지 않은 '종이 식권' 시장을 '모바일 식권'으로 바꾸는 생각을 어떻게 할 수 있었을까? 그는 '7년간의 실패 끝에 발견했다'고 한다. 사법 고시를 준비하다 창업에 뛰어들어 겪은 실패만 세 번. 마지막에 '모바일 식권'이란 기사회생 아이디어를 만난 구구절절한 실패 경험담을 털어놓았다.

당초 사법 고시를 3년간 준비한 신림동 고시생이던 그는 1차 시험만 두 번 떨어졌다.

"제가 잘할 수 있는 건지 회의감이 들더라고요. 제가 세상에서 가장 의미 없는 존재 같았어요. 세상이 이렇게 빨리 변하는데 이미 나온 판례만 외우다니요. 세상에 기여하는 게 없는 좀먹는 사람 같았죠. 독서실에서 뉴스를 보는데 승객으로 미어터져 위험천만하게 출근하는 성남시 광역 버스 증설이 어렵다는 내용이 보도됐어요. 그래서 전세 버스를 하나 빌려 직장인을 모집해 '사설 버스'를 만들면 어떨까 생각했죠."

2011년도의 일이었다. 그 길로 사시 관련 서적을 헌책방에 모두 팔았다. 아버지는 '무슨 소리냐. 용기도 없으면서 왜 창업하려고 하느냐'며 화를 냈다. 다행히 어머니가 '그래도 먹고살라'며 30만~40만 원을 매달 부

"지난 4년간 최고 사치가 맥도날드 빅맥 세트였습니다.
사실 못 먹는 건 괜찮아요. 투자 못 받고, 서비스 반응 없고,
영업 안 되는 것도 참을 만해요. 하지만 '더 못하겠다'며
동료가 떠날 때는 못 참겠더라고요. 나 혼자 10% 할 수 있는 일을
좋은 사람 만나면 100% 할 수 있어요.
중요한 사람이 떠날 때마다 정말 힘들었습니다."

쳐 줬다. 그걸로 신설동에서 가장 싼 17제곱미터(5평)짜리 원룸을 구했다. 그러나 부모의 우려대로 사설 버스의 꿈은 너무 쉽게 수포로 돌아갔다. 운수사업법상 허가를 받으려면 각종 자본금 기준 등 규제를 통과해야 하는데 이것이 불가능했다. 수중에 100만 원조차 없던 고시생으로서는 도전하기 어려워 한 달 만에 포기했다.

두 번째 아이템은 지역 로컬 식당 서비스를 하나로 묶는 통합 마일리지 서비스였다. 적립한 포인트로 A식당에서도 식사를 하고, 여기서 쌓은 포인트로 B식당에서도 식사를 하는 방법이었다. 사업 계획서를 썼는데, 운 좋게 중소기업진흥공단에서 5000만 원을 빌릴 수 있었다. 그러나 반응이 좋지 않았다. 식당 점주들은 '다른 가게에 쓰일 포인트를 우리 가게에서 적립해 가면 다른 가게 매출만 오르지 않느냐'고 했다.

그래서 또 창업 아이템을 바꿨다. 지금 유행하는 기프티콘 개념인 모바일 상품권이었다. 소비자들이 모바일 상품권을 싸게 구입해 관련 식당이나 카페에서만 쓰는 방법이었다. 이는 매출 상승과 직결됐다. 문제는 150개의 카페 및 식당과 제휴를 맺어 놨지만, 모바일 상품권 서비스를 개발하는 데 돈을 다 써버리는 바람에 마케팅 비용이 하나도 남지 않았다는 것. 통장에 500만 원이 남았다.

그러나 기적처럼 살아났다. 사정을 딱하게 여긴 상장 기업 대표가 1억 원을 투자한 것이다. 그런데 모바일 상품권 서비스를 이용자들에게 맞게 리뉴얼하고 제휴처와의 수익 배분 구조를 짜는 데 1년 가까운 시간을 허비하고 말았다. 그사이 투자 받은 1억 원이 다 날아갔다. '다시 취업을 해야 하는 것 아니냐'는 의문이 들었다. 그때 마침 우연히 테헤란로의 식당에 들렀다가 인생을 바꿀 아이템인 '식권 대장'을 발견했다.

"식당 입구에 장부가 있었어요. 여기에 직원들이 이름을 적고 밥을 먹고 있었지요. 그런데 사장님이 이런 방식의 제휴가 불안할 때가 많다고 토로하시더라고요. 바로 그 길로 식권 대장 서비스로 갈아탔죠."

네 번째 아이템. 진짜 마지막 도전이었다. 여기서 실패하면 무조건 취업 준비생으로 돌아가리라 마음먹었다. 그런데 생각보다 영업이 쉽지 않았다. 기업들은 '모바일 식권은 처음 들어 보는 개념'이라며 문전 박대했다. 남은 돈을 탈탈 털어 직원 3명과 제주도로 고별 여행을 떠났다.

"술 마시면서 펑펑 울었습니다. 수년간 고생만 죽어라 하고 성과가 없어서……. 마지막 여행을 간 거죠."

그렇게 여행을 하고 돌아온 날 기적처럼 연락이 왔다. 벤처 투자사 본엔젤스였다. 7억 원을 투자할 테니 사업을 계속 해 보라는 것이었다.

"정말 운이 좋았습니다. 과거에 대표님을 찾아가 만나뵌 적이 있거든요. 첫 창업을 하고 찾아갔을 때는 거절당했는데, 이번에는 투자를 해 주시겠다는 겁니다. 더 오기를 갖고 했죠."

본엔젤스의 투자로 영업에 힘이 붙었다. 배달 업체 '요기요'를 첫 고객으로 잡으니, 다른 기업들이 제휴 요청에 서서히 응했다. 지금은 직원이 26명으로 늘어났는데 직원을 계속 더 뽑아야 하는 상황이다.

"창업 이후 4년간 빅맥 세트가 최고의 사치였습니다. 라면이 기본이었고요. 아무도 거들떠보지 않은 종이 식권 시장에, 제가 새로운 동력이 되었다는 사실에 뿌듯합니다. 앞으로는 직장인 식권뿐 아니라, 국내 모든 식권 관련 시장에 혁신을 만들고 싶어요."

38

21세 케이크 전문점 창업,
7년간 실패 끝에 250억 원 회사 만들다

한때 직원 월급 주려고 아르바이트까지
경쟁자들이 문 닫을 때가 기회다

스물한 살에 케이크 전문점을 창업한 여대생이 있다. 그녀는 7년간 적자에 허덕였다. 아버지는 '더는 사업하면 큰일난다'며 딸의 매장을 폐쇄하기도 했다. 오기로 버틴 그녀는 끝내 신개념 케이크를 개발해 국내 디저트 시장에 돌풍을 일으켰다. 2014년에 5억 원의 매출을 올려 안정적인 발판을 마련한 이후 2015년에 매출 137억 원을 찍으며 기록적인 성장을 했다. 2016년에도 기세를 이어 250억 원의 매출에, 25억 원의 순이익을 냈다.

김경하(32) 대표가 인천에서 창업한 케이크 전문 프랜차이즈 도레도레(DORE DORE)는 한국에서 가장 비싼 케이크를 판다. 한 조각에 7500원, 비싼 것은 1만 원이 넘기도 한다. 신사동을 비롯해 판교 현대백화점, 타임스퀘어, 연남동 등 국내 내로라하는 '핫플레이스'에 모두 진출했다. 브랜드 전문가인 홍성태 한양대 교수는 '필요가 아닌 욕구를 충족시키길 원하는 인간 심리를 적절히 공략한 브랜드'라고 평가한다.

우선 케이크 크기가 기존 케이크의 두 배다. 1단짜리 케이크 중 가장 큰

3호 사이즈 케이크를 8등분해 판매한다. 그리고 안정제나 보존제 같은 화학 물질을 넣지 않으며 120년 전통의 프랑스 요리 학교 르 꼬르동 블루, 도쿄 제과 학교 출신의 파티시에들이 만든다. 당일 생산, 당일 판매하면서 벨기에산 초콜릿과 100% 생크림 등 비싼 재료만 쓴다.

그녀는 2006년 대학생 때 도레도레를 시작했다. 최초 자금은 국가 과학 장학생 자격으로 나오는 장학금 1000만 원과 일곱 살 때부터 대학생 때까지 저금한 세뱃돈과 용돈을 모은 1000만 원 등이었다. 아버지는 자수성가한 사업가였지만, 딸을 금전적으로 돕지 않았다. 그는 '나도 자수성가했다. 내 돈으로 돕지 않고 딸이 자립하게 하는 것이 원칙'이라고 했다.

최초 아이템은 파스타였다. 그러나 인천 지역은 신사동, 압구정동이 아니었다. 파스타도 인기 메뉴가 아니었다. 아무리 강남의 고급 파스타집처럼 꾸몄다고 해도 손님이 오지 않았다. 한 달 매출이 2000만 원 정도 나왔지만, 인건비와 임대료를 지불하고 나면 적자였다.

"대학을 졸업하고 2008년부터 사업에 본격적으로 뛰어들었지만 적자 행진은 끝나지 않았어요. 직원 월급 줄 돈이 모자라 인근 카페에서 아르바이트를 해서 직원 월급을 주기도 했습니다. 직원 4명이 무더기로 사표를 내는 위기도 있었고요. 다 저보다 나이가 많은 분들이었죠."

'사업을 그만두라'고 부모가 뜯어말렸다. 아버지는 '어린 딸이 나이 든 직원을 통제하지 못하는데 안 되겠다 싶었다'고 했다. 파스타에서 얻은 교훈은 바로 음식에 대한 전문성이 없다는 것이었다. 하루 8~9시간씩 요리 학원에 다니며 기초를 쌓았다. 유명 셰프를 찾아가 가르침도 받았다. 그렇게 해서 바크 초콜릿으로 메뉴를 바꿨다. 견과류가 들어간 납작한 모양의 유럽식 초콜릿이다.

"앞으로 훌륭한 기업가는 20대 초반에서
많이 나올 거라 생각해요. 다만 준비하고 창업하세요.
저처럼 막무가내로 했다간 진짜 힘들어요.
저도 아직 성공이라 생각하지 않습니다.
지난 10년간 성공보다 실패에 더 익숙해졌습니다.
계속 성장할 것이란 보장이 없다는 것도 압니다.
그러나 좋아하는 일을 하기 때문에 행복합니다."

"매출은 조금 더 올랐지만 근본적으로 안 되겠더라고요. 디저트를 많이 먹지 않는 인천에 있으면 성공할 수 없겠다는 생각이 들었죠."

부모 몰래 마지막 도박을 걸었다. 주변 지인들과 금융권으로부터 2억 원의 거금을 빌려 경기도 하남에 2호점을 낸 것이다. 다행히 하남에서는 초콜릿이 안정적으로 팔려 월 매출이 5000만 원까지 뛰었다.

파스타, 초콜릿에 손을 대면서 느낀 점은 '대세를 바꾸는 음식'이 아니란 것이었다. 실패에서 배운 또 다른 교훈을 떠올렸다. 단순히 '지금 잘되는' 아이템만으로 폭발 성장할 수 없다는 것이었다. 그러다 찾아낸 것이 바로 케이크였다.

"당시 아이스크림, 타르트가 뜨고 케이크가게는 점점 줄어드는 추세였어요. 지금 생각해 보면 그게 오히려 기회였어요. 외식 분야에서 선물로 값어치를 갖는 건 케이크밖에 없습니다. 아이스크림이나 타르트는 선물용으로 적절하지 않거든요. 게다가 경기가 나빠지면서 사람들이 '작은 사치' 아이템을 찾기 시작했어요. 명품 가방을 사서 선물하지는 못하지만 비싼 케이크를 사서 선물하는 사람이 많아지기 시작한 거죠."

도레도레의 케이크는 판도를 뒤집었다. 파리바게트, 뚜레쥬르처럼 큰 베이커리 가맹점 케이크 가격과 사이즈를 좇아가던 케이크 업계는 도레도레의 무식할 정도로 큰 케이크 사이즈에 깜짝 놀랐다. 김경하 대표의 사업 방향은 앞서 소개한 코스트코의 전략과 맥이 닿아 있다. 부피를 경쟁 업체보다 두 배 이상 키우면서, 소비자가 만족할 만한 가격과 맛을 만드는 것이다.

그리고 실패에서 배운 가장 중요한 교훈은 '매장에서만 케이크를 먹고 떠나는' 정도로는 큰 성공이 어렵다는 점이었다. 사실 디저트가게들에겐

딜레마가 있다. 언뜻 보기에는 손님으로 북적이는 가게라도 회전율이 떨어진다는 문제가 있다. 여성들이 주요 고객들인데, 한번 앉으면 오랫동안 수다를 떤다. 문제는 가게들이 주로 임대료가 비싼 역세권, 고급 주택가에 자리한다는 점이다. 가게 장사가 잘되는 것처럼 보이면 주변 부동산 값이 뛴다. 임대료도 덩달아 오른다. 하지만 정작 가게 매출이 제자리걸음이면 껑충 오른 임대료를 감당하지 못해 철수할 수밖에 없다.

그런데 김 대표는 '선물' 개념을 도입했다. 이름을 붙여 감성을 불어넣었다. 케이크를 '고마워 케이크', '축하해 케이크', '사랑해 케이크' 같은 선물용 상품으로 꾸민 것이다. 그래서 도레도레는 실제 매장에서 먹는 고객만큼 선물용으로 사 가는 고객도 많다.

"사람들이 기뻐하면서 큰 의미를 담을 수 있는 음식은 케이크예요. 또렷하게 상대방에게 전달하는 메시지를 넣는 것, 그것이 핵심 포인트입니다. 이것은 7년간의 실패 끝에 얻은 교훈이었습니다. '왜 안 팔릴까', '왜 이 넓은 매장 가지고 매출을 올리지 못할까'란 고민 끝에 '내 욕심으로만 하면 안 된다'는 결론이 나왔죠. 욕심만 가지고는 시장에서 돈을 벌지 못한다는 깨달음을 얻기까지 힘들었지만 값진 시간이었습니다."

39

안전한 길이
오히려 실패를 부른다

10년간 네 번의 실패 경험이 매출 5700억 원 회사를 만든 밑바탕
누군가를 돕기 위해 시작한 사업이 큰 성공으로 이어져

실패에서 얻은 경험은 값지다. 문제는 '실패'란 단어를 그럴싸한 수사로 여기고 나와는 거리가 먼 일로 여기는 분위기다. 그러나 알고 보면 국내 웬만한 백화점에서 볼 수 있는 미국의 탐스슈즈도 사실 창업자의 실패가 만들어 낸 산물이다. 부드러운 밑창을 강조하는 이 제품은 창업 10년 만에 대박을 터트리는 히트 셀러가 됐다. 연간 매출은 2013년 3억 8500만 달러(4400억 원)에서 2015년 5억 달러(5700억 원)로 올랐다. 창업자인 블레이크 마이코스키의 개인 재산은 3억 달러(3400억 원)에 이르는 것으로 알려졌다.

신발이 불티나게 팔리는 원동력은 단순히 디자인이나 싼 가격에 있지 않다. 탐스슈즈는 창업 때부터 신발이 한 켤레 팔릴 때마다 신발 한 켤레를 가난한 아이에게 기부하는 이른바 일대일(one for one) 기부 전략을 펼쳤다. 풍토병이나 파상풍에 시달리는 저개발국 아이들에게 한 켤레씩 기부하는 것이다. 2016년 중순 기준으로 벌써 6000만 켤레를 기부했다. 내가 신을 신발 한 켤레를 사면서 다른 한 사람을 돕는다는 '원포원' 아이디어는 세계적인 '구호'로 번졌다. 창업자인 마이코스키의 이런 '대박' 아이디어는 한순간에 나오지 않았다. 10년간 네 번이나 창업을 하면서 실패해 왔기 때문이다.

"이 결정은 매우 본능적이었습니다. 왜냐하면 저는 그때 이미 수차례 실패를 한 상황이었습니다. 저에게는 목적이 있는 창업이 절실했습니다. 삶의 목적과 의미를 담은 기업을 만들고 싶었던 것입니다. 그동안 한 번도 진정으로 기분 좋은 창업을 한 적이 없던 것 같아요. 그런데 신발 한 켤레를 팔 때마다 아이들에게 한 켤레를 기부하는 것은 고객들이 매우 흥미로워하고 이해하기 편하며 또 공감할 수 있는 모델이라고 생각했습니다. 그저 신발을 샀을 뿐인데 그 행동이 타인에게 도움을 준다는 것이니까요. 이것은 사실 우리의 비즈니스 모델을 모두가 매우 쉽게 이해할 수 있도록 구체화한 것입니다. 쉬운 수학 아닙니까? '하나의 신발을 팔면, 하나의 신발을 기부한다.' 물론 처음에는 사업이 이렇게 커질 줄 몰랐습니다. 처음엔 매우 작은 아이디어에 불과했거든요."

마이코스키는 대학생 때 세탁 서비스 사업으로 창업에 뛰어들었다. 학생들 빨래를 대신 해 배달해 주는 사업은 소규모이고 안정적이었지만, 대학 내에서만 운영했기 때문에 사업 성장과 장기적인 존속에 대한 비전은 없었다. 두 번째는 케이블 TV 회사였다. 리얼리티 TV쇼 〈어메이징 레이스〉에 출연한 경험을 살려 24시간 리얼리티쇼를 방영하는 프로그램을 만들려고 했다. 그러나 회사 설립 직후 미디어 재벌 루퍼트 머독이 이끄는 폭스 TV가 똑같은 형태의 방송사를 설립했다. 당시 40명의 직원을 해고한 그는 이후 자동차 운전 학원, 실외 광고까지 손을 댔다 망했다.

그는 다시 과거를 돌이켜 봤다. 에이브러햄 링컨부터 샘 월턴 월마트 창업자, 리처드 브랜슨 버진그룹 회장 등 위인의 전기를 읽으면서 얻은 공통점이 있었다. 성공한 위대한 사람들은 모두 과거에 망한 경험이 있다는 것이다. 단, 실패의 상처가 깊을수록 이들은 실패를 이기기 위해 더 크고 위대하게 생각했다.

10년간 실패한 자신의 인생을 돌이켜 봤더니 공통점이 있었다. 오로지 돈을 벌겠다는 목적으로만 창업했다는 것.

"돈을 원했고, 성공을 원했습니다. 제 가장 큰 단점은 안정적이면서 단기적으로 수익이 보장된 것만 찾았다는 거예요. 그런 태도가 가장 큰 문제였죠."

결국 마이코스키는 머리를 식힐 겸 아르헨티나로 여행을 떠났다. 그때 인생이 달라졌다. 아르헨티나 사람들이 즐겨 신는 '알파르가타'란 신발을 목격한 것이다. 그는 사람들로부터 '맨발로 다니는 아이들이 발에 상처가 나고 파상풍에 걸린다'는 이야기를 들었다. 그 순간 그의 머릿속에 '바로 이거다'라는 외침이 들렸다. 알파르가타는 부드러운 캔버스 천으로 된 신발로 해외 시장에서도 충분히 승산이 있어 보였다. 이러한 디자인과 형태의 신발을 팔고, 판 만큼 어려운 아이들에게 신발을 기부하겠다는 아이디어를 낸 것이다.

처음에 250켤레를 만들었고, 250켤레를 기부한다는 생각으로 로스앤젤레스의 아파트에서 작게 창업했다. 그들의 취지가 〈로스앤젤레스 타임스〉에 실리자, 순식간에 그의 작은 생각은 글로벌 사업으로 성장하기 시작했다. 미국의 대형 백화점인 메이시스, 노드스트롬을 비롯한 주요 대형 쇼핑몰에서 '고객들 주문이 밀려들고 있다. 2주 안에 3000켤레를 생산해야 한다'는 식으로 주문 요청이 쇄도한 것이다.

"정말 큰 아이러니가 뭔지 아세요? 다른 사람을 돕기 위해 시작한 이 작은 사업이 제가 일군 기업 가운데 가장 크게 성장했다는 사실입니다. 저에게는 일종의 업보가 아닌가 생각됩니다. 누군가를 돕겠다는 비즈니스 모델이 저에게 가장 큰 보상을 주었거든요."

40

17세에 아빠가 된 청년,
처절한 실패 딛고 건물 여섯 채 주인 되다

가게 없어 2년간 떠돌이 생활, 5년 동안 하루도 못 쉬어
1년에 햄버거 8만 개 파는 수제 햄버거집으로

탐스슈즈 사례의 교훈은 실패가 얼마나 많은 인사이트를 줄 수 있는가 하는 점이다. 근본적으로 실패는 돈에 대한 철학과 관점을 바꾼다. 사업뿐 아니라 인생에서 여러 실패를 경험하면서 손가락질 받는 데 익숙해 있다면 오기가 생긴다. 한 귀로 듣고 한 귀로 욕설을 내보낼 끈기와 강인한 마음이 생기는 것이다.

경기도 평택에서 '송쓰버거'란 햄버거가게를 운영하는 송두학(36) 씨는 뜻하지 않게 실패를 반복적으로 겪은 인물이다. 30대 중반의 나이지만 15년의 장사 실패 경력을 갖고 있다. 그가 2011년 5월 개업한 '송쓰버거'는 평택 일대에서 3대 햄버거로 유명하다. 1년에 파는 햄버거만 7만~8만 개. 주말엔 하루 600개 넘는 햄버거가 팔리는데, 웬만한 패스트푸드 프랜차이즈점 못지않다. 평균 월 매출은 4000만 원. 지금까지 번 돈을 모아 평택 인근 건물 여섯 채를 샀다.

충남 논산이 고향인 그는 열일곱 살이던 고2 때 아이 아빠가 됐다. 그

러자 친척들과 가족까지도 그에게서 등을 돌렸다. '놀기만 하더니 한심하다'는 것이었다. 그 후 그는 서울 청계천 시장으로 올라왔다. 아내는 분유값이라도 벌기 위해 평택에 남아 옷가게 점원과 식당 허드렛일을 했다. 1년 만에 1500만 원을 모았지만 갑작스럽게 망했다. 시 의원 선거에 나가는 아버지를 돕기 위해 그 돈을 다 썼는데, 당선이 안 된 것이다. 그 사이 자녀를 하나 더 낳았다.

네 식구를 책임져야 하는 송 씨는 솜바지를 입고 저녁에는 나이트클럽까지 찾아다녔다. 지푸라기라도 잡는 심정으로 중장비 등 돈이 될 만한 자격증을 무려 30개나 땄다.

"전국 각지에서 열리는 장날을 빠짐없이 찾아갔죠. 지붕 있는 곳에서 아내랑 단둘이 장사할 점포 하나만 마련하자는 심정이었어요. 그렇게 1년을 떠돌아다녔습니다."

결국 서른 살이 돼서야 보증금 500만 원에 50제곱미터(15평)짜리 가게를 마련했다. 아내와 옷 장사를 시작했지만 적자가 이어졌다. 새로운 아이템으로 햄버거를 생각했다.

"처음부터 햄버거를 팔 생각은 아니었습니다. 아내와 함께 옷 장사를 했는데 매출이 꾸준한 편이 아니었어요. 식당에서 일한 경험을 살려 시장 상인을 타깃으로 음식 장사를 하면 어떨까 싶었습니다. 처음에 햄버거 완제품을 공장에서 받아 팔았는데, 하루에 2~3개밖에 나가지 않았어요. 몇 년 동안 모은 돈을 또 날릴 생각을 하니 눈앞이 캄캄하더라고요."

그는 레시피 개발에 매달렸고, 아내는 옷 장사를 이어 갔다. 밤에 시간이 나면 편의점, 식당 아르바이트를 하며 생활비에 보탰다. 1년 6개월 동안의 시행착오 끝에 연탄불에 구워 향미를 살린 돼지고기 패티와 한국인

"절실해야 해요.
'회사 다니기 싫은데, 나도 카페나 해 볼까'라는 생각으로
시작하면 100% 망합니다.
주위에서 많이 벌었으니까 이제 쉬면서 하라는데,
잘된다 싶을 때 순식간에 망하는 수가 있어요.
지금도 하루를 쉬지 못하는 건 살아남기 위해서입니다."

입맛에 맞는 매콤한 소스를 개발했다. 돼지고기 패티에 싱싱한 계란을 넣어 부드러운 식감을 내도록 했다. 어느 순간 평택 국제중앙시장을 찾은 손님들에게 입소문이 나더니 문전성시를 이루기 시작했다.

그는 '5년간 단 하루도 못 쉬었다'고 한다. 그리고 이렇게 간절히 일하게 된 데는 그동안의 실패 경험이 소중한 자산이 되었다고 한다.

"하도 오랜 기간 실패를 해 와서 못할 것이 없다고 생각합니다. 제가 얻은 것은 절실함, 그리고 사업이 '언제 어떻게 될지 모른다'는 위기의식입니다. 주위에서 '많이 벌었으니까 쉬면서 하라'고 이야기합니다만, 잘된다 싶을 때 망합니다."

직업을 가진 사람이 가장 기뻐하는 것은 막대한 연봉도 성과급도 아니다. 사람들은 자기가 가장 사랑하는 일에서 작게라도 진전이 있을 때 행복을 느낀다. 그 기분을 못 느끼는 일은 사람을 좌절하게 만든다.

지난 30년간 창의성을 연구해 온 테레사 에머빌 하버드대 경영대학원 교수는 다음과 같은 실험을 해 봤다. 서로 업종이 다른 7개 기업 임직원 238명에게 매일 일기를 써서 짧게는 3개월, 길게는 1년에 걸쳐 이메일로 제출하라고 했다. 그날그날 감정과 업무 진전 정도에 대해 7점 척도로 평가하게 했다. 1만 2000건의 일기를 분석한 그가 발견한 것은 기분이 좋은 날에 창의적인 아이디어를 떠올릴 가능성이 50% 높다는 것이다. 언제 기분이 좋아질까? 조사 대상자의 76%는 가장 기분 좋은 하루를 보냈을 때는 업무에서 뭔가 진전을 경험했을 때라고 밝혔다. 반면 가장 기분 나쁜 하루는 업무에서 좌절을 맛봤을 때라고 답한 사람이 67%에 달했다. 에머빌 교수는 '성과를 높이기 위한 가장 좋은 방법은 긍정적인 기분을 만들기 위해 일에서 업무를 하나라도 더 진전시키는 것'이라며 '그것이 안 되면 실패했다고 생각한다'고 했다.

체제가 완성된 조직에서 일하는 직장인들은 매일 이런 실패를 경험한다. 아이디어나 제안이 통하지 않는 일이 다반사다. 그러면서 거절이나 무시를 당해도 무감각해지고 오히려 조직의 입장을 옹호하게 된다. 하지만 그런 실패감은 자신을 무기력하게 만들 뿐이다.

이 책에 등장하는 한국의 젊은 부자들은 실패를 통해 스스로를 단련시켰고, 새로운 기회를 찾았다. 실패가 오히려 새로운 인생을 위한 계기가 될 때가 많았다. 실패 사용법이 전혀 다른 것이다.

41

정리 해고 이후 10년간 경력 단절, 취미 생활 살려 매출 30억 원 달성

취미로 다닌 제과 제빵 수업
연 매출 30억 원 오너 셰프의 기회를 열다

인생이라는 건물에는 문이 수천, 수만 개가 있는데 어느 문이 하나 닫히면 어디에선가 다른 문이 열린다는 이야기가 있다. 인생의 의외성에 대한 비유인데 실패 덕분에 아주 새로운 기회를 잡게 된 이들도 있다.

오랫동안 무엇인가에 푹 빠져 있는 '덕후'였다면 그 기회의 파급력은 엄청날 수 있다. 오랜 시간 투입한 전문성과 나만의 철학은 둘째 치고, 그 취미를 하는 이유 자체가 매우 순수하기 때문이다. 그냥 사랑하기 때문에 하다 보니 돈이 따라오는 셈이다. 그래서 그들은 '돈을 벌기 위해 취미로 사업했다'가 아니라 '취미를 사업으로 연결했더니 돈이 따라왔다'고 말한다. 그리고 그 몰입의 열정은 쉽게 사그라들지 않는다.

'몰입 이론(flow theory)'을 만든 미하이 칙센트미하이 교수에 따르면 몰입을 뜻하는 '플로'는 자신이 하는 일에 빠져드는 심리 상태를 말한다. 외적 보상을 위해서가 아니라 몰입 자체의 재미를 추구해 몰입을 한다. 이러한 몰입의 경지는 자신의 역량과 주어진 과제가 정점에서 만날 때 일어난다. 몰입의 힘을 가장 크게 느낄 수 있는 것 중 하나가 취미일 것이다. 그냥 재밌어서 시간이 가는 줄 모르고 하기 때문이다. 그것은 나이와 상관이 없다. 내가 몰입할 수 있는 일이면 여건과 상황이 안 좋다 하더라도 언제든 도전할 수 있다.

베이킹 전문 브랜드 마망갸또의 피윤정(44) 대표는 실패 덕분에 다소 늦은 나이에 자신도 모르던 재능을 발견해 성공한 CEO다. 그녀는 한때 평범한 직장인이었다. 그러나 회사에서 해고를 당한 이후 전업주부로 지내다가 우연히 배우게 된 빵 만드는 법에 푹 빠졌다. 20여 년이 지난 지금은 디저트 카페 3개, 학원 2개, 생산 공장 등을 운영하는 베이킹 전문 회사의 CEO가 됐다. 2015년 직원 45명을 이끌고 매출 30억 원을 냈다. 2015년 서울 독산동에 826제곱미터(250평)짜리 생산 시설을 별도로 마련하면서, 커피전문점과 백화점 등 전국 400개 매장에 납품하는 디저트를 만들고 있다. 핵심 제품은 말차, 라즈베리를 섞은 생캐러멜 재료다. 생캐러멜로 케이크와 빙수를 만들어 큰 인기를 얻고 있다.

피 대표는 지금 성공한 CEO가 됐지만, 불과 20여 년 전만 해도 꿈도 희망도 없는 정리 해고자였다. 숙대 법학과를 졸업하고 한화종합금융 입사 1년 차인 1997년 정리 해고를 당했다. 외환 위기 때문이었다.

그녀는 실직 직후 실업자 직업 교육을 통해 제빵을 배우기 시작했다. 어렸을 때 TV를 보고 곧잘 쿠키를 만들던 기억이 새록새록 떠올랐다. 제대로 배우기 시작하자 완전 빠져들게 되었다. 다른 실업자들은 힘들다며 그만두었으나 그녀는 끝까지 남아 제과 자격증을 땄다.

"좋아하는 일을 하면 아침에 벌떡 일어나게 되는 거 아세요? 그때 제가 그랬어요. 사실 직장 다닐 땐 다음 날 아침이 오는 게 싫어 잠들기 무서웠거든요."

그러나 제과점을 열 자본금이 없었다. 그리고 곧 결혼하면서 주부가 됐다. 1999년 말 일주일에 한 번 어린 딸을 시댁에 맡기고 제과 학원에 갔다. 그냥 취미 생활이었는데 재밌어서 결석 없이 1년 6개월을 다녔다.

"어느 날 강사가 저에게 '주민들 대상으로 기초 수업을 해 보면 어떻겠느냐'고 하는 거예요. 유모차를 끌며 전단지를 붙이고 다녔는데, 3~4명을 대상으로 홈베이킹 수업을 하게 됐어요. 그러다 둘째를 임신하는 바람에 다시 일을 접었죠."

시간이 흘러 2004년이 됐다. 둘째가 어린이집에 다니기 시작했는데 마침 모교인 숙대에 요리 학교 르 꼬르동 블루(세계 3대 요리 학교 중 하나)가 분교를 낸다는 소식을 들었다. 초급, 중급, 상급 각 3개월씩 9개월 코스에 2000만 원.

"남편이 취미를 그렇게까지 해야 하느냐고 말렸죠. 하지만 전 취미를 넘어 전문가가 되고 싶었어요. 학비는 제가 벌어서 가겠다고 설득했죠."

동네 주민을 상대로 홈베이킹 수업을 재개했다. 한 달에 100만 원씩 6개월간 600만 원을 모았다. 이 돈으로 르 꼬르동 블루에 입학했다. 수업이 끝나면 어린이집에서 두 딸을 데려오고 살림에 매진했다. 부족한 학비 마련을 위해 홈베이킹 수업을 병행했더니 9개월 과정을 마치는 데 1년 6개월이 걸렸다. 그러나 졸업 성적은 수석.

2006년 창업에 돌입했다. 첫 아이템은 쿠키. 이 쿠키를 온라인으로 팔고 싶었는데 그러려면 제조업 허가를 받아야 했다.

"케이크나 굽고 살던 주부라 행정에 대해 아는 게 없었어요. 온라인으로 쿠키를 팔려면 식품업 허가를 받아야 하고 그렇게 되면 자가 품질 검

"좋아하는 일을 하면 아침에 벌떡 일어나게 되는 거 아세요?
그때 제가 그랬어요.
사실 직장 다닐 땐 다음 날 아침이 오는 게 싫어
잠들기 무서웠거든요."

사, 영양 성분 검사를 필히 거쳐야 하는데 모르는 것투성이었지요. 그래서 구청 위생과 직원을 붙잡고 이것저것 물어보며 6개월 만에 허가를 받았어요."

대기업에서 신규 사업 관리 업무를 맡고 있던 남편은 밤잠 설쳐 가며 베이킹에 미친 아내를 도왔다. 온라인 쇼핑몰을 만들고 마케팅을 도운 것이다. 2007년에는 수제쿠키점을 열었다. 10제곱미터(3평) 남짓한 매장에서 첫 달 매상이 500만 원이 나왔다.

"당시 시판 과자가 아이들 건강에 좋지 않다는 인식이 퍼져 있었거든요. 그런데 우리는 유기농 재료만 쓴다는 사실이 알려지면서 반응이 뜨거웠어요."

그녀는 원래 하던 베이킹 수업을 사업 영역에 포함시켰다. 오전에 베이킹 수업을 하고, 오후에 디저트를 만들어 포장 판매했다. 2009년 신사동 가로수길로 가게를 이전하며 '마망갸또'란 이름을 붙였다. 프랑스어로 '엄마(maman)가 만들어 주는 과자(gâteau)'란 뜻이다.

유기농 설탕, 100% 우유 버터, 무항생제 달걀로 쿠키를 만들면서 유명세를 탔다. 지금까지 그녀의 베이킹 학원을 거쳐 간 수강생은 2만여 명. 그녀의 모습을 지켜본 두 딸은 장래 희망란에 '파티시에'라고 썼다고 한다. 취미를 대박으로 연결한 엄마의 노력과 열정이 자녀들에게도 전해진 것이다.

"2016년 5월엔 제과 기능장을 취득했어요. 전업주부였기 때문에 많은 분이 전문성을 의심하거든요. 곧 천연 발효빵 매장도 오픈할 계획이에요."

피윤정 대표의 도전을 보면 사람이 가진 잠재력이 얼마나 대단한지 알 수 있다. 만약 그녀가 외환 위기 때 해고당하지 않고 그대로 금융 회사에 있었다면 어떻게 되었을까? 중요한 건 정리 해고가 그녀에게는 자신이 정말 사랑하는 일을 발견하는 기회가 되었다는 것이다. 아이 둘을 키우는 전업주부라는 틀을 깨고 대박을 칠 수 있던 것도 뒤늦게 가진 취미인 베이킹에 대한 미친 열정 덕분이었다.

취미가 없더라도 사업에서 성공할 수 있다. 하지만 자신이 진정으로 좋아하는 일로 사업을 하면 보이지 않던 것들이 더 잘 보이고 남들과는 다른 시각에서 다양한 사업 아이템을 낼 수 있다. 그래서 성공할 확률이 더욱 높다. 물론 취미와 사업은 전혀 다른 영역이다. 정말 좋아하는 일로 사업을 시작했다가 사업에 대한 스트레스 때문에 좋아하던 일이 싫어질 수도 있다.

물론 좋아하는 일에 대한 사업성을 따지지 않고 사업을 시작했다가 망하는 경우도 많다. 그러므로 자기가 좋아하는 일, 비즈니스 감각과 의지, 그리고 시대적인 흐름(타이밍)이 맞아야만 한다. 그럼에도 무엇보다 자신이 좋아하는 일을 했을 때 성공 확률을 높일 수 있는 몇 가지 원칙이 있다.

가장 중요한 것은 우선 취미를 갖는 것이다. 그리고 일 못지않게 푹 빠져 몰입해 보는 것이다. 취미라고 말할 만한 것이 없다는 사람들도 있다. 가령 '공부가 취미다', '독서가 취미다', '영화 감상이 취미다'라는 사람들이다. 이런 사람들은 그런 취미 중에서도 특히 뭐에 빠져 있는지 찾아볼 필요가 있다. 똑같은 독서라도 남들처럼 자기 계발이나 소설을 읽는 것이 아니라 무협 소설만 읽을 수 있다. 또는 같은 영화를 보더라도 할리우드 블록버스터 영화보다는 프랑스 누아르 영화나 스릴러를 찾는 사람들이 있을 수 있다. 단순히 머리를 식히는 취미인지, 또는 그 이상으로 열광하는지 알아볼 필요가 있는 것이다. 취미를 전망 좋은 사업으로 연결한 경우를 보면 단순히 시간이 남기에 한다는 '시간 때우기용'이 아니었다. 몰입이 전제된 '덕후'가 돼야 하기 때문이다. 그런 취미가 내 안에 있지 않을까? 한번 찾아볼 시점이다.

42

1조 원 부자가 된 비결?
"부모가 자퇴하라고 해서, 실패하라고 해서"

학교 그만두고 좋아하는 일을 시작해 보라는 어머니,
오늘은 무슨 실패를 했느냐고 매일 묻는 아버지가 성공의 원동력

미국에서 젊은 부자들을 인터뷰할 때마다 깜짝 놀란 부분이 많지만 대표
적인 것이 부모 이야기다. 이들은 '오히려 부모가 내 사업이 성공하는 데
기회가 됐다'고 고백한다. 문화적 충격이 아닐 수 없다. 대표적인 인물이
텀블러(Tumblr) 창업자 데이비드 카프와 보정 속옷 업체 스팽스의 사라
블레이클리(45)다.

열한 살 때부터 인터넷 홈페이지를 전문 프로그래머만큼 잘 만드는 소
년이 있었다. 이 소년은 고등학교를 중퇴하고 2007년 SNS인 텀블러를 세
웠고, 2013년 5월 IT 업계 최대 화제가 됐다. 야후가 텀블러를 11억 달러
(1조 2000억 원)에 인수했기 때문이다. 텀블러는 매달 5억 5500만 명이 방
문하는 블로그 사이트로, 3억 2470만 개의 블로그가 개설돼 있다. 텀블러
는 페이스북과 트위터와 블로그의 중간쯤을 공략한 SNS다. 글자 수나 사
진 크기 등에 제약이 없으며 특정 관심사 중심으로 블로그가 운영되는 특
징을 보인다. '제2의 마크 저커버그'라 불리는 이 신화의 주인공은 데이비

드 카프다. 회사 매각 대금 11억 달러(1조 2000억 원) 가운데 2억 달러(2300억 원)를 챙기면서 스물일곱 살에 벼락부자가 된 청년이다. 그는 필자를 만나자마자 부모 이야기부터 털어놨다.

"부모님이 먼저 고등학교 중퇴를 권유하셨어요. 처음에 반신반의했죠. 중퇴까진 너무 심하잖아요? 그런데 부모님은 제가 뭘 잘하는지만 보셨어요. 얼마나 감사한지……."

그의 아버지는 열한 살인 아들이 컴퓨터에 관심을 갖자 프로그래밍에 필요한 HTML 서적을 구해 줬다. 그리고 학교보다 컴퓨터에 빠져들던 아들에게 어머니는 이렇게 권유했다.

"아들, 학교를 그만두는 게 어떨까? 네가 진짜 하고 싶은 일에 뛰어들어 보지 그래?"

카프는 눈물을 지으며 말했다.

"부모님의 말씀에 충격을 받았죠. 미국이나 한국이나 뭐가 다를까요. 아이들을 어른들과 동등한 사람으로, 똑같은 매너로 대할 수 없을까요? 열여덟 살 전까지는 '미성년자는 능력이 안 돼'라고 생각한단 말이에요. 뭔가 증명해 보이기 전까지는 말입니다."

그는 고등학교를 중퇴하고 일본 도쿄에 있는 로봇 인공 지능 관련 회사에서 1년 동안 일하는가 하면, 부부 사업가가 운영하는 온라인 쇼핑몰에서 신분을 숨기고 소프트웨어 엔지니어로 일했다. 부모는 카프가 뽑은 최고의 창업 멘토다.

그런가 하면, 5000달러(570만 원)로 창업한 속옷 보정 업체 스팽스의 사라 블레이클리는 개인 재산이 1조 1200억 원에 달하는 세계 최연소 여성 억만장자다. 디즈니랜드 인형탈 아르바이트, 팩스기 외판원으로 남의 집

문을 두드리며 물건을 팔다가 밤이 되면 컴퓨터 앞에 앉아 각종 스타킹을 늘어놓은 채 관련 특허 조항과 제품 판매처를 찾았다. 그렇게 탄생한 것이 '발 없는 스타킹(footless pantyhose)'. 가위로 스타킹의 발 부분을 싹둑 잘라 낸 제품이다. 스타킹을 착용하면 구두를 신어야 한다는 통념을 깬 이 제품은 수백 만 족이 팔렸다. 구두 대신에 다른 신발을 편안하게 신을 수 있을뿐더러, 몸매 보정 효과도 볼 수 있다. 블레이클리는 이렇게 말한다.

"1998년쯤 파티를 가려고 근사한 흰색 바지를 샀어요. 그런데 입고 보니 뒷모습이 끔찍한 거에요. 엉덩이 살은 튀어나오고, 팬티 라인은 그대로 비쳤죠. 스타킹을 신었는데 바지와 맞춰 산 오픈 토슈즈(발가락이 보이는 신발)와 어울리지 않은 거예요. 그래서 스타킹의 발 부분을 잘라 내고 신었어요. 그때 감이 왔어요. '이게 여성들이 원하는 거야!'라고 말이죠. 실제 오프라 윈프리도 쇼에서 스타킹을 신을 때마다 발이 불편해 발 부분을 잘라 내고 신고 있었어요."

그녀는 의외로 성공의 이유로 아버지를 뽑았다. 창업은 물론이고 글로벌 기업, 중소기업 근무 경력도 없는 그녀에게 아버지는 매일 숙제처럼 이렇게 물어봤다.

"사라야, 너는 오늘 무엇에 실패해 봤니?"

그녀는 말했다.

"어렸을 때, 아버지는 항상 저와 오빠에게 '너는 오늘 무엇에 실패했니?'라고 물었어요. 우리가 그날 실패한 것이 없어서 아버지에게 말씀드릴 게 없으면 실망하시곤 했죠. 지금 돌이켜 보면 새로운 콘트래리언적 발상이었어요. 이제 어른이 된 제가 실패를 두려워하지 않는다는 사실에 대해 아버지에게 너무 감사해요. 저에게 실패는 성공하지 않는다는 사실보다 나은 일이었어요."

블레이클리는 수차례 실패했으나 아버지의 이 한마디로 오뚝이처럼 일어났다. 실패는 인생을 올바로 가기 위한 지름길이라는 사실을 아버지로부터 배운 것이다.

"실패는 인생을 올바른 길로 가기 위해 당신을 옆에서 쿡쿡 찌르는 역할을 합니다. 절대 포기하지 마세요! 저는 발 없는 스타킹에 관한 아이디어에 대해 2년 동안 '그건 실패할 것이다'라는 이야기를 들었어요. 그러나 그것은 결국 수십 억 원이 넘는 아이디어였습니다!"

블레이클리는 창업 과정에서 노(No)라는 단어를 수만 번도 더 들었지만 실패에 대한 확고한 가치관 덕분에 좌절하지 않았다.

"스타킹 제조 공장을 운영하는 남성은 제 아이디어를 들어 줄 생각도 안 하는 거예요. '정신 나간 여자다'라는 말만 되풀이했죠. 그러나 전 포기하지 않았어요."

43

좋아하는 일을 직업으로 만드는 다섯 가지 방법

세 번의 실패 끝에 찾아온 뜻밖의 기회
사업 시작도 하기 전 고객 돈 10억 원이 통장에

경기도 파주 탄현면에 가면 구형 현대 갤로퍼 여러 대가 세워져 있는 창고형 건물이 나온다. 2016년 11월 말, 차가운 겨울바람 속에 강력한 엔진 소리가 곳곳에서 들려왔다. 빨간색 작업복을 입은 남성 여러 명이 자동차에 쓰인 배선을 자르고 연결했다. 이곳은 국내 최초의 수제(手製) 자동차 기업인 모헤닉 게라지스(Mohenic Garages)다.

이곳은 사실 국내 자동차 업계에 뜨거운 화두로 떠오른 곳이다. 중소기업청, 중소기업진흥공단, 산업자원통상부 등 산업을 관장하는 주요 기관들이 자동차 산업이 정체되어 있는 국내 현실에 새로운 바람을 일으킬 것으로 보는 '기대주' 중 하나다.

기계 자동화 설비를 갖춘 양산차 공장에서 차를 한 대 만드는 데는 20~30시간이 든다. 반면, 모헤닉 게라지스에서 30여 명의 직원이 한 달에 만드는 차는 한두 대에 불과하다. 자동차 골격인 캐빈과 프레임 바만 남겨 놓은 채 엔진, 외관, 도장, 샌딩, 인테리어까지 모두 손으로 조립하

"성공은 10%의 가망성을 크게 볼 줄 알 때 찾아옵니다.
저는 사업은 지나치게 이성적이면 안 된다고 생각해요.
90%의 창업 아이디어는 누구나 낼 수 있는 겁니다.
그러나 창업은 10%의 가망성을 진짜 성공하게끔 집념을 가지고
집중하는 미친놈이 해야 합니다."

고 만들고 디자인한다. 이런 작업을 '리스토어(restore)'라고 한다. 기계 설비의 도움을 받지 않고 수제로 차를 만드는 글로벌 기업인 페라리, 롤스로이스, 파가니 같은 곳이다.

모헤닉 게라지스가 정반대의 길을 걷는 것은 단지 제조 방식만이 아니다. 오로지 현대자동차의 구형 갤로퍼만 작업한다. 1991년에 시장에 나온 현대자동차 갤로퍼 구형 모델을 완전히 해체하고, 처음부터 새로운 차로 만들어 낸다. 원목을 이용한 고급스러운 인테리어, 바늘이 돌아가는 영국제 계기판, 아날로그 감성을 담은 레트로 오디오, 고급 카펫이 깔린 내부. 갤로퍼를 기반으로 여섯 가지 종류의 모델을 냈다.

이들이 만든 자동차의 성능이나 편의 장치가 일반 시판 자동차에 비해서 좋은 것도 아니다. 게다가 판매가는 웬만한 외제차보다 비싸다. 모델과 옵션에 따라 3000만~8000만 원에 달한다. 그럼에도 2018년 2월까지 주문이 밀려 있다. 2014년 창업 이후 50대가 팔렸고 누적 매출은 수십 억 원에 달한다. 차를 팔아 남기는 영업 이익률은 30%다.

게다가 모헤닉 게라지스는 벤처 캐피털, 고액 자산가들의 투자금 100억 원을 가지고 전남 영암에 수제 자동차 전문 공장(연간 100~200대 생산 가능)을 짓고 있다. 초창기 5000원짜리 비상장 주식은 최근 회사 가치가 200억 원을 넘으면서 주당 12만 원을 넘어섰다. 머지않아 코스닥에 상장할 계획이다. 창업 3년 만에 '잭팟'을 노리는 단계의 문턱까지 와 있는 유망 기업이다.

폭발적인 인기를 얻고 있는 모헤닉 게라지스의 김태성(45) 대표는 홍대 목조형학과를 졸업하고 가구 회사, 패션 잡지 CEO를 지내다 본인의 오랜 취미인 자동차로 창업을 했다. 그는 어째서 수제 자동차를 만들게 된 것일까?

"수제차는 기술력이 뛰어난 요즘 차처럼 편의 장치가 많지 않습니다. 시속은 150~160킬로미터를 찍죠. 그러나 수제 차는 인간 본연의 감성적 가치를 건드립니다. 지금 시대에 최첨단 기술력은 흔합니다. 투박하지만 손으로 만드는 것에 사람들이 훨씬 더 공감합니다. 가령 저희가 만든 계기판은 바늘로 표시됩니다. 숫자, 디지털에 사람들이 질려 있거든요. 자동차도 마찬가지입니다. 인간에게 맞는 가장 감성적인 디자인의 차는 1960~1970년대에 많이 나왔는데 그 향수를 그리워하는 사람들을 공략한 것입니다."

김 대표는 20여 년 전부터 차에 미쳐 있는 '차 덕후'다. 1996년 PC 통신 하이텔에 '엘란'과 '아우디 TT' 등 이른바 자동차 덕후들을 위한 동호회를 만들어 운영했다. 동호회 회원들끼리 평일이건 주말 밤이건 만나 자동차 경주를 즐겼고, 술 한잔 기울이면서 자동차 이야기를 해 왔다.

그러나 일은 전공을 따라갔다. 홍대 목조형학과를 졸업하고 '더 디자인'이라는 가구 회사를 차려 10년간 운영했다. 고급 원목 등의 재료를 이용한 디자인 가구로 한때 전국 40여 곳에 매장을 내고 70억~80억 원의 매출을 기록했다. 그러다 저렴한 중국 카피 제품이 늘면서 사업이 기울었다. 2008년 사업을 완전히 정리하면서 빈손 신세가 됐다. 그다음 손댄 사업은 패션 잡지 《헤니하우스》다. 사진 찍는 취미를 살려 패션 피플들의 파격적인 의상과 노출 사진을 싣는 잡지였다. 유명 사진작가들을 섭외해 '센슈얼'한 잡지를 표방하고 광고 없는 지면으로 나름 화제를 모았다. 그러나 독자가 늘어나는 속도가 느린 데다 투자 유치를 받지 못했다. 2012년까지 발행하다 자금난을 겪었다.

"2000권 정도를 판매해야 손익 분기점을 넘는데, 최대로 팔아 본 게 1000권이었어요. 그런데 어느 순간 저희가 잡지를 팔면서 선물로 준 프린팅 티셔츠가 더 인기가 많은 거예요. 그래서 티셔츠를 더 만들어 백화점과 편집숍에 납품했죠. 큰돈은 못 벌었지만 월수입 수백 만 원 선은 유지했습니다."

그런던 차에 2013년 캠핑을 떠나기 위해 차를 알아봤다. 4륜 구동의 갤로퍼가 눈에 띄었다.

"1992년 출시된 갤로퍼는 사실 1982년 미쓰비시에 나온 파제로를 기반으로 한 자동차예요. 당시에도 큰 인기를 얻은 베스트셀러였고, 내구성이 좋은 클래식한 차였죠."

그는 차를 개조하고 싶었다. 물과 자갈밭, 거친 흙길을 달릴 수 있는 이른바 '오프로드용' 자동차이면서, 디자인적으로 클래식한 완성도를 가진 차를 만드는 게 꿈이었다. 그는 공업사에 자신의 디자인 관점으로 차를 완전히 새롭게 뜯어고쳐 달라고 부탁했다. 당초 600만 원을 예상했는데, 더 좋게 만들려다 보니 1200만 원이 들었다. 차를 새로 뜯어고치는 과정과 자신의 디자인 작업을 블로그에 꾸준히 올렸는데 차 마니아들이 이에 열광했다.

"사실 자동차 창업은 전혀 꿈꾸지 않았어요. 그런데 제 디자인으로 개조한 차가 인기를 얻으면서 저를 폄하하는 사람이 많았죠. 주로 경쟁사라 할 수 있는 실내 복원 업체들이 '저것은 거짓말이다'라는 식으로 비판하는 겁니다. 거기에 화가 나서 '내가 직접 새롭게 디자인한 차를 만들어 보자'고 결심한 것이죠."

그는 갤로퍼 구형 차량을 자신만의 디자인 철학이 담긴 차로 개조해 주겠다고 인터넷 카페에 올리고 희망자를 모았다. 자신이 직접 리스토어 디자인을 하고 작업은 자동차 공업사에 맡기려는 계획이었다. 개조 비용이 대당 3000만 원 정도로 비싸서 4~5명만 참여해도 성공이라고 생각했다. 그런데 무려 40여 명이 개조 작업에 참여하고 싶다며 돈을 냈다. 순식간에 10억 원이 넘는 돈이 들어왔다. 그는 이 돈으로 아예 파주에 공장을 짓고 본격적으로 자신의 디자인 관점을 담은 차를 만들기 시작했다. 그는 '오랜 기간 사랑해 온 자동차란 취미가 직업이 되고, 창업 아이디어가 될 줄 몰랐다'고 한다.

"성공은 10%의 가망성을 크게 볼 줄 알 때 찾아옵니다. 저는 사업은 지나치게 이성적이면 안 된다고 생각해요. 90%의 창업 아이디어는 누구나 낼 수 있는 겁니다. 그러나 창업은 10%의 가망성을 진짜 성공하게끔 집념을 가지고 집중하는 미친놈이 해야 합니다."

김 대표의 창업기를 보면 뒤늦게 자신이 미치도록 사랑하는 자동차라는 취미를 '운 좋게 우연히' 창업으로 성공시켰다는 느낌이 있다. 물론 운도 매우 크게 작용한다. 그 누가 수제 자동차에 사람들이 열광할 줄 알았는가. 그러나 자세히 들여다보면, 김 대표가 창업 3년 만에 상장까지 바라보게 될 정도로 회사를 키우게 된 데는 다섯 가지 비결이 있다.

첫째, 기존에 해 오던 일을 하다 창업에 확신이 들 때 기존 일을 접었다는 것이다. 그는 일단 자신의 패션 잡지 《헤니하우스》를 기반으로 티셔츠를 꾸준하게 팔았다. 월수입은 수백 만 원 선으로 나쁘지 않았다. 부족한 수입은 사진작가로 활동하면서 보탰다. 그는 그간 사업으로 크게 성공한 적도 있지만, 밑바닥으로 추락한 적도 있다. 그런 그가 얻은 것은 실패에 대한 두려움이었다. 실패는 인생의 가장 소중한 경험이지만, 아무런 '플랜

B'도 없이 무작정 뛰어드는 것은 위험하다. 김 대표는 자신의 직업은 유지하면서 본인이 개조한 갤로퍼 차량 디자인을 내세워 고객들을 모집했다. 40여 대를 만들어 달라며 확실한 창업 자금이 들어왔을 때, 그 돈으로 파주에 공장을 세우면서 기존의 일을 접었다. 자신의 자본금은 '0'원을 쓴 것이다. 일반인들로부터 뜻밖의 '크라우드 펀딩'을 받았기 때문이다.

둘째, 타이밍이 적절했다는 점이다. 그가 창업에 나선 2014년은 LTE 스마트폰이 등장하고 스마트 워치, 사물 인터넷, 드론 등 수많은 최신 IT 기술이 우후죽순 나오며 주목을 받은 시점이었다. 그러나 그는 급변하는 디지털 시대에 수제로 만든 클래식한 감각의 자동차가 오히려 인기를 얻을 것으로 봤다.

"사람들이 인터넷과 스마트폰의 속도를 못 따라가는 상황이라고 저는 해석했습니다. 가령 스마트폰이 2G에서 3G로 가는 것은 체감이 가능합니다. 그때는 빨라진 스마트폰을 사람들이 좋아하죠. 그러나 3G에서 4G로, LTE로 갈 때 속도의 큰 차이를 못 느끼는 사람이 많습니다. '약간 더 빨라졌다'는 정도입니다. 기술의 발전이 인간을 데려가기는커녕 인간을 버리고 가는 시대라고 생각합니다."

그는 대표적인 예로 2016년 초 이세돌과 알파고의 대결을 들었다. 당시 이 대결만으로 구글의 시가 총액이 58조 원 늘었다.

"만약 알파고와 알파고가 대결했다면 구글의 시가 총액이 올랐을까요? 그렇지 않다고 봅니다. 이세돌이라는 '인간'에 사람들이 감정 이입을 하면서 응원했기에 가능한 것이라 봅니다. '클래식'과 '사람 본연'에 대한 갈망이 사람들 사이에 생긴 겁니다."

셋째, '자동차 덕후이면서 비전공자'들로만 차를 만든다는 것이다. 김 대표는 차 덕후이지만 자동차를 직접 조립하는 자동차 기술은 없는 '비전 공자'다. 그러나 그는 최초에 본인을 '차를 만드는 사장님'이 아니라, '디자이너이자 작가'로 정의했다. 가구를 만들든 잡지를 발행하든 공통점은 '상상하는 것을 디자인한다'는 것이라고 했다. 이 생각으로 자동차의 외관과 내부의 디자인에 자신의 상상을 현실화했다. 자동차를 실제 조립하고, 배선을 찢고 연결하며, 도장과 도색 작업을 하는 것은 6개월에서 1년이면 배울 수 있다. 중요한 것은 다양한 전공과 전문성이 모인 '융합'의 정신이다.

회사 직원 30여 명은 두산 같은 대기업, 대학 교수, 연구원을 관두고 온 사람들이다. 직원 가운데 고졸 비중은 10%도 안 된다. 4년제 대학 졸업에 석사·박사 학위 소지자도 있다. 핵심은 실내 건축과 디자인, 재료 공학, 기계 등 다양한 분야를 공부한 인재들이란 점이다. 채용 전제형 연수생(인턴)을 뽑아 운영하는데, 대부분이 자동차 전공을 하지 않은 사람들이다. 사회 복지사, 가죽 가방 디자이너, 서울대 공대생 등 자동차 정비나 기술과 직접 관련이 없는 인재들이 일하고 있다.

사업 초창기에는 자동차 정비업에 종사한 사람들과만 일을 했다. 그러나 곧 현실적인 어려움에 봉착했다.

"자동차에 대한 세세한 지식과 이론, 기술력은 물론 좋지만, 자동차를 A~Z까지 재창조하는 작업에서 그들의 상상력과 창의력은 기대 이하였습니다. 자동차를 바라보는 자신만의 관점을 깨지 못했기 때문입니다."

이들의 전문성이 오히려 새로운 개념의 차를 만드는 데 가장 큰 장애물로 작용했던 것이다. 그때부터 파격적으로 '비전공자'만 뽑기 시작했다.

넷째, 위험에 대한 대처법이다. 초기 기업의 가장 큰 위험 중 하나는 인재 확보와 인건비다. 대부분의 기업들은 3000만 원 이상의 연봉을 주기 어렵다. 그런데 많은 스타트업이나 중소기업이 인재를 확보하기 위해 5000만 원~1억 원의 고연봉을 주며 데려온다. 이 때문에 사업 비용이 높아져 회사가 위험에 빠지는 경우가 많다. 모혜닉 게라지스가 인재 확보에 큰 어려움을 겪지 않은 것은 아낌없이 스톡옵션을 지급했기 때문이다.

"초기에 2000만~3000만 원, 1억 원 상당의 주식을 준 직원도 있어요. 지금 그 가치가 3억 원으로 뛰기도 했고요."

이러한 방식은 미국 실리콘밸리에서 주목받는 많은 스타트업의 성공 방정식이기도 하다. 스타트업 성장의 기쁨을 직원들과 같이 나눌 수 있는 체계를 만들면서, 인건비에서 오는 사업 위험을 줄이는 것이다. 이렇게 되면 오너의 지분율은 줄어든다. 그러나 회사가 당장 현금을 소진할 이유가 없기 때문에 성장기에 비용을 절감할 수 있다.

다섯째, 브랜드 확장이다. 사실 모혜닉 게라지스의 주력 비즈니스인 수제 자동차 제작은 장기적으로 아주 큰 대박을 칠 만한 사업 아이템은 아니다. 김태성 대표 역시 이런 현실을 잘 알고 있다. 그는 수제 자동차를 넘어 더 큰 그림을 보고 계획하고 있다. 장기적인 비전은 이 브랜드를 가지고 전기차를 양산하는 것이다. 그래서 수제 자동차 사업에 전념하면서도 메탄올 연료 전지 기술을 보유한 회사와 합작 회사를 설립해 조만간 전기 자동차 시제품을 낼 계획이다. '수제 자동차 기업'이라는 '클래식 브랜드'와 디자인을 뿌리로 삼아 새로운 개념의 전기차 시장에 도전하는 것이다.

44

실패해도 그만인 아이템으로 세운
벤처 신화, 배달의민족

"제가 배달 사업을 할 줄은 꿈에도 몰랐습니다"
인생을 건 사업은 대실패, 재미로 시작한 사업은 대성공

사실 부자들 중에는 성공 전략으로 '올인' 대신 '안전한 베팅'을 택하는 사람이 의외로 많다.

성공을 꿈꾸는 수많은 사람이 자신이 사랑하는 일로 새로운 사업에 도전할 때 대부분은 위험을 겪는다. 사실 창업에 있어 중요한 포인트는 내 모든 것을 걸고 위험을 감수할 준비가 되어 있느냐이다. 그런데 세계적인 부자들, 국내의 내로라하는 젊은 부자들은 '올인'을 즐기지 않는다. 매우 오랜 기간 조심스럽게 준비한다. 일부는 '올인'의 쓰디쓴 실패를 맛보기도 한다. 그래서 상당수가 '실패해도 그만'인 아이템으로 성공한다. 뭔가 가시화되기 전까지는 그동안 닦아 놓은 안전지대를 과감하게 떠나지 않는 것이다.

앞서 소개한 바 있는 헤지펀드 매니저 존 폴슨을 보자. 미국 서브프라임 위기 당시 집값 폭락에 베팅했을 때 그가 투자한 금액은 1억 5000만 달러(1700억 원) 정도였다. 반면 그의 자산 규모는 60억 달러(6조 8000억 원)

였다. 자산의 2.5%만 베팅한 것이다. 투자금을 몽땅 잃어도 명성에 먹칠할 정도는 아니었다. 실패하더라도 큰 문제가 없었던 것이다.

"저는 실패를 최소화하고 이익은 극대화하는 투자법을 좋아합니다. 투자할 땐 불리함이 눈에 보이지만, 장기적으로 불리함이 우리 편이란 생각이 들 때 투자합니다."

〈아이언맨〉, 〈토르〉, 〈어벤저스〉 등 세계적인 히트를 친 마블 스튜디오의 케빈 파이기 사장을 인터뷰한 적이 있다. 2012년 나온 대표작 〈어벤저스〉는 2억 2000만 달러(2500억 원) 정도의 비용으로 만들었는데, 2016년 8월까지 이 영화가 전 세계 극장가에서만 번 돈은 15억 2000만 달러(1조 7000억 원)에 이른다. 무려 일곱 배에 달하는 돈을 벌어 준 것이다. 캐릭터나 게임 같은 각종 파생 상품 수익을 더하면 매출 규모는 훨씬 더 커진다.

마블의 작품들은 만화책을 영화로 만든 것이다. 그러나 그 이전까지는 만화책에서만 볼 수 있던 캐릭터들을 영화나 애니메이션처럼 다양한 분야에 빌려 주고, 그 판권으로 로열티를 받는 사업을 운영해 왔다. 예컨대 〈스파이더맨〉은 대표적인 라이선싱 영화다. 〈스파이더맨〉 영화 전체 수입은 2억 5000만 달러(2800억 원)였고 로열티 계약을 맺은 마블은 이 가운데 5%인 1300만 달러(147억 원)를 챙겼다. 영화 라이선싱을 통한 로열티 수입으로 2007년 2억 7200만 달러(3000억 원)를 벌었다. 그러나 마블은 2007년 새로운 시도에 나섰다. 〈아이언맨1〉을 자체적으로 영화로 만들기 위해 5억 달러(5700억 원)의 자금을 빌렸다. 〈아이언맨1〉은 세계적 흥행에 성공하면서 12억 달러(1조 3600억 원)를 벌었고, 빌린 제작비 5억 달러를 일시에 갚을 수 있었다. 파이기 사장은 말한다.

"실패하더라도 최악의 경우 그냥 영화를 자체 제작하지 않으면 되는 겁니다. 이전에 하던 대로 캐릭터 라이선싱 사업을 열심히 하면 문제가 없었을 겁니다."

만약 〈아이언맨〉이 잘 안 된다 하더라도, 이미 연간 3억 달러(3400억 원)씩 버는 라이선싱 사업으로 길어도 2~3년이면 투자한 돈을 충분히 갚을 수 있던 것이다. 실패를 철저히 계산한 위험 감수법이다.

마블처럼 '안 돼도 그만'이라는 가벼운 마음으로 시작했다가 대박을 친 회사가 있다. 서울 잠실에 가면 석촌호수가 한눈에 내려다보이고, 롯데월드 롤러코스터를 타는 사람들이 환호성을 지르는 모습이 눈에 들어오는 사무실이 있다. 국내에서 가장 잘나간다는 벤처 기업 '우아한형제들'이다.

누적 주문수 2억 건, 누적 주문액 4조 원을 돌파한 우아한형제들의 '배달의민족' 서비스는 국내뿐 아니라 전 세계 투자자들이 군침을 흘리는 회사다. 2016년 4월에 아시아 최대의 벤처 캐피털 회사로 뽑히는 힐 하우스 캐피털 등으로부터 570억 원이나 투자를 받았다. 2016년 상반기 매출 349억 원에 영업 이익 9억 원을 기록하면서 첫 흑자 전환에 성공했고, 2016년 매출 1322억 원에 이어 2017년 역시 매출 1000억 원을 무난히 넘길 것으로 예상된다. IT 벤처 기업들의 60%가 3년이 되기도 전에 폐업하는 것을 감안하면 놀라운 성장세다.

김봉진(41) 우아한형제들 대표는 서울예대를 나와 웹디자이너로 여러 IT 회사에서 일하다 2008년 대치동에 가구 회사를 창업했는데, 불과 1년 만에 망하고 말았다. 전세 보증금까지 털어 아내와 같이 '올인'해 시작했는데 2억 원의 빚이 쌓였다. 빚을 감당할 수 없어지자 지인들을 수소문해 네이버에 경력직 웹디자이너로 입사해 꼬박꼬박 월급으로 빚을 갚아 나갔다.

"스타트업을 하면서
'사업으로 키워야겠다'는 마음으로
시작하는 곳은 의외로 적은 것 같아요.
그냥 장난스럽게 놀이처럼 시작하는 거죠.
오히려 놀이에서 나오는 에너지가
성공의 발판이 되지 않나 싶습니다."

그런데 그는 현실에 안주하지 않았다. 디자인 공부를 더 하기 위해 국민대 대학원에 진학한 데 이어 친구들과 플러스엑스라는 디자인 컨설팅 회사를 만든 것이다. 그는 네이버에서 일하면서도 일종의 '투잡'으로 각종 디자인 시안을 작업해 왔는데 본격적으로 디자인 회사를 열어 보겠다는 생각을 했다.

동시에 그는 IT 전문가인 친형과 수시로 만나 '토이 프로젝트'를 진행했다. 자본과 노력을 거의 들이지 않고 단순 아이디어에 비즈니스 기회가 있는지 가늠해 보는 사업을 그는 토이 프로젝트라고 설명했다. 영수증을 스마트폰으로 찍으면 자동으로 입력되는 서비스, 오픈 마켓 셀러의 주문량을 파악하는 서비스 등 종류는 많았다. 그러나 이 프로젝트는 '성공해도 그만, 실패해도 그만'인 일에 가까웠다. 본업은 자신의 디자인 분야 일이었지, IT 기술과 접목된 앱 서비스는 본업보다는 '부업'에 가까운 일이었기 때문이다. 그런데 이 토이 프로젝트 중 하나가 배달의민족이었다.

배달의민족이 공개되면서 순식간에 구글 앱스토어 등에서 다운로드 1위를 기록했다. 그러자 투자자들이 투자를 하면서 아예 배달의민족에만 100% 집중할 수밖에 없었다.

"저는 제가 배달이나 음식에 관한 창업을 하게 될 줄 꿈에도 몰랐습니다. 가볍게, 아무 생각 없이 시작한 일이 이처럼 커질 줄은 상상도 못했어요. 그래서 그 전까지 창업 기업에 투자하는 벤처 캐피털리스트(venture capitalist)의 약자인 'VC'가 뭔지도 몰랐어요. 배달의민족이 주목을 받자 누군가 VC를 만나 보라고 소개해 주셨는데, 'VC가 무엇인가요?'라고 되물을 정도였죠."

전세 보증금까지 털어 시작한 가구 회사는 망했지만, 돈 한 푼 안 들이고 '망해도 그만'이라고 여긴 배달의민족이 대박을 친 것이다.

원래 김봉진 대표의 부모는 고깃집을 했다. 어렸을 때부터 매일 삼겹살과 갈비만 먹고 살았다. 나물 같은 메뉴는 명절 때만 구경했다. 한마디로 고기에 질린 삶을 산 것이다. 그래서 음식업은 멀리했다. 그런데 우연히 재미로 시작한 프로젝트가 그만 그를 다시 음식의 길로 인도하고 말았다.

김 대표의 스토리는 '위험을 감수한 올인'은 실패하고 '가볍게 시작한 부업'이 본업이 된 사례다. 만약 배달의민족이 실패했어도 그는 본업인 디자인 일로 생업을 유지했을 것이다. 그만큼 디자인 분야에서 능력을 인정받고 있었기 때문이다. 그러나 그가 없었다면 배달의민족은 세상에 없었을 것이고, 전화 한 통 없이 스마트폰 터치만으로 간편하게 치킨과 피자를 먹으며 국가 대표 축구 경기를 관람하는 세상은 오지 않았을 것이다.

앞서 소개한 아리아나 〈허핑턴 포스트〉 창업자 역시 비슷한 말을 했다. 자신의 성공 원동력을 '실패해도 그만'인 마인드라고 밝힌 것이다.

"우리 어머니는 항상 '실패는 성공의 반대말이 아니다. 실패는 성공의 디딤돌이다'라고 하셨어요. 또 하나 제가 정말 좋아하는 말은, '천사들이 날 수 있는 이유는 마음이 가볍기 때문이다'라는 겁니다. 무슨 일이든지 너무 심각하게 생각할 필요가 없단 말이지요."

사실 내가 사랑하는 일을 사업으로 연결하려면 '실패해도 그만'인 아이디어를 많이 만들 필요가 있다. 그러다 보면 작게 시작한 일이 매우 커질 수도 있다. 《와이어드》 전 편집장인 크리스 앤더슨이 주장한 것처럼 지금은 '롱테일의 법칙'이 통하는 시대다. 과거에는 상위 20%의 핵심 제품이 전체 매출의 80%를 차지했지만, 지금은 전혀 주목받지 못하는 꼬리 부분의 80%가 더 중요한 가치를 창출하는 시대가 됐다. 배달의민족도 어떻게 보면 아무도 거들떠보지 않는 '꼬리 사업'이었다. 그러나 인터넷, 모바일 시대가 도래하면서 크게 주목받았다. 김 대표는 이렇게 말한다.

"사실 스타트업을 하면서 '사업으로 키워야겠다'는 마음을 먹는 사람은 의외로 적은 것 같아요. 그냥 장난스럽게 놀이처럼 시작하는 거죠. 마크 저커버그의 페이스북도 하버드대에서 이성을 사귀는 네트워크를 만들며 시작됐잖아요. 처음부터 진지하게 접근한 것이 아니고요. 오히려 놀이에서 나오는 에너지가 성공의 발판이 되지 않나 싶습니다."

물론 절박한 마음 대신 '실패해도 그만'이라는 마인드로 사업을 시작한다는 것과 사업을 '대충' 운영하는 것을 오해해서는 안 될 것이다. 대충 운영해서 성공하는 사업은 없기 때문이다.

45

17억 원 빚쟁이에서
60억 원 팥빵집 사장님으로

은행, 삼성전자 퇴사 후 손대는 사업마다 실패
마지막 시도 팥빵집에 손님이 줄서는 비결은?

얼마 전 문을 연 경기도 하남 스타필드 쇼핑몰엔 수십 명씩 줄을 서는 빵집이 있다. 녹차 팥빵, 크림 팥빵 등 메뉴 서른 가지 정도를 판다. 가격은 개당 2000~3000원. 팥빵을 개당 1000~1500원에 파는 시중 빵집과 비교하면 비싼 편이지만 손님이 넘친다. 스타필드 매장의 하루 판매량만 3000개(주말 기준). 손님이 10~20분 줄서는 것은 기본이다. 창업 3년 차 팥빵 전문점 '팥고당' 이야기다.

팥고당은 요즘 뜨는 인기 빵집 브랜드 중 하나다. 2014년 서울 역삼동에 처음 문을 열었는데 국회 의원과 관료, 기업 CEO 등 강남 부자들이 줄을 서서 사 먹는 빵집으로 유명세를 탔다.

최근까지 신세계 강남점·영등포점, 갤러리아 백화점 등 국내 주요 핫플레이스 14곳에 매장을 열었다. 창업 첫해 매출 30억 원. 2016년에는 매출이 60억 원(영업 이익률 25%)으로 늘었고, 중국 진출 첫해인 2017년 매출 목표는 100억 원이다.

"아무리 피하려고 해도 언젠가 실패가 오거든요.
성공 사례를 공부하지 마세요. 환상만 생깁니다.
실패 사례를 더 공부하세요. 트렌드를 좇지 마세요.
'아이템이 트렌디하다'는 소리가 나오면 이미 성숙 시장이고
시장이 꺼진다는 소리입니다."

창업자인 박준현(52) 대표는 '팥고당은 인생 최초의 성공'이라고 했다. 주택은행(KB국민은행의 전신)과 삼성전자 사내벤처를 다니다 창업에 도전했지만 여러 차례 실패했다. 어느 날 정신을 차리고 보니 17억 원의 빚을 떠안은 '실패자'였다. 그러나 지금은 본점 50여 명, 공장 생산직 등을 포함해 107명의 직원을 둔 사장님이다. 팥빵 하나로 인생 역전에 성공한 것이다.

그가 만든 팥빵은 무엇이 다르기에 60억 원어치나 팔리는 것일까?

"크게 네 가지가 있습니다. 첫째, 국산 팥으로 만듭니다. 대부분의 시중 대형 제빵 프랜차이즈는 중국산 팥을 씁니다. 중국산 팥은 1킬로그램당 3500원이면 구합니다. 그러나 맛과 빛깔이 좋은 국산 팥은 시중에서 1킬로그램당 1만 6000원에 팔리거든요. 저는 좋은 국내 파트너를 구해 1킬로그램당 5000~7000원에 팥을 사들였습니다. 물론 요새는 팥 농사가 좋지 않아 1만 3000원에 사지만요. 둘째, 안 달아요. 시중 팥빵은 팥과 설탕의 비율이 일대일입니다. 설탕을 많이 넣으면 방부 효과도 있지만 너무 달아요. 그런데 여기서 문제가 생기거든요. 설탕 맛이 많이 나면 20~30대 고객은 좋아할 수도 있어요. 그러나 40대 이상 중장년 고객은 다릅니다. 담백하고 은은한 팥 맛이 설탕 맛에 죽는 걸 싫어하기 때문입니다. 그래서 팥고당은 팥과 설탕의 비율을 1 대 0.48의 비율로 섞습니다. 셋째, 팥을 한 번 삶고 물을 다 버립니다. 팥을 삶을 때는 한 번에 40킬로그램 정도만 삶고요. 그러나 공장에서 빵을 만드는 제빵 프랜차이즈는 수백 킬로그램 상당의 팥을 한 번에 삶고 물을 버리지 않아요. 워낙 양이 많아서 물을 버리는 작업 자체도 쉽지 않기 때문입니다. 물을 안 버리고 계속 팥을 끓이면 결국 떨떠름한 쓴맛이 생깁니다. 마지막으로, 빵의 두께를 얇게 해 쫄깃쫄깃하게 만드는 대신 팥 앙금을 최대한 많이 씁니다."

그렇다고 해도 팥빵은 누가 봐도 핫한 빵은 아니다. 과연 이렇게 큰 성공을 예상한 걸까?

"예전 명동에 있는 설탕을 넣지 않은 팥 도넛 집이 인기였습니다. 뜨거운 팥에 계피 향이 나는 앙금을 재료로 이용했습니다. 도넛인데도 설탕을 안 쳤어요. 그런데 어느 순간부터 빵집에서 팥빵을 사는 사람이 줄었습니다. 빵집이 대형화하면서 인건비에 초점을 맞추니까 재료비를 아끼는 거예요. 그 결과 자극적인 맛에 사람들이 질려서 팥빵이 죽어 갔습니다. 과거의 담백한 팥의 맛을 좋아하던 중장년층 이상 세대들이 떠나간 겁니다. 그래서 잠재 시장이 있다고 생각했습니다. 팥빵에만 집중해 다양한 메뉴를 만들어 부가 가치를 높이면 승산이 있지 않을까 생각했어요. 예상이 적중한 셈이죠."

팥고당 서촌점에 그를 만나러 갔을 때 인천국제공항에 팥고당 입점 제의를 하려는 대기업 직원이 기다리고 있었다. 롯데 · 현대 · 신세계 등 대형 백화점의 입점 요청도 쇄도하고 있다고 한다.

"백화점에서 '빵이 동났다, 더 보내라'고 할 때가 많아요. 그러나 거절합니다. 백화점 입장보다 우리 생산 스케줄이 더 중요하거든요. 하루에 7000여 개만 만들고 하루에 100개 이상 안 남기는 게 원칙입니다. 남은 빵은 사회 복지 기관 등 어려운 곳에 기부합니다."

한성대 문헌정보학과를 졸업한 그의 첫 직장은 주택은행. '6개월간 아침 6시부터 밤 11시까지 공부해 합격했다'고 한다. 은행 홍보부에서 브랜드 전문가로 유명세를 타다 2000년 계약금 1억 원을 받고 삼성전자 사내벤처로 스카우트됐다. 삼성전자 1호 사내벤처 기업인 매직아이의 브랜드 팀장으로 잠시 일하다 2001년 창업했다.

"지인에게 투자를 받고 직장 생활에서 모은 돈을 합쳐 17억 원으로 창업했습니다. 사진과 음악을 편집해 콘텐츠를 만들고 이메일로 전송할 수 있는 소프트웨어 개발 회사였어요. 그런데 사업 도중 동료 직원에게 배신을 당했습니다. 스카우트한 직원들이 핵심 기술자들을 데리고 별도의 회사를 만들어 나간 겁니다. 직원 40명 가운데 4명이 남았습니다. 바로 폐업 신고를 할 수밖에 없었습니다."

이어 LG화학에 다니던 지인과 동업해 휴대폰 액정 기술을 이용한 IT 회사를 차렸다. 이번에는 투자 유치에 실패해 문을 닫았다. 2003년에는 1인 영화 기획사를 차렸다. 조직폭력배가 등장하는 블랙 코미디 시나리오를 직접 썼고 배우 섭외를 시도했다. 하지만 영화로 만들지 못해 또 폐업했다. 그러자 '돈을 갚으라'는 지인들의 연락이 쇄도하기 시작했다.

가족들의 얼굴을 볼 면목이 없던 그는 집을 나와 성남에 원룸을 얻어 살았다. 빌린 돈이라도 갚자는 생각에 그나마 전문성을 쌓은 브랜드 컨설팅에 손을 댔다. 외식 업체들 간판부터 디자인, 홍보와 기획 전략을 무기로 70여 개 매장을 컨설팅했는데 매년 수억 원 정도 매출을 냈다.

2004~2013년까지 매달 2000만 원 이상 빚을 갚았고 지금은 대부분의 빚을 갚은 상태다.

"징그러웠습니다. '이래서 자살하는구나' 느꼈습니다. 목숨 끊자는 생각을 자주 했어요. 하지만 가족들에게 손은 안 벌렸습니다. 자존심까지 버리진 말자는 게 제 신조입니다."

쉰을 바라보는 나이에 새로운 창업을 계획했다. 팥빵이었다. 그는 30년 이상 매일 아침 팥빵을 먹던, 밥보다 팥빵을 더 좋아하는 '팥 덕후'였다. 언젠가 먹다 만 팥빵을 빤히 쳐다보다 문득 '나만큼 팥빵을 좋아하는 사람이 또 있을까. 어린 시절에 먹어 본 담백하고 설탕 없는 팥빵 한번 팔아 보자'는 생각을 하게 되었다. 그렇게 처절하게 실패했지만 이번에는 그런 두려움이 들지 않았다고 한다.

"바닥을 하도 오래 기어서 더 이상 떨어질 데도 없었지요. 죽음도 각오했는데 뭘 못할까요. 제가 깨달은 것은 돈만 보고 창업하면 망한다는 겁니다. 욕심을 채우려고 달려가면 빈털터리가 돼요. IT를 전혀 모르는데 쏠림 현상을 좇아 돈이 된다 싶어 따라간 것이 문제였습니다. 영화 기획사? 영화사 인맥이 없으면 성공할 수 없는 분야입니다. 이걸 첫 창업하고 10년 지나서 깨달았습니다."

자본금은 없었다. 브랜드를 컨설팅해 준 한 고깃집을 찾아가 기획서를 내밀었다. '3억 원을 투자하겠다'는 약속을 받고 강남 역삼지점을 차렸다. 국산 팥을 구하기 위해 전국을 돌아다닌 끝에 충주의 한 영농 법인과 계약해 팥을 사들였다. 수개월간 직접 팥을 삶고 불리며 레시피를 개발했다.

모양이 똑같은 팥빵은 크기가 제각각인 다른 빵에 비해 선물용 포장을 만들기가 쉬웠다. 그런데 그 선물용 팥빵의 인기가 폭발했다. 오픈하자마자 고급차들이 가게 앞에 줄을 서서 몇 박스씩 실어 갔다.

"주택은행이나 삼성전자 사내벤처 동료들이 최고로 잘나갈 때 저는 혼자 빌빌거렸습니다. 그런데 그들이 명예퇴직하고 있는 요즘 제 인생은 폈습니다. 아직 살아 계신 부모님이 처음으로 저에게 웃음을 보이십니다. 아내에게 월급도 꼬박꼬박 주고 있습니다. 나이 쉰이면 어떻고, 예순이면 어떻습니까. 사람이 한 번은 성공하지 않습니까. 전 그 시기가 조금 늦은 쉰 살에 찾아왔을 뿐입니다."

수많은 실패를 경험한 그는 실패가 창업에 꼭 필요한 과정이었다고 회상한다. 아무리 피하려고 해도 언젠가 한 번은 실패가 찾아온다. 그래서 실패를 피해 가려고 하면 오히려 더 큰 피해를 입을 수도 있다. 그는 예비 창업자들에게 성공 사례를 공부하지 말라고 말한다. 구체적인 방법론 없이 처음과 끝만 등장하기 때문에 환상만 생긴다는 것이다.

"실패 사례를 더 공부하세요. 트렌드를 좇지 마세요. '아이템이 트렌디하다'는 소리가 나오면 이미 성숙 시장이고 시장이 꺼진다는 소리입니다. 그리고 잠을 줄여야 합니다. 저는 하루에 3시간 잡니다. 밤 11시쯤에 퇴근하면 뉴스와 책을 보며 사업에 도움이 될 지식을 연구하고 새벽 3~4시에나 잠듭니다. 선천적으로 잠이 많은 사람은 창업이 어렵습니다."

46

부모님이 헐값에 팔아넘기던 고구마, 딸의 마케팅 전략으로 경매에서 전국 최고가

부모 대신 고구마 농장 대표 된 스물한 살 여성
농대·고구마연구소에서 공부하고 기발한 마케팅 전략 펼쳐

젊은 부자들 가운데는 가족의 대업을 잇거나, 부모의 사업에 새로운 아이디어를 보태 사업을 발전시키는 청년들도 있다. 가업을 잇는다고 해서 행여나 새로운 아이디어나 비전, 자신만의 관점이나 구체적인 계획 없이 현실에 '순응'한다고 생각한다면 오산이다.

사업의 시작은 부모가 했더라도 젊은 20~30대의 감각으로 새롭게 재단장해 부활시킬 수 있다면 그것은 또 다른 의미가 있다. 취업이나 창업하는 것 이상의 부가 가치를 만들어 낼 수 있기 때문이다. '등잔 밑이 어둡다'라는 속담처럼 나의 핵심 역량은 사실 나의 주변에, 우리 부모에게 있을 수 있다. 부모의 오랜 기술력과 노하우를 옆에서 오랜 기간 지켜보면서 나의 핵심 전문성을 새롭게 발견하는 것이다. 여기에 나만의 새로운 트렌디한 감각을 연결해 성공 가능성을 활짝 열어젖힌 젊은 사업가가 실제로 꽤 많았다.

전북 김제에 가면 23만 제곱미터(7만 평)에 달하는 밭에서 생산한 고구

"저희 고구마가 맛있는 편이었어요. 그런데 적당한 판로가 없어
10년 넘게 중간 상인들에게 헐값에 팔곤 했죠.
부모님이 피땀 흘려 가며 키운 건데 속상했어요.
저는 젊으니까 온라인으로 판로를 개척할 수 있다고 생각했습니다."

마로 2015년 매출 4억 원, 2016년에는 매출 6억 원을 올린 20대가 있다. 자신의 이름을 딴 '강보람고구마' 대표 강보람(25) 씨가 그 주인공이다. 강 씨는 쉽게 말해 부모가 '망친' 고구마 장사를 자신만의 아이디어로 대박을 내 방송가에서 화제가 된 인물이다.

그녀가 초등학교에 다닐 때 무작정 귀농을 한 부모는 고구마 밭만 매입했을 뿐 고구마를 재배해서 내다 팔 줄을 몰랐다. 고구마 수확부터 보관까지 관련 지식이 거의 없었기 때문이다. 이런 상황에서 5억 원 빚더미에 앉기까지 했다.

부모는 딸에게 국비 지원이 되는 한국농수산대학 진학을 권했다. 학교에서 농업에 대해 공부하고 부모에게 알려 달라는 취지였다. 농수산대학을 졸업하고 농업 공무원이 되고 싶어 하는 딸에게 부모가 매달렸다. '네가 대표를 맡아 달라'고 간곡히 부탁한 것이다. 결국 2013년 그녀는 스물한 살의 나이에 부모가 만든 농장의 대표가 됐다. 지속적인 적자에다 아무런 브랜드도 없이 헐값에 중간 상인들에게 넘겨 버리던 고구마가 이때부터 변신하기 시작한다.

첫째, 먼저 신품종을 구해 심었다.

"대학 고구마연구소에서 60여 종의 고구마를 붙잡고 연구했어요. 부모님이 팔던 고구마는 맛있는 편이었죠. 다만 실습을 하면서 신품종을 알게 됐어요. 당시 밤고구마와 호박고구마만 있을 땐데 두 고구마의 장점만 살린 '꿀고구마'를 심어 보자고 부모님께 제안했어요. 당도가 높고 신선도에서도 뒤지지 않거든요. 아예 종자를 바꿔 본 것이죠. 다행히 잘 팔려서 형편이 나아지기 시작했어요."

그러나 판로 개척이 미진했다. 고민하던 강 대표는 홈페이지와 블로그

개설에 이어 '강보람고구마'란 브랜드명을 만들고 포장 박스에 캐리커처를 넣었다. 그리고 블로그에 실제 고구마의 재배 과정부터 막 캔 고구마의 통통한 모습까지를 젊은 감각으로 재미있게 만들어 올렸다.

중간 상인들에게 고구마를 헐값에 공급하는 것은 중단했다. 대신 새로운 품종의 고구마를 경매장에 내보내 경쟁을 시켰다. 자체적으로 제작한 고구마 박스에 고구마를 출하하니 가격이 치솟았다.

"원래 10킬로그램에 1만 5000원 정도 나왔는데 2만 원 정도로 올랐어요. 이름과 얼굴을 걸고 하니까 신뢰감이 생긴 거예요. 2016년에는 전국 최고가로 낙찰된 고구마도 있어요. 10킬로그램 평균 가격이 3만 원대인데 4만 원대를 찍었죠."

경매사들로부터 전화가 빗발쳤다. '어떻게 경매에 고구마를 낼 생각을 했느냐'며 인기가 폭발하고 있다'는 것이었다. 강 대표는 지상파 방송에 연달아 출연하면서 대박을 쳤다. 청년 농부가 많지 않다 보니 주문이 폭발한 것이다.

"물량을 미처 준비하지 못했어요. 결국 주문한 고구마를 다 보내는 데 2주가 넘게 걸리기도 했어요."

그녀는 주말마다 서울에 올라와 중앙대 대학원에서 창업 경영을 공부하는 중이다. 전문적으로 경영을 배워 사업을 확장하려는 것이다.

"초심을 잃지 않고 가장 좋은 고구마를 생산해 공급하는 데 집중하고 싶어요."

15년간 고구마 농사를 해 온 강 대표의 부모는 고구마를 심고 수확하는 일은 알았지만 그것을 요즘 시대의 언어로 어떻게 팔고 마케팅해야 하는지 몰랐다. 그런 간극을 딸이 대표를 맡으면서 메운 것이다. 상품을 잘 만들어 내는 것만이 능사가 아니며 어떻게 팔지를 고민하는 것이 왜 중요한가를 여실히 보여 주는 사례라고 할 수 있을 것이다.

한편, 여러 차례 실패를 경험하다가 운명처럼 부모님의 사업에서 영감을 얻어 성공한 청년도 있다.

47

창업에 실패한 청년,
나물 팔아 월 2000만 원 매출 올리는 비결

창업 공모전 참가 경력 200회
부모님의 시장 나물가게를 인터넷으로

'나물 장사꾼'으로 불리는 서재호(28) 대표는 부모의 나물 장사에서 혜안을 얻어 안착한 청년이다. '나물투데이'는 값싼 나물만 온라인으로 팔아 월 2000만 원의 매출을 내면서 전국적으로 화제가 된 곳이다. 전국의 제철 나물을 골라 소비자가 바로 먹을 수 있게 다듬고 데친 후 배송하는 인터넷 쇼핑몰인데, 당일 구입 당일 배송이 원칙이다. 약 예순 가지의 나물을 판매하는데 1년간 매 분기마다 매출이 두 배 이상 늘었다.

창업에 관심은 많았지만 처음부터 나물 창업을 생각한 것은 아니다. 대학생 때 창업 스터디를 꾸려 창업 관련 강연도 듣고 창업 공모전에도 참가했다. 200회 응모했는데 10회 수상해 가능성을 봤다.

처음엔 아이템이 달랐다. 비가 많이 오면 비와 함께 담배꽁초 같은 쓰레기들이 들어가 배관 구멍을 막는데, 그 쓰레기를 자동으로 끌어올리는 아이템을 생각해 봤다. 참신한 아이디어로 상도 받았지만 사업을 진행할 수가 없었다. 사업의 특성상 지자체의 동의가 필요한데 예산 부족이나 사

"분명 경쟁사가 생길 거고, 우리가 성장할수록
우리의 콘셉트와 비슷한 가게들이 더 생길 겁니다.
하지만 그래야 나물 시장이 커지고 발전하겠죠. 선의의 경쟁을 통해
나물 시장을 더 키워 나갔으면 좋겠어요.
사람들에게 편리하고 건강한 먹거리를 제공하고 싶어요."

업체 인지도 문제 등으로 동의를 받을 수 없었기 때문이다.

그때 문득 20년간 광명 재래시장에서 일해 온 부모님이 떠올랐다. 어렸을 때부터 10년 이상 부모님 어깨너머로 배우며 전문가 수준의 지식을 갖게 된 것이 바로 나물 장사였던 것이다. 부모님께 나물을 어떻게 손질하고 데치는지, 어떤 나물을 골라야 하는지 배웠다. 다만 아쉬운 점은 아는 사람이 많이 없다는 것, 그리고 마케팅적으로 새로운 혁신이 없다는 사실이었다. 또한 나물은 건강에 좋은 식품이지만 손이 많이 간다. 그러다 보니 손질하고 데치는 것을 귀찮아 하는 사람들이 나물 사기를 꺼릴 수밖에 없다.

그래서 그는 '역발상'으로 나물에 접근했다. 첫째, 나물을 바로 먹을 수 있도록 '데쳐서' 온라인으로 배송하는 방법이다. 이때 당일 구입, 당일 배송 원칙을 지켜 나물이 항상 '싱싱하다'는 인식을 심어 주었다. 당시 온라인으로 나물을 배송해 주는 업체가 이미 있었지만 그리 활발하지는 않았다. 그리고 최근 40~50대 여성들의 인터넷 쇼핑이 늘어난다는 점에 착안한 그의 방식은 역시나 시장에서 통했다.

둘째, 판매 후기를 같이 보내는 방법이다. 일반 가게는 고객이 구매 후기를 온라인에 올린다. 그러나 서 대표는 고객이 나물을 주문하고 받기까지 총 세 번, 즉 주문 접수, 받기 직전의 알림 메시지, 판매 후기를 보낸다. 레시피와 작업 과정 등 오늘 하루 나물을 판매한 과정을 그대로 고객과 공유한다. 포장 용기에는 일일이 손 글씨를 써 '감성'을 입혔다.

이런 방식으로 나물을 팔다 보니 재구매율이 높아졌다. 단골이 늘고 입소문을 탄 것이다. 그는 새벽 1시에 일어나 도매 시장에서 나물을 사고, 새벽 4시에 돌아와 물건을 내린다. 쪽잠을 자고 아침 10시부터 나물을 데치고, 2시부터 포장과 배송 작업에 돌입한다. 저녁 7시가 되면 홈페이지와 페이스북 마케팅에 열을 올린다. 결국 시장에서만 구할 수 있는 '나물'에 IT 트렌드를 바탕으로 하는 감성을 입힘으로써 성공할 수 있던 것이다.

"제 사업이 성장할수록 비슷한 콘셉트의 가게가 늘어날 것입니다. 그런데 그렇게 되어야 나물 시장이 커지고 발전하겠죠. 편리하고 건강한 먹거리를 제공하고 싶어요."

CHAPTER 5

한국이 아닌 외국에서 답을 찾은 사람들

비즈니스 세계에서 아직 아무도 해 보지 않은 시도를 할 때 사람들은
'아무도 안 한 것을 왜 하려고 하느냐'고 말합니다.
'노(No)'라는 단어에 익숙해져야 합니다.
사람들은 빌 게이츠에게도, 스티브 잡스에게도, 제프 베저스에게도
'그 사업은 망할 거야'라고 말했다는 사실을 기억하세요.

– 데이비드 루벤스타인(칼라일 회장)

48

626억 원 '김기사' 내비가
이스라엘에서 나왔다면

유대인에게 배우는 개척 정신
한국인이기 때문에 손해 보는 것들이 있다

어린 시절 이스라엘에 살 때 유대인들은 진짜 고집이 강하다고 느꼈다. 그들은 '상대방의 의견에 반대하지 않으면 유대인이 아니다'라는 교육을 받고 자란다. 부모는 자식이 심하게 고집을 부리거나 몽니를 부려도 무시하거나 혼내지 않는다. 예를 들어 가게에 물건을 사러 갈 때도 손님보다 가게 사정이 먼저일 때가 많았다. 오죽하면 어머니와 함께 시장을 가면 가장 많이 듣는 말이 '레가(기다리라는 이스라엘 말)'였을까. 한 과일 가게에서 오렌지를 사려고 기다리는데, 상인이 뭉그적뭉그적 자기 볼일을 봐야 한다며 오렌지를 봉지에 담아 주지 않았다. 빨리 가 봐야 한다고 독촉했더니 손끝을 모아 흔들면서 불쾌하다는 표정으로 '레가, 레가'를 외쳤다. 자기 일이 끝날 때까지 기다리라는 것이다. 녹색 신호등이 켜진 좁은 건널목을 막고 자기 차를 유턴하거나 후진하면서 창문으로 고개를 내민 채 발이 묶인 시민들에게 '레가 레가'를 외치는 운전자들도 있었다. 그야말로 고집불통의 나라가 아닐 수 없다.

해외에서 태어난 유대인들도 '본토'의 유대인 교육을 유년 시절부터 똑같이 배운다. 《탈무드》를 공부하고, 남들에게 절대 굽히지 않는 고집을 체화하는 것이다. 뉴욕 월스트리트에서는 미국에서 태어난 유대인들이 정통 유대교의 상징인 모자 키파(Kippah)를 쓰고 돌아다니는 모습을 심심치 않게 볼 수 있다. 어디에 살든 '유대인 DNA'를 잃지 않는 것이다.

그런데 필자는 기자가 되고 나서 유대인들의 이 같은 고집이 사업과 부로 연결되는 것을 보고 깜짝 놀랐다. '짠돌이'처럼 돈을 아끼는 집착에 놀라기도 했다. 개인 재산만 47억 달러(5조 3000억 원)에 달하는 월스트리트의 제왕, 세계 최대 사모 펀드 블랙스톤의 스티븐 슈워츠먼 회장을 만났을 때 가장 먼저 눈에 들어온 것은 밑창이 닳아 버린 구두였다. 실밥이 보이고 때가 어찌나 많이 탔는지 내 돈으로 구두를 하나 사 주고 싶은 심정마저 들었다. 그런 그에게 '투자 원칙이 무엇이냐'고 물었더니 이런 대답이 돌아왔다.

"첫째도 돈을 잃으면 안 되고, 둘째도 돈을 잃으면 안 되며, 셋째도 돈을 잃으면 안 된다는 것입니다."

필라델피아의 중산층 유대인 집안에서 자란 슈워츠먼은 예일대를 졸업하고 리먼 브러더스에서 기업 금융 업무를 맡았다. 서른한 살에 임원이 됐지만 그는 과감히 자기 회사를 창업했다. 블랙스톤에 이어 세계 2위 사모 펀드인 칼라일의 회장도 데이비드 루벤스타인이란 유대인이다. 그도 재산이 30억 달러(3조 4000억 원)에 달한다. 우편집배원인 아버지의 연봉은 약 7000달러(800만 원). 볼티모어의 방 2개짜리 작은 벽돌집에서 자란 그는 시카고대 로스쿨을 나온 수재였다. 그러나 변호사의 길을 가는 대신 사전 지식과 경험도 전무한 사모 펀드를 창업했다.

한국은 왜 유대인의 나라인 '이스라엘에게서 배우자'고 하는 걸까? 이 둘을 보면 유대인들의 성공 원칙을 알 수 있다. 첫째는 남들이 가지 않은 길을 갔던 것이고, 둘째는 해외에서 돈을 번다는 것이다. 슈워츠먼과 루벤스타인 모두 미국 내 부자들의 돈을 운용하기보다 전 세계 시장을 노리고 출발한 사람들이다. 슈워츠먼은 주로 유럽과 미국 동부 유명 호텔 체인과 부동산을, 루벤스타인은 남들이 고개를 절레절레 흔들 때 중국 등 아시아 시장에 진출해 기업들을 사들였다. 루벤스타인이 '나의 최고 투자처'로 밝힌 투자처가 한미은행(지금의 한국씨티은행)이다. 그는 2006년 중국의 생명 보험 회사 퍼시픽 라이프의 지분 25%를 8억 달러(9000억 원)에 매입, 다음 해 증시에 차례로 기업 공개를 해서 50억 달러(5조 7000억 원)를 벌었다. 루벤스타인은 이렇게 말한다.

"비즈니스 세계에서 아직 아무도 해 보지 않은 시도를 할 때, 사람들은 흔히 '너 미쳤다. 아무도 안 한 것을 왜 하려고 하느냐'고 말합니다. 그러나 '노'라는 단어를 일상으로 받아들여야 합니다. 사람들에게 투자를 권유할 때 대부분의 사람은 '예스'라고 하지 않습니다. 자금을 모을 때 당신은 '노'라는 단어에 익숙해져야 합니다. 사람들은 빌 게이츠에게 '넌 소프트웨어 회사를 만들 수 없을 거야'라고 했고, 스티브 잡스에게도 '컴퓨터 회사를 만들 수 없을 거야'라고 했으며, 제프 베저스에게도 '인터넷으로 책을 팔 수 없을 거야'라고 했습니다. 사람들은 저희에게 미국 기업에 투자하지 않고 해외로 나가면 망할 것이라고 했습니다. 그런데 우린 바로 그 글로벌화 전략으로 성공할 수 있었습니다."

필자가 내린 결론은 '유대인들은 해외에서 돈을 벌겠다는 궁리가 DNA에 박혀 있다'는 것이다. 이스라엘 수도 텔아비브에 사무실을 차려도 그 사업을 적용할 모델은 런던과 뉴욕, 싱가포르다. 그래서 아예 처음부터 해외 진출할 곳에 작은 지사를 만들어 놓고 시작하기도 한다. 인구가 800만 명 수준, 영토 면적은 2만 770제곱킬로미터로 한반도의 10분의 1 수준이며, 팔레스타인과 정치적 갈등을 겪고 있고, 사막밖에 없는 나라에서 내수 시장에 의존해서는 돈을 벌 수 없기 때문이다.

그럼에도 불구하고 자기 고집과 역발상 정신으로 똘똘 뭉친 유대인들은 창업이 일상이다. 이스라엘의 벤처 기업 수는 인구 1540명당 1개꼴로 세계 최고 수준이다. 경제 협력 개발 기구(OECD)의 2016년 보고서를 보면, 2015년 기준 이스라엘의 벤처 캐피털 투자액이 국내 총생산(GDP)의 0.38％로 1위였고, 2위는 미국(0.35％)이었다. 한국(0.08％)의 다섯 배 수준이다.

이런 역동성을 바탕으로 수많은 스타 기업이 탄생했다. 1980년대 매출 5000만 달러(570억 원) 수준에서 2015년 197억 달러(22조 원)로 25년 새 약 사백 배 성장률을 기록한 복제약 세계 1위 기업인 테바(TEVA), 컴퓨터 방화벽으로 유명한 IT 기업 체크포인트는 창업 22년 만인 2015년 16억 달러(1조 8000억 원)의 매출을 내며 승승장구하고 있다. 미국 나스닥에 상장되어 있는 이스라엘 회사만 94개(2016년 기준)에 달한다.

물론 이민자를 잘 받아들이고 영어를 모국어 수준처럼 구사하는 개방적인 문화도 한몫한다.

이스라엘의 내비게이션 앱인 '웨이즈'는 2013년 구글에 1조 2000억 원에 팔렸다. 사실 지명 검색도 잘 되지 않고 오류가 자주 발생해 지적도 받았다. 그러나 이 서비스는 전 세계 스마트폰 사용자끼리 도로와 교통 정보를 공유하는 '집단 지성' 형태의 서비스다. 2012년 기준으로 4만 5000

명이 지도를 편집하고, 5000명이 자신이 사는 지역의 지도 정확성을 관리했다. 세계 각국에서 '문어발'처럼 적용할 수 있는 플랫폼이 되겠다는 사명으로 시작됐다.

내비게이션 서비스 앱은 우리나라에도 많다. 대표적으로 스타트업 '롤앤올'이 만든 앱 '김기사'가 대표적이다. 김기사는 다음카카오에 626억 원에 팔렸다. 웨이즈와 비교하면 매각 대금이 한참 작다. 이스라엘 요즈마 펀드(이스라엘 정부와 민간이 6 대 4 비율로 세운 벤처 캐피털로 지금까지 40여 개 벤처 기업에 투자했고 20개가 넘는 창업 기업을 나스닥 증시나 글로벌 대기업에 매각함)의 이갈 에를리히 회장은 '김기사가 겨우 626억 원에 팔렸다는 사실은 매우 놀라운 일'이라고 했다.

같은 내비게이션이라 하더라도 섣불리 비교하기는 사실 어렵다. 웨이즈는 2006년, 김기사는 2010년에 생겼다. 김기사도 사용자가 앱을 이용하면서 생성한 빅데이터로 실시간 교통 정보를 제공하는 사용자 기반이다. 그럼에도 불구하고 차이점은 있다. 처음부터 해외 진출을 목적으로 만들었느냐, 아니면 내수 시장에 적합한 모델로 출발했느냐다. 김기사는 후자다. 김기사는 국내에 안착한 다음인 2015년부터 해외 시장 진출을 추진하겠다고 밝혔다.

만약 김기사가 처음부터 가까운 일본이나 중국, 동남아시아에서 쓸 목적으로 앱을 만들었다면 어땠을까? 예단할 수 없다. 지금 다음카카오에 팔린 김기사는 없을지도 모른다. 그러나 어쩌면 지금보다 훨씬 임팩트가 강한 성공 사례가 나왔을지도 모를 일이다.

아직까지는 국내에서 먼저 성공하고 해외로 나가는 것이 쉽게 느껴진다. 그래서 해외에 바로 진출해 돈을 버는 한국의 젊은 부자는 많지 않다.

대개는 한국에서 시작하는 것조차 버거워한다. 그러나 이상훈 씨의 생각은 달랐다. 그는 똑같은 아이템이라도 해외에서 팔면 '혁신 아이템'이 될 수 있고, 환경적 요인만 잘 극복하면 성공할 거라고 확신했다.

49

제육볶음, 김밥으로 인도인 입맛 사로잡은 한국 프랜차이즈 왕자

성장 가능성만 보고 무작정 인도행
한국에서 한물간 잡탕 식당으로 4년 만에 점포 4개

인도에는 한국식 분식집으로 인도인의 입맛을 사로잡은 청년이 있다. 바로 이상훈(31) 씨. 그는 인도 북부 뉴델리의 마주누카틸라 지역에 한국식 도시락과 김밥, 비빔밥에 치킨, 피자를 파는 음식점 코리스(Kori's)를 세웠다. 티베트 불교를 체험하려는 세계 여행객들이 들르는 일종의 '한식과 양식 짬뽕' 식당이다. 2012년 창업해서 4년 만에 인도 뉴델리와 마주누카틸라, 네팔 카트만두 등지에 4개 식당을 운영하면서 월 매출 4500만 원을 올리고 있다. 연간 매출은 5억 원이다. 적다고 느낄지 몰라도 인도의 1인당 국내 총생산(GDP)은 1719달러(195만 원)로 전 세계 143위다(국제 통화 기금 2016년 자료). 평균 인도 국민이 연간 200만 원도 채 못 버는 점을 감안하면 코리스 창업자인 이상훈 씨는 '신흥 갑부' 축에 드는 것이다. 주위에서는 그를 '한국에서 온 프랜차이즈 왕자'라고 부른다.

주요 메뉴는 아메리카노(1100원)와 치킨버거(2300원), 제육볶음(4500원) 등이고, 주요 고객은 북동부 인도인과 티베트 출신 인도인들이다. 그러다 보니 음식이 전체적으로 인도인의 입맛에 맞추어져 있다. 지나치게 매운 맛은 순화시키고 적절한 인도식 향료를 넣은 '퓨전 음식'인 것이다.

"한류가 중국과 미얀마까지 스며들어 사람들이 한류 문화에 친숙해졌거든요. 자연스럽게 한국 음식에 대한 관심도 높아졌습니다."

그의 성공 법칙은 이렇다. 일단 인도 사람들은 비교적 맵고 짠 자극적인 맛을 선호하는데, 한국 음식 가운데 딱 맞는 음식이 많다. 떡볶이와 제육볶음 등이 대표적이다. 둘째는 카페식 '잡탕 식당'이다. 피자도 팔고 햄버거도 팔고, 제육볶음이랑 김밥도 파는 식당이다.

"한국에서 커피, 햄버거, 제육볶음, 베이커리를 팔면 잡탕식으로 파는 식당은 망한다는 평가를 받을 수 있어요. 그러나 이러한 잡탕 식당 문화가 발달하지 않은 인도에선 커피와 전 세계 각국의 음식을 먹는 식당이 대박 아이템이에요. 돈까스도 팔고 커피를 파는 1980~1990년대 한국식 카페가 여기서는 통합니다."

이 씨는 원래 꿈이 창업이었다. 연세대 원주캠퍼스 국제관계학과에 진학하면서 사업가를 꿈꿨다. 그러나 한국에서 사업을 하기엔 많은 돈이 필요했고, 전망도 어둡다고 느꼈다. 그는 인도로 눈을 돌렸다. 중국만큼이나 성장하는 인도를 기회의 땅으로 본 것이다.

"2011년 12월, 스물다섯 살 때 무작정 인도로 날아갔어요. 시장 조사를 해 보니 제대로 된 카페나 24시간 편의점이 없었습니다. 인도에서 한 사람에게 10원씩만 팔아도 120억 원을 벌 수 있겠다 생각했어요."

아르바이트로 모은 2000만 원과 부모님에게 빌린 3000만 원으로 5000만 원을 만들어 인도로 갔다. 아버지는 말렸다. '정 사업을 하고 싶으면 한국에서 3~4년 직장 생활을 하다 도전하라'고 했다. 그러나 이 씨는 '한

"음식 장사에서 가장 중요한 것은 사람이란 사실을
비싼 대가를 치르고 알았습니다.
앞으로 매장을 20~30개 더 열 계획입니다.
인도는 기회의 땅입니다. 도전해서 해낼 능력이 있으면
성공할 수 있습니다."

국에서 2~3년 직장 생활로 얻어지는 안정감이 두려웠다'고 한다.

"직장을 다니면 금방 5년, 7년이 지나가는데 그때 제가 가진 모든 걸 포기하면서 사업을 시작할 자신이 없었어요."

2012년 3월 뉴델리에 방을 하나 잡았다. 3개월간 버거와 치킨 레시피 개발에 몰두했다.

"원하는 맛을 내기까지 골방에서 수천 번 닭을 튀기고 버거를 개발했습니다."

그해 7월 3000만 원을 들여 26제곱미터(8평) 남짓한 작은 가게를 냈고, 배달 서비스까지 시작했다. 한 달 만에 매출 100만 원이 났다. 그러나 직원에게 사기를 당하는 바람에 어려워졌다.

"창업 4개월 만에 서둘러 2호점을 냈다가 사기를 당했어요. 2호점을 가맹 계약한 인도인이 1호점에서 일하는 매니저와 요리사를 꼬드겨 직접 가게를 연 겁니다."

매니저와 요리사가 사라지자 1호점 매출이 뚝뚝 떨어졌고 결국 매장 문을 닫았다.

"음식 장사에서 가장 중요한 것이 사람이라는 사실을 비싼 대가를 치르고 알게 된 거죠."

그러나 시행착오 끝에 다시 전력투구했다. 최초의 실패를 교훈 삼아 힌두어도 열심히 배우고 인도인 직원들과 농담을 주고받으며 친해졌다. 직원들 직접 교육도 했다. 바닥을 닦는 행주로 식탁을 닦을 정도로 인도인들의 위생 관념이 부족하기 때문이었다.

"만약 한국에서 카페나 음식점을 한다고 하면 경쟁 상대 때문에 바로 망했을 겁니다. 그러나 인도에선 제 시도가 신선한 듯합니다."

그는 앞으로 5년 안에 최소 20~30개 매장을 더 열고 싶다고 한다.

"인도에 온 1년간 사람 문제 때문에 실패했어요. 인도는 할 수 있는 일이 너무 많은 기회의 땅이에요. 여기서 더 크게 성공할 겁니다."

이 씨는 한국말로 말하자면 '분식집 사장님'이다. 그러나 분식집 사장님치고는 엄청나게 많은 돈을 쓸어 담고 있다. 직원을 잘못 만나 매장 문을 닫는 어려움을 겪었지만, 시장 자체가 워낙 크다 보니 도전할 분야가 많은 것이다.

사실 요식업은 국내에서 폐업률이 가장 높은 분야 중 하나다. 국세청에서 발표한 2015년 〈국세통계연보〉를 보면, 2014년 창업자 65만 2285명 가운데 요식업이 16만 3988명(25.1%)으로 가장 많은 비중을 차지했다. 신규 창업자 4명 가운데 한 사람이 음식점을 연 셈이다. 신규 창업 중 3년 이내 폐업률은 68%에 이르며, 이 가운데서도 요식업 폐업률은 23%를 차지한다. 골목을 지나가다 보면 김밥집과 커피숍이 기다렸다는 듯이 나오는 한국 실정에서 요식업 성공은 그만큼 어렵다. 그런 의미에서 일찍부터 인도로 눈을 돌려 성공을 일궈 낸 이상훈 씨의 이야기는 한 번쯤 생각해 봐야 할 주제가 아닐까 싶다. 한국에서는 흔하다 못해 이제는 사라지다시피 한 잡탕 식당이 인도에서는 통한다는 것을 발견했기 때문이다.

50

집안 파산 후 상하이에서
창업 4년 만에 매출 380억 원

중국 스마트폰을 점령한 잠금 화면 앱
알리바바, 텐센트도 반해 버린 한국 청년의 역발상

이번엔 중국으로 가 보자. 중국인들의 스마트폰 이용 변화상을 역발상으로 해석해 중국 모바일 시장에 돌풍을 몰고 온 한국 청년이 있다. 강민구 (31) 화동미디어 대표다. 이관우 버즈빌 대표처럼 잠금 화면 상태에서 이용하는 플랫폼 비즈니스지만, 그는 한발 더 나갔다. 잠금 화면에 광고뿐 아니라 쇼핑과 택시 예약, 배달, 뉴스를 한 번에 띄우는 '올인원' 슈퍼 앱을 만든 것이다. 바로 '머니 락커(Money Locker)'다.

잠금 화면 상태에서 왼쪽으로 드래그하면 뉴스를 볼 수 있고, 오른쪽으로 드래그하면 택시 예약, 쇼핑이나 배달 앱을 이용할 수 있다. 머니 락커 앱 하나만 설치하면 자동으로 수십 개의 다른 앱 서비스에 가입돼 잠금 화면에 노출된다.

IT 창업에 관심 있는 청년들이 하나같이 스마트폰 안에 들어가는 애플리케이션 만들기에 여념이 없다. 그러나 강 대표의 생각은 달랐다. 스마트폰 안의 세상을 잠금 화면으로 꺼내 오자는 것이었다. 스마트폰에서 다양한 앱을 사용하는 소비자들이 늘면서 잠금 화면을 해제하고 스마트폰 메인 메뉴에 들어가 앱을 찾는 데도 시간이 걸린다는 사실을 깨달았기 때문이다.

회원수 5000만 명. 하루 페이지뷰만 3억 뷰에 달하는 이 서비스는 사용자가 잠금 화면에서 이용하는 거래 대금에서 수수료(쇼핑 20%, 배달 5%)를 받는다. 창업 3년 만인 2015년 매출 200억 원을 돌파했고, 2016년 380억 원을 넘어섰다. 직원수는 150명. 2016년 봄에는 중국판 코넥스(코스닥 상장 요건에 못 미치는 중소기업들의 자본 조달을 위한 주식 시장)라 불리는 '신삼판'에 상장한다. 그간 '해외에서 창업해 성공한 전례가 없다'는 국내 창업 생태계의 한계를 보기 좋게 깨트린 것이다.

"하나같이 스마트폰 메인 화면에 뜰 앱을 만들려고 노력하잖아요. 저는 반대로 잠금 화면을 노렸습니다."

그의 역발상 전략에 중국 기업가들이 놀랐다. 알리바바와 텐센트에 투자한 중국 유명 벤처 캐피털이 200억 원을 투자했다. 알리바바, 텐센트, 바이두, 디디추싱 등 1000여 개 기업과 제휴를 맺기도 했다. '스마트폰 메인 화면'을 '잠금 화면'으로 옮겨 오는 방법은 중국 소비자들이 원하는 서비스였다. 한국보다 모바일 결제가 보편화됐기 때문이다. 가게에 들어가 모바일 결제를 하기 위해 잠금 화면을 풀고 수십 개에 달하는 앱 중에서 알리 페이 결제 앱을 찾기란 여간 불편한 것이 아니다. 그것도 사람들이 줄서서 결제하려고 기다리고 있다면 말이다. 그러나 머니 락커는 잠금 화면을 켜자마자 알리 페이가 떠 매우 편하다. 잠금 화면에 모든 서비스를 옮겨 온 것은 세계 최초다.

강화도에서 작은 사업체를 운영하던 부모 밑에서 나고 자란 그는 어릴

"제 모토는 세 가지입니다.
첫째, 성공하는 삶보다 성장하는 삶을 살자는 겁니다.
반짝 성공하면 금방 망할 수 있습니다.
둘째, 돈이 목적이 아니라는 것이죠. 저는 연결을 통해
새로운 IT 생태계를 만들자는 돈 이외의 목표가 있습니다.
사명이 있으면 위기가 와도 포기하지 않습니다.
마지막은 오늘보다 내일을 믿으라는 겁니다.
그래야 오늘 힘들어도 버틸 수 있습니다."

때부터 '남들과 거꾸로 가는 행동'을 많이 했다.

"버스를 반대로 타는 게 취미였습니다. '반대쪽 노선은 어떨까'란 생각에 버스를 타고 집 반대편 종점까지 가기도 했어요. 휴대폰을 6~7개월씩 안 들고 다닌 적도 있고요. 그게 내 삶을 어떻게 바꿀지 알고 싶었어요."

큰 세상을 보고 싶어 중1 때 미국으로 유학을 떠났다. 정부의 한 재단에서 유학 장학금을 따냈고, 선교사인 고모 집에서 살았다. 2003년엔 중국으로 건너갔다. 그러나 아버지 사업이 파산하면서 생활비와 등록금을 벌기 위해 사업을 시작했다.

좋아하던 운동화를 아이템으로 삼았다. 살던 곳 근처의 신발 공장에서 '나이키 조던 시리즈' 신발을 떼어다 한국에 팔았다. 개당 10만 원에 떼어 한국에서 100만 원에 팔았는데, 그렇게 3년간 신발을 떼다 팔아 3억~4억 원을 벌었다.

푸단대에 입학해서도 사업을 계속했다. 금융 중심지인 상하이에서의 창업은 '미친 짓'이었다. 금융 명문인 푸단대만 해도 대부분 졸업 후 골드만삭스 같은 투자 은행에 취업한다. 그러나 그는 '한국 청년이 중국에서 성공하는 것'을 보여 주고 싶었다.

신발을 떼어다 한국에서 파는 장사가 잘됐지만, 대학 때 손댄 사업은 잘되지 않았다. 역발상적 창업자들은 모순에 숨어 있는 진실을 파헤친다. 그것이 장기적으로 파괴력이 있다는 것을 알기 때문이다. 그러나 강 대표는 신발 사업으로 돈을 크게 벌어 본 경험을 바탕 삼아 비전을 찾기 어려운 사업에 손댔다. 소셜커머스 사업, 한류 기사를 번역해 한국 매체에 공급하는 사업, 섬유 기계를 납품하는 사업……. 모두 손을 댔지만 제대로 성공한 것은 없었다. 당장 3개월, 6개월은 매출이 발생할지 몰라도 '판도'

를 바꿀 만한 혁신은 아니었기 때문이다.

상하이의 허름한 아파트를 빌려 다시 사업을 시작했다. 처음에는 잠금 화면에 광고를 노출해 광고주와 플랫폼 운영자가 수익을 나눠 갖는 비즈니스로 시작했다. 그러나 강 대표는 자투리 원단으로 대박을 친 김소영 대표와 같은 고민을 했다. 100원짜리 광고를 수주하면 60∼70원의 수익이 나 수입은 짭짤했지만, 지속적으로 성장하기 위해서는 좀 더 획기적인 방법이 필요했던 것이다.

"판도를 뒤집을 혁신이 필요했습니다. 중국인들이 스마트폰 페이를 많이 쓰는 데 착안했어요. 텐센트 페이, 알리 페이 같은 거요. 그런데 이게 귀찮습니다. 잠금 화면을 해지하고 앱을 클릭해야 하거든요. 그래서 스마트폰 페이를 잠금 화면에 옮겨 보자고 생각했습니다. 잠금 화면 상태에서 각종 결제를 하고 뉴스도 볼 수 있게요."

처음 문을 연 2013년부터 2014년 중반까지 투자금을 포함해 10억 원을 날렸다. 그가 고안한 아이디어를 구현해 줄 사람이 필요했다. 최고의 두뇌만 모인다는 베이징대 IT 연구실에 가서 유능한 IT 개발자를 찾아 헤맸지만 '한국인 창업자와 일하는 것은 생각해 본 적이 없다', '지금이 좋다'는 반응만 돌아올 뿐이었다. 그런데 운이 따랐다. 마침 상하이에 여자 친구가 있다는 개발자를 만난 것이다. '내가 비행기 표 끊어 주겠다. 인생 바꿔 주겠다'고 설득해 그를 상하이로 데려왔고, 서비스를 론칭했다.

론칭하자마자 대박을 쳤다. 하루에 20만 명씩 사용자가 늘었다. 전 세계 투자자들이 소식을 듣고 상하이 쉬후이구에 있는 그의 사무실로 몰려들기 시작했다. 폭발적으로 성장하는 회사였지만 그는 자신의 월급을 1원으로 깎았다. 상장할 때까지 집과 차, 월급을 안 받겠다는 선언도 했다.

"회사 지분의 30%를 갖고 있었어요. 회사가 성공하면 제가 가장 큰 성공을 맛보는 셈이었죠. 지와 함께한 인재들이 저와 일하는 이유를 만들고 싶었어요."

중국에서 창업한다는 것은 매우 어려운 일이다. 일단 외국인 창업자에 대한 규제가 많다. 중국 투자자들과 합작 기업이 아니면 법인 설립부터 상장까지 어려움을 많이 겪는다. 한국(22%)보다 법인세율(25%)이 높은 것은 물론 상하이 임대료는 서울 강남보다 비싸다. 그러나 강 대표는 이런 악조건을 이겨 냈고 그 힘은 바로 역발상에 있었다.

51

부모 몰래 대기업 퇴사하고
화장품 회사 설립 2년 만에 150억 원 돌파

대기업 출신 청년들의 무모한 도전
과감한 제휴로 중국 시장 공략

필자가 만난 한국의 젊은 부자들이 뛰어넘어야 할 가장 큰 허들은 사실 사업 아이템도, 영업도, 자본금도 아니었다. 차별화한 아이디어와 발품을 파는 노력, 집중력과 역발상적 접근으로 그들은 웬만한 장애물은 오히려 쉽게 뛰어넘었다. 이들에게 '넘사벽'은 다름 아닌 부모였다. 대체적으로 젊은 부자들의 부모는 두 부류로 나뉜다. 첫째는 '무조건 네가 하고 싶은 대로 하라'는 밀어 주기형, 둘째는 '절대 안 된다'는 극구 반대형이다.

그런데 후자의 경우에도 의외로 성공의 에너지가 되기도 한다. 부모의 결사 반대 덕분에 오기가 생기기 때문이다. 어떻게 해서든지 성공해 '아버지 체면을 더럽히지 않겠다'는 생각을 하는 것이다. 그러나 그것은 결코 좋은 현상이 아니다. 부모가 '감 놔라 배 놔라' 간섭을 하면 잘하던 일도 걱정이 돼서 못하기 때문이다.

서울 서초동 교대 인근의 한 빌딩에는 '부모 몰래' 대기업을 관두고 사업을 시작한 30대 초반 청년들이 있다. 이들은 부모의 반대를 뛰어넘어

"회의감이 들었죠. 삼성물산에서 영업할 때도
'을'이었지만 회사 대표나 임원과 직접 협상했거든요.
작은 기업들에게 '내가 이렇게까지 낮춰야 하나'
그런 철없는 생각도 했습니다. 그래서 '대기업 출신이란
쓸모없는 자부심을 빨리 버리자'고 되뇌었죠."

성공했다. 2014년 5월 중국 온라인 쇼핑몰에 국내 화장품 브랜드를 유통하는 회사를 만들었는데, 그야말로 대박을 쳤다. 직원은 경영진을 포함해 단 6명. 그러나 창업 2년이 채 안 된 2015년 매출 147억 원을 달성했고, 2016년엔 210억 원을 이루었다. 중국 시장에 새로운 한류 화장품 바람을 불어넣는 이 회사의 이름은 '바람(Baram)'이다.

박래현(34) 대표와 박지영(31) 부사장이 만든 바람은 1차 화장품 유통 업체. 중국 여성들에게 먹힐 만한 국내 중저가 화장품을 골라 계약을 맺고 브랜드 관리와 마케팅을 한다. 중국 쇼핑몰에서 직접 물건을 파는 2차 유통 업체가 바람이 선택한 화장품을 사 간다. 이들이 고른 물건은 중국 온라인 쇼핑몰 1위인 알리바바 티몰(Tmall), 중국 1위 소셜커머스 웨이핀후이(vip.com), 중국 최대 화장품 쇼핑몰 주메이(Jumei) 등 10곳에서 팔린다.

주요 브랜드는 스타일 난다의 3CE, 언프리티랩스타, 투쿨포스쿨 등 중저가 색조 화장품. 20~30대 중국 여성이 주요 고객인데 일부 브랜드의 아이마스카라, 립스틱은 한 달에 10만 개씩 팔린다. 이 정도 성과가 나왔으면 어디 언론에 나올 법도 한데, 그동안 인터뷰를 못했다. 부모 몰래 사업을 해 왔기 때문이다.

"부모님은 아직 우리가 뭘 하는지 모르시거나 하는 일을 인정하지 않으려 하세요. 더 많은 응원을 해 주셨으면 좋겠어서……."

연세대 선후배 출신인 박 대표와 박 부사장은 각각 삼양그룹과 삼성물산에서 4년간 일하면서 슈퍼 사원 대접을 받았다. 박 대표는 삼양그룹에서 유럽 시장에 플라스틱 원재료를 직거래 방식으로 유통하는 구조를 만들었다. 삼양그룹은 원래 플라스틱 원재료를 중간 도매상(vendor)을 거쳐 유럽에 납품했다. 중간 도매상에게 매출의 일부를 수수료로 떼어 주는 구조였다.

그는 입사 1년 차 때 유럽인 유학생으로 구성한 아르바이트팀을 꾸려 유럽 기업과 접촉하면서 영업에 성공했다. 평소 회사가 내던 연간 유럽 시장 매출을 40%나 늘렸다. 덕분에 그는 사원급이지만 회사에서 '스타' 대접을 받았다. 한편 박 부사장은 삼성물산에서 중동 플랜트 철강 영업을 했다.

"보통 무역 상사는 납품하는 물건을 부두까지만 갖다 주거든요. 저는 집(공장) 앞까지 갖다 주는 풀 서비스 방식을 도입했어요."

덕분에 퇴사할 땐 중동 철강 시장 시장 점유율 1위 업체 자리에 올랐다. 둘은 회사에 들어간 이유가 창업을 대비해 경험을 쌓기 위해서였다고 한다. 대기업에서 5% 안에 들어야 창업했을 때 성공할 수 있다고 믿었기 때문이다. 퇴사하기 전에 중국 광저우, 선전, 샤먼 등 여러 지역을 다녔는데 어딜 가나 한국 제품이 보였다. '맨땅에 헤딩하는' 영업 정신으로 해 보자고 결심했다.

처음엔 다른 유통 업체처럼 '따이공(보따리상)'들과 거래를 시작했다. 그런데 '따이공'들은 거액의 보증금과 수수료를 요구했다. 6개월간 거래해 보니 적자가 났다.

"보증금을 내면 안정적으로 물건을 팔아 주겠다는 말에 속아 거액을 날렸죠."

그래서 화장품 유통 방식을 바꿨다.

"저흰 화장품 전문가가 아니고 영업과 물류에 강점이 있거든요. 중국 시장을 잘 아는 국내 유통 업체를 만나야겠더라고요. 중국엔 수천 개의 온라인 화장품 쇼핑몰이 있는데, 일일이 모든 업체를 직접 뚫어 영업하긴 어려웠어요."

마침 중국 시장에서 잔뼈가 굵은 아모레퍼시픽 팀장 출신 인사가 중국 영업을 전문으로 하는 유통 업체(씨메이트)를 차릴 준비를 했다.

"의기투합했어요. 저희가 직접 중국 쇼핑몰에 납품하는 구조를 짜면 마진은 20% 이상 날 수 있습니다. 그러나 저희는 국내 브랜드 발굴만 하고, 중국 영업은 씨메이트에 맡기기로 했죠. 한 다리 거쳐 물건을 납품해 마진은 줄지만 큰 장점이 있다고 판단했습니다. 중국 네트워크가 없는 저희가 브랜드를 발굴해 영업까지 성공하는 것은 어려운 일이었거든요."

브랜드 영업을 본격적으로 뛰었다. 원칙은 중국 여성이 환호할 스토리를 갖춘 화장품이었다. 중국 여성들이 환호하지만 현지에서 구할 수 없는 물건만 찾았다.

"가령 CJ E&M의 랩 경연 오디션 언프리티랩스타는 중국판 유튜브인 '요쿠'에서 1000만 뷰가 나올 정도로 인기예요. 그런데 CJ E&M이 언프리티랩스타 화장품 브랜드를 2015년에 내놨거든요. 그런 곳부터 부랴부랴 찾아갔죠."

초반은 굴욕의 연속이었다. 중저가 화장품 브랜드를 파는 작은 중소기업도 스타트업의 손을 잡아 주지 않았다. 만날 시간을 내 주지 않아 회사 로비에서 막연하게 기다리기도 했다. 박 부사장은 아르바이트 채용 공고에 나온 인사 담당자 연락처를 보고 전화해 '제발 연결해 달라, 도와 달라'고 수십 차례 매달렸다고 한다.

두 사람은 창업을 하면서 대기업에서 느껴 보지 못한 냉대를 받았다.

"삼성물산에서 영업할 때도 '을'이었지만 회사 대표나 임원과 직접 협상했죠. 그런 제가 이런 작은 중소기업에 '이렇게까지 낮추어야 하나' 철

없는 생각도 했어요. 그래서 대기업 출신이란 쓸모 없는 자부심을 버리자고 되뇌었죠."

우여곡절 끝에 바람은 지금 순항 중이다. 물론 두 청년은 부모의 벽을 아직 완전히 넘지 못했다. 박래현 대표의 아버지는 치과 의사, 어머니는 고등학교 교사 출신. 박 대표는 말한다.

"보수적이세요. 집안 어른들이 대대로 삼양사에 다녔거든요. 가족 모임에서 제가 회사를 그만두겠다고 했더니 '철딱서니 없는 놈'이라며 난리가 났습니다. 창업 자금은 당연히 한 푼도 지원 받지 못했고요."

박지영 부사장의 부모는 기사가 나간 후에야 아들이 창업한 것을 알게 됐다. 그의 아버지는 대구에서 40년간 공무원 생활을 했다.

"지방에서 서울로 학교를 보낸 아들이 삼성에 들어갔는데, 그걸 마다하고 그만두는 것을 좋아하는 공무원 부모는 없을 겁니다. 부모님이 받아들이기 어려웠죠."

박 부사장은 아버지와 겪은 여러 차례의 갈등에 대해 털어놨다.

"회사 그만두겠다고 몇 번 던져 봤는데 반응이 워낙 격해서 말을 이어가지 못했습니다. 저는 '아버지, 제가 원하는 삶이 아닙니다. 일단 다른 회사로 가겠습니다' 하고 못을 박았죠."

창업해 매출 100억 원을 넘기고 나서야 부모와의 사이가 조금 원만해졌다. 이 정도면 웬만한 중소기업 매출을 뛰어넘는 가파른 성장인데 아직도 완전히 인정을 받지 못했다. 박 대표는 말한다.

"사업해 돈을 벌 젊은 청년 여러분, 어쩔 수 없습니다. 저지르지 않으면 안 돼요. 그리고 열심히 하다 보면 부모님도 언젠가 인정해 주시겠죠."

52

불과 3년 전에는 세상에 개념조차 없던 사업, 200억 원 가치 평가받고 세계 진출

우연히 만난 대박 트렌드, '미친개' 정신으로 중국, 베트남까지 진출한 20대 청년

2009년 성균관대 독어독문학과를 졸업한 최인석(27) 씨는 빠르게 변화하는 세상의 흐름에 수혜를 입은 청년이다. 그가 세운 회사 '레페리'는 뷰티 패션 크리에이터를 교육하는 MCN(Multi Channel Network)이다.

유튜브에 등장하는 1인 미디어 크리에이터를 오디션을 통해 뽑아 동영상 제작법을 가르치고 멘토링 교육도 한다. 교육을 받은 크리에이터가 데뷔하면 콘텐츠 제작을 돕고 광고도 유치한다. 유명한 유튜버인 다또아, 밤비걸, 미아 등 100명의 크리에이터가 있고, 각 크리에이터가 확보한 구독자수는 10만~50만 명에 달한다. 최 대표가 사업 초창기에 3~4주간 크리에이터에게 영상과 촬영, 편집, 기획, 디자인 등을 전반적으로 알려준다.

매출은 두 가지 방식으로 낸다. 기업의 제품 홍보 의뢰를 받아 뷰티 크리에이터가 홍보하는 방법이 첫 번째다. 홍보 프로젝트당 최대 2000만~3000만 원을 기업으로부터 받는다. 둘째는 뷰티 크리에이터가 직접 중국 타오바오 등 쇼핑몰에 판매 셀러로 등록하고, 온라인 동영상으로 홍보한 화장품을 판매하는 커머스 방식이다. 현재 타오바오에는 '숍인숍' 형태로 판매 셀러들의 작은 쇼핑몰이 많다. 레페리는 2개를 운영 중이다. 회사는 크리에이터와 수익을 배분하는데, 크리에이터가 60% 정도 가져간다. 현재까지 커머스 매출 비중은 약 10%. 그러나 이 분야는 성장 가능성이 높아 사업 시작 1년 만에 홍콩 법인을 세우고 중국 선전과 베트남에 지사까지 열었다. 중국인 뷰티 크리에이터를 양성해 쇼핑몰 매출을 높이겠다는 계획이다.

지금까지 중국 유력 벤처 캐피털 등으로부터 50억 원 이상 투자를 유치해 회사 가치를 200억 원 이상으로 평가받았다. 2015년에 이미 수십 억 원 이상의 매출을 올렸다.

"2년 전만 해도 이 시장은 황무지였습니다. 뷰티 크리에이터, MCN이란 개념조차 없었죠."

2016년 9월엔 중국 텐센트와 계약을 맺고 중국 동영상 플랫폼인 '워더 메이쌍꾸에이미(나의 절친 메이크업)'에 크리에이터를 뽑는 오디션 프로그램까지 진행했다. 국내 연예계에 SM, YG 같은 기획사가 있다면, 인터넷 방송계에 레페리 엔터테인먼트가 있다는 이야기까지 나온다.

그러나 창업자 최인석 씨가 처음부터 이처럼 '핫한' 트렌디 아이템을 떠올린 것은 아니었다. 대학 휴학 이후에 투자 자문사에서 인턴을 하면서 주식 시장을 공부했고, 블로그에 주식과 자기 계발 주제로 글을 올렸다. 인턴 경험과 블로그 운영을 통해 시장 보는 눈을 키웠다. 그러나 화장품 창업은 우연히 들은 이야기에서 시작됐다.

"사실 미샤, 아모레퍼시픽, LG생활건강 주식을 샀는데 나중에 대박이

"미친개는 무조건 직진해서 물어요.
저도 한번 마음먹으면 절대 머뭇거리지 않습니다."

났어요. 한 파워블로거 모임에서 뷰티 블로거들이 로드숍 제품이 좋다는 이야기를 많이 했죠. 그래서 명품 화장품을 집에서 저렴하게 구입할 수 있는 사이트를 열었어요. 온라인상에서 정가보다 30~40% 싸게 팔고, 소비자가 백화점에 직접 가서 물건을 픽업하는 구조를 짰어요."

2012년 신사동 가로수길 스타벅스를 창업 사무실로 삼았다. SK플래닛과 디캠프에서 4000만 원을 투자 받았다. 문제는 화장품 회사와 계약을 맺기 위해 수없이 사업 계획서를 돌렸지만 반응이 없었다는 것이다. 1년 내내 적자였다.

"직원들 월급이 30만 원이었어요. 곧 성공한다는 말로 달래기엔 한계가 있었죠."

계약을 하지 못해 직접 투자금으로 화장품을 사들여 판매를 시도했지만 실패했다. 어떻게 하면 명품 회사들의 마음을 돌려 볼까 고민했다. 다시 내밀어 볼 '미끼'가 뷰티 블로거들이었다. 당시 최 대표는 국내 10~20명의 인기 뷰티 블로거들과 정기적으로 모임을 해 오며 친분을 쌓아 둔 상태였다. 블로거들이 블로그뿐 아니라 영상을 통해서 명품 화장품을 홍보해 주는 조건을 걸어 보려고 했다.

"창업 관련 경진 대회나 명품 화장품 회사 같은 데서 사업을 발표하며 마지막에 뷰티 블로거 이야기를 꺼내면 눈빛이 달라지는 거예요. '사업은 별 재미가 없는데, 저 뷰티 블로거는 재밌네'라는 반응이었어요. 영상으로 뷰티를 홍보하겠다는 부분에 굉장히 큰 관심을 보인 겁니다."

그는 2014년 1월 기존의 명품 화장품 판매 사업을 과감히 접었다. 대신 영상으로 화장법을 알려 주는 뷰티 크리에이터 육성 교육 사업을 하기로 했다.

"성공하는 뷰티 크리에이터의 조건은 이런 겁니다. 예쁘다기보다 화장을 통해 예뻐지는 사람, 농담을 잘하는 역동적인 표정의 소유자, 영상을 통해 친구가 되어 줄 수 있는 사람. 이런 뷰티 크리에이터면 흥행할 수 있다고 믿었어요. 그러나 우리나라 파워블로거들은 대부분 동영상에 익숙하지 않았죠."

뷰티 크리에이터 교육 프로그램을 만들어 2014년 한국콘텐츠진흥원에서 주최한 창업 경진 대회에 나가기 위해 사업 계획서를 만들었다. 뷰티 블로거들을 모아 동영상 교육을 시키고 인터넷 방송을 하겠다고 했는데, 심사 위원들의 반응은 냉담했다. 그런데 다음 날 구글 지사의 임원으로부터 연락이 왔다. 마침 유튜브 행사가 열리니 와서 네트워킹을 해 보라는 것이었다.

"도와주실 줄 알았는데, '즐겁게 놀다 가세요' 하고는 그냥 사라지시더라고요. 그런데 그 현장을 통해서 유튜브 실무자를 만났어요. 그에게 1년간 제대로 된 크리에이터 1000명을 육성할 테니 장소와 장비를 빌려 달라고 했죠."

2014년 9월 1기를 모집했다. 20명 모집에 100명 이상이 몰렸다. 순식간에 유튜브 동영상 조회수가 하루에 수백 만 건을 찍을 만큼 폭발적이었다. 그렇게 2015년 3월 처음으로 유튜브 광고로 수익 50만 원을 냈다. 창업 3년 만의 결실이었다. 이후 그는 꾸준히 교육생을 유치해 뷰티 크리에이터로 키워 냈다. 그리고 사업 아이템을 바꾼 지 2년이 안 돼 중국·동남아 시장에 빠르게 진출했다.

원래부터 트렌드에 민감한 그의 취미는 백화점 돌아보기이다.

"백화점을 돌며 이 브랜드, 저 브랜드 화장품 사는 것이 취미였죠. 그러다 여자가 아닌 남자가 화장품 창업을 해 보면 잘되지 않을까 하는 짧은 생각으로 덤벼들었어요. 경영을 제대로 배운 적이 없어서 지금도 사실 '감'으로 경영하는 느낌입니다. 그러나 제 신조가 '미친개 정신'으로 살자는 겁니다. 한번 물면 절대 안 놓습니다."

그는 향후 MCN의 트렌드를 밝게 점쳤다.

"향후 3년간은 매년 수십 %씩 성장할 겁니다. 우리나라도 MCN이 많이 생겼는데, 2017년엔 이합집산을 통해 한번 교통정리가 될 것으로 보입니다."

그의 회사엔 대기업, 글로벌 기업 출신 인재들이 몰린다. 한 번도 헤드헌터를 통해 직원을 뽑은 일이 없다고 한다. '이건 확실히 되는 산업'이라는 생각에 인재들이 먼저 노크를 해 오기 때문이다.

화장품 사업은 잘만 하면 영업 이익률을 30~50% 이상 낼 수 있다. 그러나 똑같은 화장품이라도 어떻게 접근하느냐가 중요하다. 최 대표는 그저 비싼 화장품을 싸게 파는 전략을 구사했다가 투자금만 까먹었다. 명품 회사들은 가격을 쉽게 내리지 않는다. 샤넬이나 루이비통 같은 명품 회사들이 제품을 더 많이 팔 수 있는데도 '재고 제품'을 파는 아울렛에 진출하지 않는 이유와 같다. 부랴부랴 투자를 더 받기 위해 급히 생각해 낸 '크리에이터 교육 아이디어'가 사실은 트렌드에 제대로 부합하는 아이디어였다. 뷰티 블로거들의 화장품 지식과 노하우를 영상으로 옮겨 오면 대박을 칠 '상품'으로 재해석한 것이다.

사실 앞으로의 트렌드는 디지털 시대에서 어떻게 살아남을 수 있느냐다. 눈에 보이지 않는 디지털 세상을 활용해야 새로운 부를 창출할 수 있는 시대이기 때문이다. 세계적인 미래학자이자 디지털 구루(guru)인 돈

탭스콧 막시인사이트 회장은 우리에게 친숙한 위키노믹스, 프로슈머, 디지털 경제라는 용어를 대중화한 주인공이다. 그는 필자와의 인터뷰에서 이렇게 말했다.

"베이비부머 부모로부터 태어난 N(net) 세대에 주목해야 합니다. 어릴 때부터 컴퓨터, 마우스, 인터넷을 접한 세대는 지능이 높고 협업에도 익숙해 이들이 경제와 정치, 사회를 바꿔 놓고 있습니다."

그는 1997년 이후 태어난 더 젊은 세대에 주목하고 있다고 한다. 이들은 N세대보다 더 젊은 S(social media) 세대로, 협력과 쌍방향 소통에 훨씬 더 능하다고 주장한다.

"N 세대는 인터넷 활용도가 높아요. 인터넷 정보 가운데 무엇이 옳고 그른지도 잘 분별합니다. 예컨대 석탄 회사의 '석탄이 최고의 대체 에너지다'라는 주장이 거짓말이란 것을 잘 압니다. 또한 선택의 자유와 재미, 스피드를 추구하죠. 그러나 S 세대는 모든 인간관계와 인성을 인터넷뿐만 아니라 다양한 플랫폼에서 동시다발적으로 쌓고 있습니다. 이들은 학교 숙제를 인스턴트 메신저, 페이스북 등을 통해서 100% 해결하는 세대입니다. S 세대는 사용자면서 협력자지만 모든 것을 플랫폼으로 해결하죠. 이들의 뇌는 훨씬 더 발전돼 있습니다."

10년 뒤의 트렌드를 내다보는 일은 사실상 불가능하기 때문에 현재 사회 변화를 주시하고, 기존의 관점으로 섣불리 미래를 예단하지 말아야 한다. 30년 전에 있던 직업들 중에 지금은 없어진 직업이 많은 것처럼 앞으로 10년 안에 사라질 직업도 많다. 절대 없어지지 않을 것 같은 직업도 사라지고, 생각지 못한 직업들도 생겨날 것이다.

영국 일간지 〈인디펜던트〉는 마이크로소프트 서피스(Microsoft Surface)

와 함께 발표한 미래 직업 보고서에서 '현재 대학에 다니는 65%의 학생은 지금은 존재하지 않는 직업을 선택하게 될 것이다'라고 했다. 대표적인 직업들은 이름만 들어도 희한하다. 10년 안에 생길 대표적인 유망 직업이 가상 현실 공간 디자이너였다. 2020년까지 가상 현실 시장이 400억 달러(44조 원) 규모로 성장할 것으로 추정된다. 2026년이면 우리의 일터와 배우는 공간 자체가 가상 현실일 가능성이 높다. 가상 현실 공간 디자이너는 이러한 가상 세계의 미팅이나 미술 전시회 등을 위한 공간을 설계하는 사람이다. 보고서에는 '가상 현실 오피스에서는 전 세계의 직장인이 한 공간에서 일할 수 있으며 같은 프리미어 축구 경기장에 있는 것처럼 축구를 즐길 수 있다'고 되어 있다.

또 다른 직업이 사물 인터넷 크리에이터였다. 우리의 옷, 집, 자동차, 오피스에 공유될 수많은 데이터를 센서로 연결하고 이를 활용하는 방법을 알려 주는 사람이다. 가령 10~20년간 내가 고른 옷의 종류, 패턴, 날씨에 따른 옷 선호도를 데이터로 만들고 이를 상용화하는 방법을 가르쳐 준다는 것이다.

상상해 보자. 지금은 화장법을 알려 주는 특정 1인 유튜브 뷰티 크리에이터가 인기다. 그런데 사물 인터넷을 기반으로 한 화장품 크리에이터가 진짜 생기면 어떻게 될까? 모든 여성이 각기 자신이 화장품을 고르고 쓰는 10~20년 패턴을 다 데이터화해 남에게 팔 수도 있는 것이다. 이렇게 되면 누구든 '화장법을 알려 주는 크리에이터'가 될 수 있다. 원하기만 하면 전 세계 여성들의 화장법 수천, 수만 케이스 가운데 골라 쓸 수 있고 이를 공유할 수도 있다. 이렇게 되면 굳이 유튜브에서 활동하는 1인 뷰티 크리에이터가 필요하지 않을 수도 있다. 이런 변화가 일어나지 않는다는 장담은 누구도 할 수 없다. 불과 10~15년 전만 해도 우리는 스마트폰이 생겨날 거라고 예상하지 못했다. 그러므로 10년 후 또 어떤 일이 벌어질지 모른다.

미래는 자신만의 뚜렷한 주관으로 내다보고 준비해야 한다. 일본의 손정의 소프트뱅크 사장은 10대에 뜻을 세우고, 20대 초반에 창업했으며, 50대 후반에 해외 시장에 나섰다. 그는 '30년을 하나로 보고 300년 동안 지속하는 회사를 지향한다'는 말을 남겼다. 손 사장의 성공은 미래의 흐름과 변화를 본인의 줏대로 감지해 실천한 결과다.

다음소프트의 빅데이터 전문가인 송길영 부사장은 '최소 5년 전부터 내가 뛰어들 일을 준비해야 한다'고 말한다. '6개월 후에 이런 일을 하겠다'고 준비하는 것은 안 된다. 그건 경력 6개월짜리 일에 불과하다. 서른 살에 창업하겠다면 최소한 스물다섯 살엔 5년의 로드맵을 그려야 한다. 더 좋은 것은 스무 살 때부터 미래 트렌드를 내다보고 준비하는 것이다. 그것이야말로 진짜 대박을 치는 사업 아이템을 찾는 길이 아닐까 싶다.

53

매출 30억 원 대학생 CEO, '내가 학교 자퇴를 못하는 이유'

만 열아홉 살에 해외 마케팅 회사 창업한 서울대생
휴학과 최소 학점 수강으로 학생 신분 유지하는 이유

우리 사회에는 간판을 버리고 싶어도 못 버리게 하는 규제와 분위기가 팽배해 있다. 대표적인 것이 '학력'이 좋아야만 기업가로 육성해 주는 문화다. 학력과 출신지가 '안정성'을 보증해 준다는 덧없는 생각 때문이다. 이런 사회적 분위기 속에서 6년간 대학을 휴학하거나 학적만 걸어 두고 사업을 한 청년이 있다. 바로 모바일 마케팅 회사인 게임베리의 임형철(26) 대표다.

2011년 설립된 게임베리는 해외 진출을 계획하면서 현재는 광고와 홍보 방법을 모르는 애플리케이션 제작 기업 200여 개의 해외 마케팅을 돕고 있다. 2011년 이후 5년간 누적 매출이 30억 원 정도인데, 2017년엔 70억~100억 원의 매출을 바라보고 있다. 국내외 앱 개발사 1000여 곳과 미국, 일본, 유럽, 남미의 광고 네트워크 기업 1000여 곳이 만나 광고를 한다. 사업 전망이 밝고 사회적 공헌도가 높아 업계의 평가도 좋다. 그 덕분에 임형철 대표는 앞에서 소개한 닷의 김주윤 대표, 어니스트펀드의 서상훈 대표와 함께 《포브스》가 선정한 '아시아에서 영향력 있는 30세 이하 30인'에 뽑혔다. 그런 그에게도 남모를 고민이 하나 있다.

임 대표는 6년간 휴학과 복학을 반복하며 서울대에 학적을 걸어 두고 사업을 하고 있다. 그는 '자퇴하고 싶다'고 말한다. 근본적으로 학업과 일을 병행하기 어렵다는 것이다. 자퇴도 고려했다. 그러나 서울대 학력을 내칠 수가 없었다. 여러 가지 현실적인 이유가 있어서다.

사실 사업의 핵심인 해외 마케팅은 학력과 관련이 없다. 다만 정부에서 발주하는 사업이 문제다. 대표의 학력이 크게 영향을 미치기 때문이다. 기술보증기금의 벤처 인증이 대표적이다. 이 인증을 받으면 3년간 법인세를 50% 감면 받을 수 있다. 게다가 정부 사업에 입찰할 때도 가산점을 받는다.

"벤처 인증을 받으려면 대표자의 대학을 써내야 해요. 대학에 적을 두지 않은 '고졸 창업자'에게 높은 점수를 주지 않는 것으로 알거든요. 정부의 연구 개발(R&D) 사업을 따낼 때도 학력이 어느 정도 필요합니다. 그래서 쉽게 자퇴할 수 없는 겁니다."

벤처 업계에서는 정부 사업을 수주하거나 벤처 인증을 받으려면 학력이 중요하다고 말한다. 서울대, 카이스트 등 명문대 출신이 유리하다는 것이다. 예를 들어 기술보증기금에서 벤처 인증을 받기 위해 제출하는 사업 계획 서류에는 대학명과 재학·자퇴, 학사·석사 여부를 써내는 난이 있다. 또 정부에서 사업을 외부 스타트업에 맡길 때 요구하는 평가에는 '경영자의 능력과 역량'이란 평가 요소가 있는데, 학력과 학벌이 상당한 영향을 미친다. 신용보증기금의 한 관계자는 '학력도 사업에 있어 중요한 요소라 무시할 수 없는 문제'라고 했다.

"젊은 창업가들이 장기적인 비전을 가지고 일할 수 있도록
환경과 평가 잣대가 변했으면 좋겠습니다."

벤처 인증의 경우 2년마다 재평가를 거쳐 갱신한다. 인증을 받았어도 다음 재평가를 위해 임 대표는 서울대생이란 타이틀을 포기하기가 어렵다. 그래서 그는 2011년 1학기부터 2013년 2학기까지 3년 휴학한 데 이어 2014년에는 1학기와 2학기 전부 등록금만 내고 학교에 다니지 않았다. 2015년엔 창업한 학생들을 위한 창업 휴학 제도가 생겨서 다시 1년 동안 휴학을 했다. 그러나 1년의 창업 휴학 기한마저 끝나면서 2016년에는 다시 등록금을 내야만 했다.

서울대는 9학점 이하를 들으면 등록금의 50%(10학점 이상은 등록금 전액)를 내도록 되어 있다. 그래서 임 대표는 늘 수강 신청을 9학점까지만 한다. 2010년부터 지금까지 총 4학기를 다녔지만, 졸업 학점(140점)을 채우려면 갈 길이 멀다. 그는 '학교 선배 창업자 중에는 서른 살이 넘었는데도 여전히 대학에 등록금을 내고 실제로는 가지 않는 사람이 많다'고 했다.

"영원히 휴학하며 살 수는 없겠죠. 졸업은 현실적으로 힘든 상황인데 창업에 반대하는 부모님이 '대학만은 꼭 졸업하라'고 하십니다."

그는 사업에 학력이 필요한 우리 사회에 문제가 있다고 말한다.

"젊은 창업가들이 장기적인 비전을 가지고 일할 수 있도록 환경과 평가 잣대가 변했으면 좋겠습니다."

청년들이 간판 대신 실력과 능력, 자질로 평가받는 문화를 국가에서 먼저 만들어 줘야 한다. 그리고 20대 초반, 아니 10대부터 새로운 아이디어로 사업하고 돈을 버는 문화를 만들어야 한다. 그러려면 명문대, 대기업, 전문직, 공무원 중심의 쏠림 현상을 막고 터무니없는 규제부터 없애야 할 것이다.

"만약 한국이 변하지 않으면 5년 안에 일본을 닮아 몰락의 길을 걷게 될 것이다."

짐 로저스 회장의 경고가 현실이 되지 않으려면 한국의 젊은 부자들이 늘어나야 한다. 나아가 임 대표를 비롯한 젊은 기업가들이 마음껏 뜻을 펼칠 수 있는 문화가 만들어져야 하고, 실패해도 다시 일어설 수 있는 기회가 주어져야 한다.

CHAPTER 6

더 멀리 가기 위해 함께 가는 사람들

달걀을 얻고 싶다면 닭을 소중하게 여겨라. 닭을 괴롭히거나 죽이면
목표를 이룰 수 없다. 경영도 마찬가지다. 경영자의 목표는
직원을 행복하게 만드는 것이어야 한다.
행복한 직원이 즐겁게 일하면 성과는 자연히 따라온다.

─ 이나모리 가즈오(교세라그룹 명예 회장)

54

대표 연봉은 90% 깎고,
직원 연봉은 50% 올린 회사에서 일어난 일

그래비티 페이먼츠의 대담한 실험
'CEO의 역할은 돈을 더 버는 게 아니라 변화를 만들어 내는 것'

2015년 4월, 전 세계에 충격을 주는 뉴스가 등장했다. 미국 워싱턴 주 시 애틀의 신용 카드 결제 시스템 회사인 '그래비티 페이먼츠'의 CEO 댄 프라이스 이야기다. 그는 직원 120명의 연봉을 최저 7만 달러(8000만 원) 수준으로 올리고, 본인의 연봉 110만 달러(12억 원)를 직원과 똑같은 수준인 7만 달러로 낮추겠다고 발표해 화제를 일으켰다. 원래 직원들의 평균 연봉은 4만 8000달러(5500만 원) 수준. 1년 만에 직원들의 평균 연봉은 50% 상승한 7만 2000달러(8200만 원)로 올랐고, 본인 연봉은 90% 이상 깎였다.

댄 프라이스가 2003년 설립한 그래비티 페이먼츠는 신용 카드를 쓰는 소상공인이나 자영업자들과 계약을 맺고 카드 결제 시스템을 구축해 주는 외주 중개 업체다. 각 가게에 카드 결제 포스(POS) 단말기를 깔아 주고 매출 전표와 영수증 작업을 처리해 주는 방법으로 돈을 벌어 왔다. 블룸 버그에 따르면 이 회사는 급격하게 성장해 2014년 매출이 약 1500만 달러(170억 원), 순이익은 220만 달러(25억 원) 정도에 이른다.

회사가 성장하는 사이 프라이스의 연봉도 기하급수적으로 늘었다. 2012년 그의 연봉은 100만 달러(11억 원)에 이르렀다. 그해 8월 그는 시애틀의 수영장이 딸린 집을 90만 달러(10억 원)에 구입하기도 했다.

그처럼 회사는 성장하고 자신은 높은 연봉을 받는 동안 직원들은 회사를 떠나갔다. 이직률은 점점 높아지더니 2012년 7.2%에서 2013년 13.2%까지 올랐다. 직원들은 높은 업무 강도 때문에 힘들다고 하소연했다. 또 낮은 연봉으로 인해 정상적으로 아이를 낳고 가정을 꾸리기 어렵다는 불만이 고조됐다. 회사는 크고 있지만, 내부 조직은 곪아 가고 있던 것이다.

프라이스는 자신의 삶을 뒤돌아봤다. 본인은 수영장 딸린 집에 살지만 직원들은 불행하다고 말하는 삶을 뒤돌아본 것이다. 그는 노벨 경제학상 수상자들인 대니얼 카너먼과 앵거스 디턴 교수의 '행복 연구'에서 영감을 얻었다. 이 연구에 따르면 행복도는 소득이 연간 7만 5000달러(8600만 원)가 될 때까지 꾸준히 올라가다가 이 금액을 넘으면 제자리걸음이라는 것이었다. 답은 정해져 있었다. 그는 직원들의 행복을 위해 최저 임금을 7만 달러(8000만 원)로 올리기로 결정했다. 그는 미국 현지 언론들과의 인터뷰에서 이렇게 말했다.

"저는 제가 파트너로 생각한 직원들이 행복하지 못하다는 사실을 깨달았습니다. 제 역할은 돈을 더 버는 게 아니라 변화를 만들어 내는 것이었습니다."

인터뷰 후 프라이스는 전 세계적으로 논란의 대상이 됐다. '불평등을 해소한 영웅'에서부터 '불필요한 짓을 한 사회주의자'라는 악담까지 이어졌다. 공동 창업자인 친형 루카스 프라이스는 새로운 연봉 정책을 받아들일 수 없다면서 소송까지 냈다. 그러나 프라이스는 굴하지 않았다. 직원들의 최저 연봉을 7만 달러(8000만 원)로 올리면 향후 3년간 약 180만 달러(20억 4000만 원) 정도의 비용이 드는데, 자신의 연봉을 줄이고 연봉 상승에 따라 직원들의 생산성이 더 올라간다면 리스크를 최소화할 수 있다고 생각했기 때문이다.

과감한 연봉 정책을 실시한 이후 이 회사는 어떻게 됐을까? 기적이 일어났다. 우선 이직률이 내려갔다. 2013년 13.2%까지 오른 이직률은 2015년 -18.8%로 떨어졌다. 이직하는 직원이 없을 뿐만 아니라 오히려 직원이 더 늘어났다. 실제 2015년 4월 이후 그래비티 페이먼츠가 받은 입사 지원서는 3만 개가 넘고, 이 가운데 50명을 채용했다. 회사가 조사한 직원들의 행복도는 신규 연봉 정책 이전엔 10점 만점에 8점을 못 넘었다. 그러나 새로운 정책 이후 9점까지 올라갔다.

이는 직원들의 실생활에 엄청난 변화가 생겼기 때문이다. 호주머니가 두둑해지면서 많은 직원이 집값이 싼 시애틀 교외에서 회사가 있는 중심부로 이사를 왔고, 그 결과 통근 시간이 하루 평균 6시간 감소했다. 이사로 인해 직원들이 1년에 1560시간을 절약할 수 있게 되었다. '베이비 붐'도 일어났다. 직원 120명이 일하는 회사에서 출산 소식은 1년에 한두 번 정도 있었다. 그런데 2015년 한 해에만 무려 10명이 아기를 가진 것이다.

이런 소식이 외부에 알려지면서 고객이 몰렸다. 2015년 4155명의 새로운 고객이 생기면서 고객이 전년보다 55% 늘었다. 당시 평균 고객 증가율이 5% 정도임을 감안하면 놀라운 수치다. 2015년 매출은 전년보다 45% 상승한 2180만 달러(250억 원)를 기록했고, 순이익은 650만 달러(74

억 원)로 크게 늘었다. 덕분에 프라이스는 단숨에 유명 인사가 되어 강연 당 2만 달러(2300만 원)를 받으며 미국 전역을 누비고 있다.

내부 직원들도 행복해졌지만 이 소식을 들은 외부에서 '착한 기업'으로 여겨 고객이 대폭 늘어남으로써 경영상 실적도 좋아진 것이다. 물론 프라이스의 실험이 어떻게 끝날지 아직 모른다. 지분의 30%를 보유한 친형과의 소송도 진행 중이다. 일부에서는 이 정도 인건비를 지급하면 회사가 장기적으로 살아남을 수 없다는 지적을 하기도 한다.

그러나 프라이스의 시도는 저금리, 장기 불황 시대에 회사가 어떻게 새로운 돌파구를 열어야 할지를 여실히 보여 주는 상징적인 사건이다. 전 세계적으로 소득 불평등이 심화되면서 가진 자는 '금수저'로, 없는 자는 '흙수저'로 불리는 것이 일상화되며 기업의 생산성에 큰 타격을 주고 있기 때문이다. 이런 현실은 직원들에게 패배감과 절망감, 스트레스를 안겨 주는 커다란 장애물이다. 그래서 '일 적당히 하고 월급만 받아 가겠다. 더 많은 연봉을 기대하지 않는다'는 '월급 루팡'까지 생겨나는 실정이다.

한국은 어떤가. 실제 우리나라는 부의 절반 가까이를 상위 10%가 독식하는 구조다. 국회입법조사처가 2016년 9월 조사한 바에 따르면, 우리나라 상위 10%의 소득 집중도는 44.9%로, 주요국 가운데 미국(47.8%)에 이어 2위였고 아시아에서는 1위였다. 외환 위기 전인 1995년만 해도 29.2%였다. 20여 년 만에 세계에서 '부의 편중이 가장 심한 나라 중 하나'라는 오명을 뒤집어쓰게 된 것이다.

소득 격차가 심해지는 이유는 취업난과 장기 불황으로 인해 기업의 수익성이 악화되어 가고 있기 때문이다. 보통 이럴 때 대기업은 인건비를 낮추거나 직원 희망퇴직을 실시한다. 그것이 가장 쉬운 방법이다. 직원 연봉을 높여 주는 일도 간헐적으로 나오지만, 이는 노동조합의 끈질긴 요구로 짜낸 결과다. 그러나 한국에서 지금 성공 가도를 달리는 젊은 부자들의 접근 방식은 다르다. 그들은 프라이스와 비슷한 역발상적 관점으로 직원을 대우해 성공 가도를 달리고 있다. '직원에게 열 배를 주면 백 배로 돌아올 수 있다'는 새로운 접근 방법으로 어려운 저금리 경제 시대에 맞서 성공하고 있는 것이다.

우리나라에도 소리 없이 그래비티 페이먼츠와 비슷한 실험을 실행하는 기업들이 있다. 이들 회사는 어떻게 운영되고 있을까?

55

배달 기사에게
월급 1000만 원 줄 수 있는 비결

3D 박봉 직업을 고소득 직업으로
"기사님 월급이 제 월급보다 많아요."

주 72시간 근무, 배달 50건을 소화하면서 보수는 월 200만 원 남짓 받는다는 '극한 직업' 오토바이 배달 기사. 대표적인 '박봉'의 3D 직업으로 꼽히지만 이 회사에서만큼은 그렇지 않다. 기존 배달 기사보다 적게 일하면서(주 60시간) 월급 1000만 원을 받기도 한다. 배달 시장에 새로운 바람을 일으킨 배달 대행 기업 메쉬코리아(Mesh Korea) 이야기다.

메쉬코리아는 별도 콜센터 없이 오토바이 배달업에 뛰어든 회사다. 인공 지능 기반의 컴퓨터 솔루션 '부릉'으로 배송 가능한 합리적인 물건 무게와 개수를 파악하고 배달 기사에게 배송지를 안내한다. 이때 최단 주행 거리와 장애물도 알려 준다. 버거킹·맥도날드·CJ대한통운·이마트·신세계 등 수십 곳이 넘는 국내 기업(화주)들과 계약을 맺고 배달 음식과 각종 생필품을 배송한다. 전국에서 처리하는 배송 물량은 매달 50만~60만 건에 달한다.

이를 위해 전국 곳곳의 배달 대행 업체와 제휴를 맺고 배달 기사 1만

3000여 명(메쉬코리아 전담 기사는 3000여 명이다)을 간접 고용하고 있다. 배달 기사는 소속 배달 업체에서 기본급을 받고, 실적에 따라 메쉬코리아에서 지급하는 인센티브로 월급을 늘리는 구조다. 이들은 웬만한 대기업 직원 못지않은 수입을 올린다. 배달 기사들의 월평균 수입은 400만 원이 넘고 그중 일부는 1000만 원이 넘는 경우도 있다.

"기사님들 월급이 제 월급보다 많아요. 그게 자랑스럽습니다. 제 창업 목표 중 하나가 처우가 열악한 배달 업계를 '음지'에서 '양지'로 끌어올리는 것이었거든요."

2012년 메쉬코리아를 설립한 유정범(35) 대표의 말이다. 지금까지 여러 벤처 캐피털 사로부터 330억 원을 투자 받았고 2016년에는 70억 원의 매출을 올렸다. 2017년 매출 목표는 400억 원이다. '세상에서 가장 깨끗한 1원을 만드는 회사'라는 목표를 가진 유 대표의 창업기를 들어 봤다.

메쉬코리아가 배달 기사들과 이익을 나눠 가질 수 있는 비결은 혁신적인 배달 시스템에 있다. 타 경쟁 업체와 다른 점은 크게 두 가지. 우선 메쉬코리아에는 배달 콜을 전달하는 콜센터가 없다. 콜센터를 낀 배달 업체는 배송 건당 200원을 운임료에서 떼어 콜센터에게 준다. 메쉬코리아는 콜센터 대신 배송 데이터를 분석해 만든 알고리즘 솔루션이 배송을 관리한다. 그 덕분에 콜센터로 나가는 마진을 아껴 기사들에게 더 나눠 줄 수 있다. 이 알고리즘은 최적의 경로도 제공한다. 보통 배달 기사들은 습관 때문에 최단 거리가 아닌데도 자기가 아는 길로만 다니려는 경향이 있는데 이 알고리즘은 최적의 우회 경로를 앱으로 알려 준다. 그로 인해 시간이 생명인 배달업의 효율성을 크게 높일 수 있다. 두 번째 비결은 멀티 로딩(multi loading)에 있다.

"3~4년 버티고 지금 드는 생각은
저 같은 사람은 창업하면 안 된다는 겁니다.
사람 만나는 걸 좋아하지 않거든요.
경영자는 남의 인생을 책임지는 공인입니다.
막상 사업을 시작했는데 2년 가까이 수익이 나지 않아
직원들에게 꼬박꼬박 월급을 주는 게 쉽지 않았습니다.
회사가 이렇더라도 직원을 책임지지 못할 거면
절대 창업하면 안 됩니다."

"보통 배달 기사는 특정 외식 업체에 상주하면서 배달이 있을 때만 하나씩 배달하고 배달 콜이 올 때까지 대기합니다. 그러나 우린 오토바이로 한 번 출발할 때 여러 화주의 물건을 배송해요. A 햄버거집 → B 피자집 → C 음료수집을 차례대로 가는 겁니다. 건당 이동 거리는 1~3킬로미터로 길지 않습니다. 배달 거리를 최소화하고 배송을 늘리면 수익이 늘어납니다. 기존에는 아무리 배송 거리가 멀고 물건이 무거워도 더 많은 돈을 받기 어려웠어요."

멀티 로딩의 효과는 컸다. 하루에 10건을 처리하던 A 햄버거 프랜차이즈점의 경우 부릉 서비스를 이용하면서 배송 물량이 30건으로 늘었다. 배달 시간 지연으로 고객의 주문 취소율이 30%가 넘던 어느 업체는 취소율을 10% 아래로 떨어뜨렸다. 이 덕분에 경쟁사에 비해 화주들로부터 운임료도 꽤 높게 받고 있다. 배달 시간에 맞춰 정해진 배송 루트를 따라가면 되는 구조라 무리한 배달로 인한 사고도 크게 줄었다. 훌륭한 사업 모델만큼 분배 시스템 역시 정교하다.

"실적에 따라 A~D등급 기사로 나눕니다. A등급 기사는 하루 50건 이상, B등급은 30~50건, C등급은 10~30건, D등급은 10건 정도 배송합니다. 고객이 물건을 받았을 때 만족감과 약속 시간 엄수 여부도 실적에 들어갑니다. 화주로부터 받는 배송 건당 운임료의 90%를 A등급 기사에게 지급하는데, 월 1000만 원 이상 버는 사람도 많습니다. 물론 이렇게 받기 위해 주 6일을 넘어 주 7일을 일하는 분도 있습니다. 사실 회사 입장에서 보면 거의 '역마진'입니다. 그러나 최고 서비스를 제공하는 배달 기사에게는 마진을 거의 떼지 않습니다. B등급 기사는 운임료의 60%, C등급 기사는 40% 정도를 받습니다. 실적과 서비스 품질에 따라 차등을 두는 겁니다. 물론 배달 기사가 소속된 배달 업체에게도 수익을 지급합니다."

"기존 배달 기사가 하루 14시간 일하고 30건을 배송했다면 우리 배달 기사들은 하루 10시간쯤 일하고 30건을 배송합니다. 근무 시간은 8시간 으로 단축할 예정입니다. 월급은 기존 배달 기사가 받던 수준에서 30% 이상 오른 것 같아요. 기존에는 배달 업체 대표들이 임금을 수동으로 정산하면서 임금 체불이 많았거든요. 다행히 우리 배달 기사들은 목숨을 건 질주, 과도한 업무 없이도 충분히 돈을 법니다."

급여 외에도 안전과 근무 환경 개선을 위한 조치들도 챙겼다. 블루투스 통신 장비가 연결된 헬멧을 제작하여 모든 기사에게 지급했다. 덕분에 운전 중 전화 통화로 발생할 수 있는 위험이 크게 줄었다. 그리고 한 대당 300만~400만 원 하는 125cc 오토바이를 1000여 대 사서 기사들에게 무이자 할부로 제공했다. 배달 기사들이 많이 쓰는 50cc 오토바이는 가파른 언덕을 못 올라갈 때가 많기 때문이다. 게다가 최근 배달 기사들을 사고 보상 보험에 가입시켰다. 이는 획기적인 사건이다. 보통 배달 기사들은 보험 회사에서 잘 받아 주지 않기 때문이다.

"사고율이 기존 배달 기사들에 비해 100분의 1 수준으로 낮아서 보험 가입이 가능했어요. 현장 배달 기사들의 처우 개선에만 지금까지 130억 원을 투자했습니다."

한때는 과도한 처우 개선으로 투자자들의 불만을 사기도 했다. 2014년 한때 투자사들이 추가 투자를 하지 않겠다고 나와 회사가 어려움을 겪기도 했다. 그러나 이렇게 안 하면 장기적으로 성공할 수 없다고 끝까지 맞섰고, 결국 그의 선택은 옳았다.

유정범 대표는 제일모직 주재원인 아버지를 따라 유년 시절을 미국에서 보냈다. 미국 컬럼비아대에서 금융경제학을 전공했고, 같은 학교 대학원에서 경영학 석사 학위를 받았다. 2005년 대학을 졸업하고 미국 뉴욕 딜로이트 컨설팅에서 회계사로 일하며 억대 연봉을 받았다. 그사이 아버지는 퇴사 후 사업에 도전했다가 실패했다. 그러던 2011년 말 비보가 들려왔다. 아버지가 암 말기라는 소식이었다.

"아버지가 회사에 다니던 시절에는 주위에 사람이 넘쳐 났습니다. 그런데 사업에 실패하자 사람들이 하나둘 떠나기 시작했고 나중에는 남아 있는 사람이 거의 없더라고요. 아버지가 돌아가시기 3일 전에 이런 말씀을 하셨어요. '평생 금융인으로 살면 남의 삶에 고춧가루만 뿌린다. 남에게 좋은 일을 하고 살아야 너도 나중에 도움 받을 수 있다'라고요."

아버지의 말씀이 가슴에 깊이 남았던 유 대표는 결국 지인들과 창업을 하기로 결심했다.

"병역 특례로 한 IT 업체에서 근무할 때 지금의 메쉬코리아와 비슷한 아이디어를 낸 적이 있어요. 반응은 좋았지만 병역 특례 중이었기 때문에 무의미했습니다. 그걸 되살렸어요. 배달 기사들이 당당하게 돈을 벌 수 있게 하고 싶었습니다. 업계도 성장시키고 싶었고요."

미국 유학생 출신에게 배달 영업은 결코 쉬운 일이 아니었다. 배달 대행 업체를 하루에 10곳 이상 찾아다녔다. 처음에 이 사업을 제대로 이해하지 못한 사람들 중에는 사무실에 들어오지 말라며 소리를 지르거나 명함을 칼로 자르는 사장들도 있었고, 욕을 하며 '죽여 버리겠다'고 협박하는 사람도 있었다. 그럼에도 그는 배달 기사들의 근무 환경과 능률이 오를 것이라고 설득했다. 마침내 문을 연 지 6개월 만에 '온더보더'란 멕시칸 음식 프랜차이즈와 첫 계약을 맺었다.

"3~4년 버티고 지금 드는 생각은 저 같은 사람은 창업하면 안 된다는 겁니다. 사실 저는 숫자 만지는 것을 좋아하지 사람 만나는 건 좋아하지 않거든요. 경영자는 남의 인생을 책임지는 공인입니다. 저는 회사 생활을 하며 수억 원으로 무작정 창업에 뛰어들었습니다. 그런데 창업 후 2년 가까이 수익이 나지 않아 직원들에게 꼬박꼬박 월급을 주는 게 참 쉽지 않았습니다. 직원을 책임지지 못할 거면 절대 창업하면 안 됩니다."

함께 일하는 사람들이 더 인간답게 일할 수 있는 환경을 만드는 것, 그리고 일한 만큼 정당한 대우를 해 주는 것은 단순히 선의가 아니라 더 크게 성장하기 위한 가장 확실한 투자다. 메쉬코리아와 같은 해 문을 연 배달 업계 경쟁 업체가 있다. 그 회사는 메쉬코리아와 실적 경쟁은 물론 처우 개선에서도 치열한 경쟁을 펼치고 있어 배달 업계에 좋은 영향을 끼치고 있다.

56

배달 기사에게 대기업 부장급 연봉 8000만 원 주는 사장님

배달 기사 평균 월수입 460만 원
직접 배달해 보고 운영 방식 확 바꿔

요즘 강남에서 화제가 되고 있는 벤처 기업 중 중 하나가 2012년 오픈한 윤문진(38) 대표의 허니비즈다. 온라인으로 각종 주문을 접수 받아 오프라인으로 해결해 주는 서비스다. 이름은 '띵동'. 음식 배달부터 편의점에서 물건 사다 주기, 설거지해 주기, 형광등 교체 등 원하는 일은 다 들어준다. 심지어 바퀴벌레 잡기, 이별 통보 같은 요청도 있다. 하늘에서 별 따다 주기, 우주선 태워 주기(?) 같은 황당한 요구가 아니라면 다 들어준다. 주로 아웃백, 서가앤쿡, 공차, 봉추찜닭 등 유명 맛집의 전 메뉴를 싸게 제공하면서 배달비는 0원을 받는다. 그럼에도 불구하고 현재 월평균 5억~6억 원의 매출을 낸다. IBK기업은행 등으로부터 120억 원을 투자 받기도 했다.

온라인과 모바일로 각종 주문을 접수 받아 배달원이 일을 처리하는 O2O 업계는 사실 보수가 낮고 처우도 열악하다. 보통 주 72시간 근무하면서 월 200만 원 남짓 받는 극한 직업인 셈이다.

그러나 띵동은 다르다. 이곳의 배달 기사(메신저라고 부른다) 100여 명은 월평균 460만 원을 받는다. 동종 업계 두 배 이상이다. 실적 상위 3명의 배달원은 연평균 8000만 원을 받는다.

이처럼 고연봉을 어떻게 받을까? 회사와 메신저는 4 대 6으로 매출을 나눠 갖는다. 평균 단가는 8000원. 한 달에 7만여 건을 처리한다. 현재 월평균 5억 6000만 원의 매출이 발생한다. 이 가운데 60%인 3억 5000만 원이 배달 기사에게 돌아간다. 분배는 주문 처리 건수에 따라 이루어진다. 주 5일 근무자는 월평균 300만 원, 주 6일 근무자는 500만 원을 받는다. 주 6일 근무자 중에는 베테랑이 많아서 연간 8000만 원을 받는 사람도 있다.

윤 대표는 이렇게 말한다.

"처음에 출범할 때 배달 기사를 정규직으로 채용하면서 동종 업계 최고 대우를 했습니다. 그런데도 근태 불량, 고객 제휴사와의 트러블 문제가 많이 나오는 겁니다. 강한 불만으로 회사를 옮기는 경우도 있었고요."

오토바이를 타고 다니며 일을 하다 보면 숨도 막히고 담배꽁초가 날아드는 등 보통 힘든 게 아니다. 윤 대표는 이를 고려해 동종 업계 최고 수준으로 대우를 했지만 그렇다고 그만큼의 성과가 나오는 것은 아니라는 사실을 깨달았다. 하지만 마땅히 뾰족한 수가 생각나지 않아 고민이 많았다. 게다가 서비스가 알려지면서 주문이 크게 늘자 배달 기사 부족 사태도 빚어졌다.

"주문이 밀려 할 수 없이 저도 배달을 해야 했어요. 직접 해 보니 보통 힘든 일이 아니었어요. 음식점 점원이나 손님에게 무시도 당하고……. 어느 날 거울 앞에 서 봤습니다. '배달 일로 평생 먹고살 수 있겠느냐'고 스스로에게 물었어요. 그런데 '할 수 있다, 좋은 직업이다'라는 말이 안 나오는 겁니다. 배달 기사의 고충을 해결해 줘야겠다는 생각을 그때 했어요."

그는 배달 기사들에게 그렇게 힘든지 몰랐다고 고백하며 사과했다. 그들이 원하는 것은 인센티브제였다.

"보상 체계를 새롭게 바꿨습니다. 그랬더니 거짓말처럼 영업이 잘되기 시작했어요. 하루 300건도 처리하기 어려운 상황에서 하루 700건을 처리하는 수준으로 바뀐 것이죠. 이후 배달 기사가 계속 늘어나면서 지금은 하루 2000건 이상 처리하고 있습니다."

그렇다고 배달 기사들이 돈을 벌기 위해 목숨과 안전, 품질까지 내던지는 것은 아니다. 고객과 가장 가까이에 있는 배달 기사에게 '관제 배차'를 하는 방식으로 업무를 전달하기 때문이다. 기존의 O2O 배달 업체는 '전투 배차'를 했다. 각 배달 기사가 고객 주문을 직접 받아 움직이는 방식이다. 이렇게 되면 의욕이 앞선 배달 기사가 동시에 여러 주문을 받는다. 그러다 보면 서비스가 지연되고 품질이 내려가고 급한 마음에 배달하다 사고가 날 수도 있다. 수시로 스마트폰이나 PDA를 들여다보면서 배달 접수가 왔는지 확인하는 것도 문제였다.

허니비즈는 관제 직원이 고객별로 최상의 배달 기사를 배치해 서비스 품질을 높이고 있다. 대신 근무를 오래 할수록 인센티브를 많이 받는 구조를 만들었다. 허니비즈의 차별화 전략은 힘을 발휘하고 있다. 서울 강남에서만 하던 서비스를 전국으로 확대할 정도의 여유가 생긴 것이다.

"주문이 밀려서 할 수 없이 저도 배달을 해야 했어요.
직접 해 보니 보통 힘든 일이 아니었어요. 배달 기사의 고충을
그제야 알고 사과했죠. 어려움을 몰랐다고요.
그리고 그들이 원하는 바를 들었어요.
이후 보상 체계를 '인센티브제'로 바꿨습니다.
그러면서 같이 '잘해 보자'고 분위기를 띄웠죠.
그때부터 거짓말처럼 영업이 잘되기 시작했어요."

회사 이름이 다섯시삼십분,
'오후 5시 30분'에 칼퇴하려고 회사 설립

야근 많이 한다고 성과 늘지 않아
"근무 문화 무시하는 투자자의 돈은 사양합니다"

'저성장, 저물가, 저금리'로 대변되는 이른바 3저(低) 시대에 새로운 돌파구는 가장 근본적인 직원 행복과 삶의 질을 올리는 데서 출발할 것이다. 물론 경영상 감내할 수 있는 범위 내에서 실천해야 한다. 무작정 고연봉과 무야근 정책을 실시하는 것이 아니라 업의 특성에 맞게 직원들의 생산성을 높일 수 있다는 분석과 전제 하에서 말이다.

사실 우리나라는 야근만 줄여도 '복지 기업'이라고 칭찬받을 수 있는 비정상적인 기업 문화를 공유하고 있다. 필자는 2013년쯤 독일 남부 지방에 있는 중소기업을 취재한 적이 있다. 각종 의료 관련 산업용 장비를 만드는 회사였는데, 도착 시간이 오후 3시 30분쯤이었다. 그런데 2층짜리 넓은 사옥에 직원이 한 사람도 없었다. '혹시 망한 회사에 잘못 찾아왔나'라는 생각을 하고 있는데 그때 마침 CEO가 등장했다. '모두 퇴근하고 기자가 온다길래 나 혼자 기다렸다'는 것이다. 그 이야기를 듣고 '멘붕'이 왔다. 한국은 지금 시간에는 당연히 일하고 그것도 모자라 밤에 퇴근하는 경우가 많다고 이야기해 줬더니 '믿어지지 않는다'는 대답이 돌아왔다. 이 회사의 정식 퇴근 시간은 오후 3시 정도였기 때문이다. 이 회사뿐 아니라 독일, 핀란드, 오스트리아 등 유럽의 상당수 기업은 야근이 거의 없다. 그런데도 충분히 회사를 크게 성장시키고도 남는다.

반면 우리나라는 야근에 찌들어 있다. 하루 법정 노동 시간 8시간을 기준으로 할 때 한국 직장인은 경제협력기구(OECD) 평균보다 43일 더 일한다. 그러나 실질 임금은 3만 3100달러(3800만 원)로 22위다. '일은 죽어라 하는데 월급은 쥐꼬리'란 평가가 여기서 나온다. 맥킨지와 대한상공회의소는 2016년 초 〈한국 기업의 조직 건강도와 기업 문화 보고서〉를 펴냈는데 한국 기업의 77%가 글로벌 기업 평균보다 조직 건강도가 낮다고 발표했다. 가장 큰 문제로 습관화된 야근을 꼽았다. 맥킨지 측은 '시간 때우기식 야근이 생산성을 갉아먹고 있다'고 밝혔다.

대기업뿐 아니라 사업 초창기에 돈을 벌기 시작하는 많은 벤처 기업도 야근을 필수 요소로 생각한다. 우선 투자자들이 '적당히 일하고 적당히 집에 가는 것'을 못마땅하게 여긴다. 1분 1초라도 더 일해서 생산성을 높여 많은 아이디어와 사업을 벌여야 한다고 조언한다. 그러나 여기에 반기를 든 스타트업이 있다. '칼퇴를 하면서도 충분히 돈을 벌 수 있다'는 사실을 입증하는 것이 이 회사의 원대한 목표다.

경기도 판교에 있는 이사 업체 브랜드 '짐카'의 회사 이름은 '다섯시삼십분'이다. 1인 가구를 주 고객으로 애플리케이션 예약을 받아 값싼 비용(5만 5000원~21만 원)으로 이사를 해 준다. 소프트웨어 알고리즘을 이용해 무게, 이동 거리, 노동 강도에 따라 합리적으로 비용 견적을 낸다. 그래서 주말과 주중 가격에 차이가 없다. 2015년 5월 서비스를 시작해 3만 건

"대기업에 다닐 때 느낀 게 있습니다.
시간을 오래 투자한다고 해서 결코 성과가 늘어나지 않는다는 겁니다.
이전 직장에서는 낮에 '티타임'이 많았어요. 잡담하는 시간이죠.
이렇게 시간을 보내다 결국 야근을 하게 되고
10시간씩 직장에 묶여 있어야 했습니다. 야근이 없는
행복한 회사를 만들고 싶었습니다."

이상 견적 신청을 받아 2500건의 이사를 성사시켰다. 직원 20여 명으로 2016년 매출액이 12억~13억 원. 순이익률은 10% 이상이다.

이 성과는 하루 7시간 근무하고 오후 5시 30분 퇴근을 하면서 지켜 낸 것이다. 야근은 기본, 주말 근무는 덤으로 해야 생존이 가능하다는 스타트업의 성장 공식을 깬 것이다. 회사는 안랩(Ahnlab)에서 일하던 프로그램 개발자 천영진(34) 대표와 넥슨 출신의 정성화(39) 대표가 만들었다.

"개발자로서 제가 일에 집중하는 시간은 하루 4시간이었어요. 그 이상 컴퓨터 앞에 앉아 있으면 집중력이 흐트러지더라고요. 그러나 회사에선 그 이상의 노동 강도를 원했고요. 이러다 결혼도 못하고, 결혼해도 아이를 못 갖겠다 싶었죠. 그래서 아예 회사를 따로 차린 겁니다."

두 대표는 의기투합했다. 2000년대 후반 같은 회사에서 개발자로 일한 친분이 있었고, 회사 생활의 미래에 대해 같이 고민했다. 둘은 '시간을 오래 투자한다고 해서 성과가 늘어나지 않는다'는 생각을 했다. 천 대표는 '이전 직장에선 낮에 불필요한 티타임이 많았고, 그러다 보면 야근을 하고 10시간씩 직장에 묶여 있어야 했다'며 '야근이 없는 행복한 회사를 만들고 싶었다'고 말한다.

다섯시삼십분은 야근을 고려해 스케줄링을 한다. 무조건 5시 30분에 맞춰 업무를 짜는 것이다. 회의는 1주일에 딱 한 번만 한다. 직원들은 일찍 퇴근하고 자기 계발에 몰두한다. 천 대표는 복싱을 배웠다. 프로그램 개발 공부를 추가로 하기도 한다.

직원들은 본사 마케팅, 디자인, 개발, 영업 직원 10명과 이사 현장에서 짐을 날라 주고 운전하는 짐맨 10명으로 구성돼 있다. 이사는 보통 낮에 하기 때문에 짐맨도 5시 30분에 칼퇴한다. 초봉은 2500만 원 전후. 이삿

짐을 나르는 짐맨들에게도 기본급 200만 원은 준다. 그런데 '연봉 토막'을 감수하고서도 인재들이 몰렸다. 빙그레, 쿠팡 같은 큰 기업을 그만두고 이직한 직원도 있다. 정 대표는 말한다.

"투자 업계의 유명한 분을 만날 기회가 있었어요. 그분에게 회사 철학을 소개했더니 2시간 동안 엄청나게 지적하시더라고요. '스타트업이 무슨 5시 30분 퇴근이냐. 누가 투자하겠느냐'라고요. 이런 투자자는 저희 경영 철학과 맞지 않는 분입니다. 근무 문화를 무시하고 성과만 내라는 투자자의 돈은 받고 싶지 않습니다."

다만 퇴근 시간이 엄격한 만큼 출근 시간도 엄격하다. 지각하면 1분당 벌금 1000원을 물어야 한다. 복지 혜택도 다양하다. 성과가 좋은 직원은 해외여행을 보내 준다. 이삿짐을 나르는 짐맨들도 혜택을 누릴 수 있다. 매주 수요일엔 판교 맛집을 선별해 회식도 하고, 매달 20만 원의 자기 계발비를 지원한다.

회사의 서비스는 빠르게 인기를 얻고 있다. 기본적으로 이동 거리(기본 거리 5킬로미터, 1킬로미터 늘어날 때마다 이사 비용 추가), 강도(이사하는 원룸의 계단 수), 이삿짐의 규격과 무게(최소 단위 0.25톤)를 엄격하게 따져 이사 비용을 책정한다. 이사하는 고객은 용달차를 타고 이동할 필요가 없고, 짐카에서 제공하는 '레이' 승용차를 타고 짐맨과 잡담을 나누면서 이동한다. 경보기도 무료로 설치해 주고, 이사를 완료하면 물병이나 드라이 플라워를 선물로 주는 센스도 발휘한다. 정 대표는 '근무 처우가 열악한 사람들에게 좋은 일자리를 만들면서 회사를 키우는 것이 꿈'이라고 한다.

젊고 빠르게 성장하는 회사에선 직원이 생명이다. 이미 글로벌 기업이 된 페이스북을 보라. 페이스북이 여전히 가장 까다롭게 따지는 문제는 직원의 행복이다. 페이스북 코리아의 경우 성과급을 연초에 목표한 금액의 최대 300%까지 준다. 연초에 1000만 원을 목표로 했다면 실적에 따라 3000만 원까지 받을 수 있다. 성과는 부서장이 평가하지 않는다. 직원들이 서로 직접 평가하기 때문에 매우 투명하다. 직원들의 실패를 귀하게 여기기에 매출 같은 숫자로 표시되는 정량 평가보다는 노력이나 환경적 요인을 더 중요시한다. 페이스북 주식도 입사 후 4년에 걸쳐 지급하고, 연간 102만 원 상당의 헬스 스포츠비, 연간 20일 휴가, 안경 비용(20만 원)까지 지원한다.

그리고 수시로 직원 만족도 설문 조사를 한다. 회사의 조직 문화나 사내 시설, 처우 혜택에 대해 솔직한 이야기를 하면 바로 반영한다. 직원을 우선시하지 않으면 언제든 회사가 기울어질 수 있다는 생각을 하기 때문이다. 딱히 출근 시간도 없고, 업무 성격에 따라 외근이나 재택근무도 많다. 페이스북 코리아의 조용범 지사장은 자녀를 학교에 등교시킨 다음 오전 9시 30분에 출근한다. 나이 든 직원이 나이 어린 사원에게 '반말'하는 것도 금기시되어 있다.

요즘 뜨는 한국의 젊은 부자들은 직원 행복을 중요하게 여긴다. 직원을 파트너로 생각하고 일을 재미있게 했더니 결과적으로 돈이 따라왔다고 믿기 때문이다. '스크래치 나이트뷰'로 대박을 친 라고디자인의 하성용 대표는 매일 오후 3시부터 3시 30분까지 무조건 노는 시간으로 정해 놨다. 이 회사를 방문해 하 대표와 인터뷰를 마치고 나올 무렵, 직원 수십 명이 떼를 지어 회사 밖으로 나갔다. 어떤 직원은 자전거를 타고, 어떤 직원들은 삼삼오오 모여 근처 커피숍에 가서 커피를 마신다고 한다. 보통 다른 기업들도 오후에 잠이 오는 시간을 '티타임'으로 정해 둔다. 그러나 대개는 회사 회의의 연장선이다. 하 대표는 '확실하게 쉬고 다시 일하는 문화가 회사 성장에 큰 도움이 됐다'고 말한다.

정환종 밸류시스템자산운용 대표는 영업 이익의 20%를 성과급으로 지급한다. 또 직원들이 주도적으로 일을 하게끔 한다. 상명하복식의 문화를 없애기 위해 시키는 일의 비중도 40% 미만으로 제한하고 자기가 원하는 일을 60% 하도록 한다. 이처럼 직원들이 꿈을 이루고 전문성을 가지게 하는 것이 그의 목표 중 하나다.

"맨날 시키는 것만 하다 보면 힘들잖아요. 들어온 지 얼마 안 된 친구들에게도 투자 전략을 직접 짜게 합니다. 저는 회사를 너무 빠르게 성장시키고 싶진 않습니다. 급하게 성장하면 직원들 이름도 다 모르잖아요."

중국에서 '머니 락커'를 창업해 상장을 앞둔 강민구 대표는 어떤가. 처음부터 사용자가 하루에 20만 명씩 늘었다. 전 세계 투자자들이 소식을 듣고 상하이 쉬후이구에 있는 그의 사무실로 몰려들었다. 그러나 그는 처음부터 '회사가 성공하면 내가 가장 큰 혜택을 받는다'고 생각했다. 지분의 30%를 가진 대주주이기 때문이다. 그는 창업하고 얼마 지나지 않아 자신이 받는 월급을 직원들에게 매달 인센티브로 나눠 주는 대신, 자신의 월급은 1원으로 깎았다.

"제가 누리는 것을 포기하기로 했습니다. 솔직히 제가 다른 회사에 비해 월급을 많이 주는 것도 아닌데, 왜 능력자들이 나를 위해 열심히 일해야 하느냐는 의문을 던졌습니다. 칭화대 등 명문대를 졸업하고 우리 회사에 와서 솔선수범하는데 말입니다."

그래서 그는 상장할 때까지 집과 차, 월급을 안 받겠다고 선언했다.

"최근 들어서 제 월급을 50만 원으로 올렸습니다. 그러나 이조차 쓸 곳이 없습니다. 저는 1년간 옷 한 벌 사 입지 않았습니다. 쓸 일도 없지만 성공하는 인생보다 성장하는 삶을 우선 가치로 여기기 때문입니다."

'경영의 전설'로 불리며 교세라를 연 매출 50조 원 규모의 회사로 키운 이나모리 가즈오 교세라그룹 명예 회장은 블룸버그와의 인터뷰에서 이렇게 말했다.

"달걀을 얻고 싶다면 닭을 소중하게 여겨라. 닭을 괴롭히거나 죽이면 목표를 이룰 수 없다. 경영도 마찬가지다. 경영자의 목표는 직원을 행복하게 만드는 것이어야 한다. 행복한 직원이 즐겁게 일하면 성과는 자연히 따라온다."

한국의 젊은 부자들도 자신을 낮추는 대신 직원들의 처우를 파격적으로 개선하고 높이는 방법으로 부를 이루고 있다. 직원을 회사의 보물로 여기는 것은 요즘처럼 경제가 어렵고, 직원의 근무 여건, 소득 증가세가 둔화된 시기엔 기회가 될 수 있다. 결국 회사에서 일을 하는 사람은 직원들이기 때문이다. 그들의 행복은 결국 오너의 부를 이루는 데도 크게 일조한다. 그리고 이는 선순환 효과를 통해 회사가 더 빠르게 뻗어 나가는 디딤돌이 되고 있다.

58

직원 4명이서 주 4일제 파격, 매출 10억 원에 성과급 1000만 원

주 4일제 도입 운영해 성공
인센티브와 통 큰 휴가, 자율 출퇴근제로 광고 업계에 혁명

화려해 보이는 이미지와는 달리 박봉과 가혹한 업무 강도에 시달리는 곳이 광고 업계다. 돈은 짠데 휴일도 없이 일하는 걸 당연히 여기는 문화이다 보니 이직률이 높다.

이런 흐름을 탈피하고 신의 직장을 만들자는 취지로 시작해 성공을 이어 가는 청년이 이구익(37) 크리에이티브마스(Creativemas) 대표다. 2014년 창업한 광고 대행사인데, 전 직원이 월요일부터 목요일까지만 일한다. 금요일부터 일요일까지 3일은 출근하지 않는 주 4일 근무다. 광고 업계 최초다. 그런데도 이 회사의 초봉은 적지 않다. 대졸 신입 사원 기준으로 업계 최고 수준인 3000만 원을 준다. 성과가 높은 직원에게는 인센티브(기본급의 200% 이내)를 지급한다. 1000만 원 이상의 인센티브를 받은 대리급 직원도 있다. 직원 4명으로 2015년 매출 10억 원(순이익 30%)을 기록했고, 2016년에는 그 두 배에 이르는 20억 원의 매출을 기록했다. 직원 4명이서 일군 '작은 기적'이다.

회사를 창업한 이 대표는 광고 업계의 히트메이커로 주목받아 왔다. 현대카드, 삼성전자, 필립스, 빙그레, 아모레퍼시픽의 다양한 디지털·TV 광고를 만들었다. 요즘 주방의 필수품인 필립스 에어프라이어 광고도 그가 만들었다. 이런 경력을 바탕으로 그의 회사는 이미 LG생활건강, 스와로브스키, 익스피디아, G마켓 같은 짱짱한 고객사를 거느리고 있다.

그는 당초 2006년 '이노버스'란 광고 회사에서 시작해 글로벌 광고 회사인 BBDO까지, 다섯 번 회사를 옮겼다. 굳이 창업할 필요가 없을 정도로 BBDO에서 적지 않은 연봉을 받았다. 그러나 그는 '새로운 기업 문화'를 만들기 위해 창업했다고 한다.

"2006년부터 2014년까지 9년간 근무 일수로 3000일이 조금 넘어갑니다. 이 가운데 80%는 자정을 넘겨 퇴근했어요. 일에서 벗어나는 순간이 없었던 겁니다. 업무가 많은 광고 회사의 기업 문화를 변화시켜 보자는 생각 끝에 창업했죠."

사실 대학 시절부터 광고에 미쳐 햇빛을 본 일이 별로 없었다. KT&G, 제일기획 등 공모전에서 입상하고 초봉 1800만 원을 받고 광고 대행사에 취업했다. 처음부터 현대카드, 야쿠르트 등 대기업 프로젝트를 맡으면서 매일 역삼동 사무실에서 새벽 2시에 퇴근했다. 그렇게 9년을 일하다 보니 편두통, 고혈압으로 건강이 나빠지기도 했다.

"고등학교 시절 먹고살기 위해 힘들게 야근하는 부모님을 보고 제대로 성공하자고 다짐했어요. 그런데 어느 순간 저도 일의 노예가 된 겁니다. 광고 업계를 보면 '답이 없는 일을 답이 있는 것처럼' 일하면서 시간을 오래 끄는 경향이 있어요. 에너지 소모가 많죠. 차라리 그 시간에 놀고 자기 계발을 하면 더 좋은 아이디어를 낼 수 있겠다 생각했어요."

"우리 일은 질을 높이는 게 핵심이에요.
책임과 자율 아래 시간을 선물해 주면 훨씬 좋은 결과물이
생길 거라고 믿었어요. 또 당근책이 많을수록 업무 성과가
더 높아질 것으로 봤고요. 모범생에게 공부 잘하라고 독촉해 봐야
아무 소용없습니다. 과일을 깎아 주면서 그만 자라고 독려하는 것이
오히려 효과가 크지 않겠습니까."

창업과 동시에 주 4일제를 도입하고 메신저 연락도 자제했다. 야근을 위한 야근, 회의를 위한 회의도 없앴다. 대신 실무 직원들의 의사 결정 권한을 높여 좋은 아이디어가 있으면 스스로 빠르게 추진토록 했다.

"우리 일은 질을 높이는 게 핵심이죠. 책임과 자율 아래 시간을 선물해 주면 훨씬 좋은 결과물이 생길 거라고 믿었습니다. 또 당근책이 많을수록 업무 성과가 높아질 것으로 봤고요. 사실 모범생에게 공부 잘하라고 독촉해 봐야 소용이 없잖아요? 과일을 깎아 주면서 그만 자라고 독려하는 것이 차라리 효과가 크죠."

이 대표는 직원 4명과 함께 그야말로 꿈의 기업을 만들었다. 휴가를 많이 가도 월급을 안 줄였다. 사람을 노동 자원으로 보지 않고 존재감 있는 구성원으로 보겠다는 생각 때문이다. 반려견 사망 시 반려견 애도 휴가, 입양 휴가처럼 신선한 휴가 제도도 운용한다. 하루 8시간만 일하면 자율 출퇴근이 가능하다. 가령 오전 7시에 나오면 오후 4시에 집에 간다.

무늬만 해외여행인 해외 워크숍을 여는 관행도 없앴다. 워크숍은 회사에서만 한다. 대신 1년에 한두 차례 며칠간 국내외 먹방 여행을 가서 진짜로 논다. 그는 '주 4일제를 하면서 월급을 꼬박꼬박 줄 수 있게 생산성이 유지되느냐'는 질문에 '오히려 생산성이 좋아진다'고 답한다.

"주 4일 근무하면서도 일반 중소 광고 대행사처럼 한 달에 5~6건의 광고 프로젝트를 하고 있어요. 프랑스오픈 홍보 등 해외 광고 프로젝트도 수주했고요."

이 회사에 2016년 입사한 박병호(29) 팀장은 두 광고 대행사를 거쳤다. 이제 금요일이면 전시회와 외부 강연 참석, 영상 편집과 디자인 공부에 푹 빠져 있다.

"처음에 주 4일제가 어색했죠. 이전 회사에선 야근과 격무에 시달렸으니까요. 그런데 중간중간 낭비하는 시간을 줄이면 주 4일을 해도 밤 8~9시면 퇴근합니다. 3일간 쉬며 얻은 경험은 새로운 아이디어로 연결하고 있고요. 실제 금요일에 쉬면서 얻은 아이디어로 다양한 광고 프로젝트를 진행하고 있습니다."

이구익 대표의 꿈은 이것이 다가 아니다. 회사를 키우면서도 주 4일제를 유지하고, 점차 재택근무까지 도입할 생각을 하고 있다. 그는 이 같은 '직원 복지 혁신'이 생산성 향상으로 직결된다고 말한다. 회사의 핵심 역량은 바로 직원이고 아무리 창업 아이디어가 좋아도, 기술력이 뛰어나도, 인맥이 화려해도 결국 직원이 성장의 최우선 순위이기 때문이다.

앞서 역발상 전략으로 소개한 세계 최대 창고형 할인점 코스트코를 창업한 제임스 시네걸을 보자. 코스트코는 단순히 월마트보다 상품의 용량을 서너 배 늘리고 가격을 낮추는 전략으로 성공한 것이 아니다. 코스트코는 2016년 1187억 달러(134조 8000억 원)의 매출을 올려 미국 경제 전문지인 《포천》이 선정한 2016 '500대 기업' 15위에 링크돼 있다. 아마존(18위), 마이크로소프트(25위)보다 높다. 그러나 시네걸은 매년 자신의 연봉을 35만 달러(4억 원)로 동결해 왔다. 국내 대기업 임원 정도의 연봉이다. 심지어 IT 업계에서 낮은 연봉을 받는다는 아마존 창업자 제프 베저스도 2013년 168만 달러(19억 원), 그리고 마이크로소프트의 신임 CEO인 사티아 나델라도 2014년 기준 840만 달러(95억 원)를 받았다. 그러나 그는 필자에게 이렇게 말했다.

"35만 달러(4억 원)조차 너무 큰돈이에요. 비용에 민감한 조직을 경영하려면 불균형을 없애야 합니다. CEO가 현장에서 일하는 직원보다 백 배,

이백 배 더 많은 연봉을 받는다는 것은 잘못된 일이지요."

대신 그는 직원들을 핵심 자산으로 생각했다. 계산대 직원(정규직)의 연봉은 5만 달러(5700만 원)에 이른다. 경쟁 유통 기업 직원들은 연봉의 25%를 의료 비용으로 지출하지만 코스트코 직원은 연봉의 8%만 낸다. 차액을 회사에서 전부 내주기 때문이다. 직원 정년도 없다. 코스트코 매장에서는 60~70세의 노인들도 점원으로 상당수 일한다. 시네걸은 '혜택을 많이 주면 좋은 업무 분위기가 절로 생겨난다. 후배를 칭찬하는 문화 못지않게 후배가 상관을 칭찬하는 문화도 있다'며 '적자가 나더라도 기업은 직원에게 가는 혜택을 줄여선 안 된다. 그것이 우리 의무의 일부다'라고 말했다.

사실 코스트코의 경쟁력은 이처럼 CEO의 연봉은 낮추거나 동결시키면서 대신 직원 처우는 계속 높여 가는 데서 나온다. 직원 생산성도 덩달아 오르기 때문이다. 2012년 매출 991억 달러(112조 원)에서 2016년 1187억 달러(134조 원)로 크게 성장했다. 같은 기간에 영업 이익 역시 대폭 늘었다. 그래서 상장 기업인데도 주주들이 뭐라고 하든 전혀 신경을 안 쓴다. 계속 성장하기에 주주들도 뭐라고 태클을 걸 수 없는 게 현실이다.

"주주(株主)에 대한 보상은 맨 마지막으로 신경 쓸 일입니다. 월가는 매주 월요일부터 목요일까지 실적으로 회사를 평가하지만, 저희는 50년 뒤까지 평가받고 싶습니다. 장기적인 성공을 위해 직원들의 행복을 절대 양보할 수 없습니다."

이것이 1983년 창업, 역사가 불과 33년밖에 안 된 코스트코를 작은 벤처 기업에서 글로벌 공룡으로 성장시킨 비결이다.

59

5년째 전 직원 주4일제
일 덜 해도 매출 60억 원에서
100억 원으로 급등

국내 최장수 주 4일제 기업
직원 행복도 높아져 회사도 함께 성장

수원에서 보험 설계사로 일하던 황인호(43) 씨. 주 7일 근무가 기본인 삶을 살았다. 연봉은 약 6000만 원. 적지 않았지만 연일 회식이었고 주말에도 일에 파묻혀 살았다. 유치원과 초·중등 학교를 다니는 3남매는 '아빠는 일만 하는 사람'이라며 놀아 주는 아빠를 원했다. 2015년 결단을 내렸다. 가족과 시간을 많이 보낼 수 있는 직장에 가기로 한 것이다.

그가 이직한 회사는 충북 충주의 화장품 제조 회사 에네스티다. 전 직원이 월요일부터 목요일까지만 일하는 '주 4일제'로 유명하다. 황 씨는 직전 직장 대비 연봉은 줄었지만 인생이 훨씬 윤택해졌다고 한다.

금요일에는 3남매를 직접 돌본다. 자녀들 등·하교를 책임지고 축구와 영화감상을 같이 한다. 자녀 양육을 도맡았던 아내는 남편의 여가 시간이 늘어나면서 새로운 직장을 구했다. 남편 수입은 줄었지만 아내 수입이 생기면서 전체 수입은 이전 수준을 유지하고 있다.

"금요일 아침부터 아이들이 저를 놔주지 않아요. '아빠 오늘은 00하고 놀아요', '친구들과 놀이터에서 놀고 있을 테니 데리러 와 주세요' 등등 휴대폰 메시지가 쉴 새 없이 와요. 한창 아이들과 놀아 줄 시기에 아빠 역할을 다할 수 있어 얼마나 행복한지 몰라요. 마음만 먹으면 돈은 더 벌 수 있지만 시간은 벌 수 없잖아요. 최고의 결정이었습니다."

에네스티는 충주 수안보 지역의 온천수를 이용해 기초 화장품, 보습제를 만드는 화장품 제조 기업이다. 국내 대형 마트와 인천공항·갤러리아 면세점 등 전국 매장 1500곳에 납품한다. 중국과 베트남, 호주 등 20개국에 수출도 한다.

회사는 5년째 전 직원 주 4일제를 시행하고 있다. 2010년 일부 도입해 2011년 직원의 80%, 2013년 전 직원으로 확장했다. 중소기업진흥공단 관계자는 '국내 기업 가운데 주 4일제를 가장 먼저 도입해 성공적으로 유지해 오는 기업'이라고 말했다. 일하는 시간은 줄었지만 매출은 늘었다. 2013년 매출은 60억 원, 2016년 매출은 약 100억 원이다. 주 4일제를 전면 도입한 후 3년이 지나자 매출이 66% 올랐다.

원래 에네스티는 여느 회사처럼 주 5일, 오전 9시~오후 6시까지 근무하는 업체였다. 그런데 2010년 당시 디자인 부서의 한 직원이 '가사와 업무 때문에 5일 근무가 어렵다. 월급을 적게 받아도 되니 하루만 덜 일해도 되느냐'고 우성주(45) 에네스티 대표에게 속사정을 털어났다. 우 대표는 '받아들여야 할지 고민했지만 직원 중심의 새로운 기업 문화를 만들어 보기로 했다'고 말했다.

2011년부터 직원들에게 주 4일, 주 5일 중 하나를 선택하도록 했다. 주 4일 근무하면 임금 동결, 주 5일은 임금 인상을 하겠다고 선언했다. 직원의 80%가 주 4일을 선택했다. 대신 출근 시간을 조정했다. 주 4일 직원은

"디자인 부서의 한 직원이 가사와 업무 때문에
5일 근무가 어렵다. 월급을 적게 받아도 되니
하루만 덜 일해도 되느냐고 물었습니다.
받아들여야 할지 고민했지만 직원 중심의 새로운 기업 문화를
만들어 보기로 했습니다."

오전 8시 30분부터 오후 6시 30분까지 일하도록 했다. 3개월에 한 차례 직원 한 사람이 금요일 당직을 서도록 했다. 거래처 등 외부에서 걸려 오는 전화는 불가피하게 처리해야 하기 때문이다. 대신 주말에 업무 지시가 오갈 수 있는 '단톡방'을 금지했다.

법정 연차 15일 가운데 직원들이 똑같은 시기에 쉬는 공동 연차(7일) 제도도 도입했다. 직원들이 개인적으로 원하는 시기에 각자 연차를 따로 쓰면 업무에 차질이 생길 수 있기 때문이다. 베트남과 중국 지사도 똑같이 주 4일제를 시행했다.

제도 시행 이후 업무 중에 인터넷 서핑을 하거나 수다를 떠는 직원이 줄었다. 업무 집중도가 높아진 것이다. 이직률도 10%대에서 3~4%로 내려왔다. 회사 매출이 오르자 2013년 전격적으로 전 직원 주 4일제를 도입했다.

일은 줄었는데 월급은 올랐다. 유종혁(36) 본부장은 '2013년 이후 매년 평균 8% 정도 연봉을 인상했다'고 말했다. 입사 초봉은 2000만 원 중후반. 4~5년이 지나 대리·과장급으로 승진하면 3000만~4000만 원대로 연봉이 오른다. 매출 상승에 따라 매달 인센티브를 나눠 주고 명절과 연말에 별도 보너스를 지급한다.

유 본부장은 '지난 6년간 매년 회사 경비로 일본, 동남아로 2박3일, 3박 4일씩 직원들과 여행을 가고 있다'고 말했다. 설이나 추석 연휴 앞뒤로 하루씩 더 쉰다. 직원들은 연간 15~20일씩 휴가를 간다. 주 4일제로 직원들의 일상은 달라졌다. 일단 여행이 늘어났다. 목요일 밤 비행기를 타고 가깝게는 강원도나 제주도, 멀게는 동남아나 일본으로 여행을 떠나 머리를 식힌다.

자기 계발에 필요한 학원비는 회사가 쏜다. 화장품 용기를 디자인하는 정원중(35) 과장은 주말을 이용해 서울 강남에 있는 3D 모델링 디자인 학원에 다녔다. 그는 '3D 디자인 기술을 익혀 화장품 용기 디자인을 업그레이드할 수 있었다'고 말했다. 조만간 그는 에네스티의 오프라인 진출 계획을 위해 조만간 인테리어 관련 학원에 등록할 계획이다.

"일주일에 3일을 쉬니 장점이 많아요. 금요일과 토요일은 자기 계발에, 일요일은 제 여가를 위해 쓰고 있어요."

2016년 2월 입사한 김병주(32) 사원은 '이전 직장에서 영업맨으로 일했는데 업무 강도가 세고 스트레스가 많았다'고 했다. 이직한 이후 매주 금요일을 이용해 충주에 사는 장모의 벼농사를 돕고 있다.

"부모님께 효도할 수 있어 행복합니다. 금요일부터 일요일까지 3일을 이용해 농사를 더 배워 보려고 합니다."

우 대표는 당초 큰 기대 없이 시행한 주 4일 제도가 회사 성장에 중요한 밑거름이 됐다며, 직원들이 균형 잡힌 생활을 하는 회사는 지속 가능한 기업이라고 말했다.

"주 4일제 덕분에 일주일 동안 직원들과 지내는 시간은 줄었지만 장기적으로 보면 더 오래 함께 일할 수 있습니다."

60

60년 전통 이어 온
희생과 나눔의 가치

'돈 좀 덜 벌더라도 사회에 도움 되는 일을 하고 싶다'
하루 6000개 빵 중 500개 기부하는 대전 성심당의 감동 경영

똑같이 큰돈을 벌더라도 돈만 밝히는 사람은 '졸부'가 될 수 있다. 물론 그 반대도 가능하다. 한국의 젊은 부자들은 대부분 그것을 잘 알고 있었다. 그들에게 사업이란 단순히 돈을 쓸어 담아 큰 집을 사고 좋은 차를 모는 것이 아니다. 자신의 관점으로 영속하는 브랜드, 이를테면 나이키나 앱솔루트 보드카 같은 브랜드를 만드는 것을 사업의 목표로 삼는다. 그러나 그런 브랜드를 만들기 위해서는 희생과 나눔의 정신이 반드시 필요하다. 하지만 이제 막 성공의 문턱을 넘은 이들에게는 장기 성장한 경험이 없어 이런 정신이 우러나오기까지는 더 많은 시간이 필요하다. 이 정신으로 수십 년 경영에 성공한 관록의 '할매, 할배' 사장님 2명을 간략히 소개한다.

첫째는 연 매출 400억 원에 이르는 대전의 토종 빵집이다. 1956년에 세워져 지금까지 승승장구하고 있는 '성심당'이 그곳이다. 대형 프랜차이즈 범람 속에서도 살아남은 몇 안 되는 빵집이기도 하다.

성심당은 설립 이후 60년째 당일 팔리지 않는 빵을 모아 다음 날 아침에 기부를 하고 있다. 이동 센터나 외국인 노동자 센터 같은 복지 단체 150여 곳이 그 대상이다. 창업주 임천규 씨의 아들인 임영진(62) 대표가 운영 중이다.

임 씨의 아버지는 평안도 함주에서 과수원을 운영하다가 1951년 1·4 후퇴 때 구사일생으로 남한으로 넘어왔다. 당시 그는 '살아서 남으로만 갈 수 있다면 반드시 가난한 이웃을 위해 봉사하며 살겠다'고 결심했다고 한다. 그는 월남 후 대전역 앞에 10제곱미터(3평)짜리 허름한 찐빵가게를 차렸다. 찐빵 300개를 만들면 100개는 전쟁통에 버려진 고아나 노숙자들에게 나눠 줬다.

제빵 업체들은 그날 팔리지 않아 남은 빵을 다음 날 절반 정도 값에 파는 경우도 많다. 하지만 성심당은 남는 빵은 단 하나도 팔지 않는다. 임 대표는 필자에게 말했다.

"매일 빵을 6000개 정도 만드는데, 보통 400~500개를 사람들에게 나눠 주고 있어요."

남는 빵은 1000원짜리 모닝빵부터 2만~3만 원 상당의 빵에 이르기까지 다양하다. 성심당의 '나누는 가치'가 세상에 알려지면서 가뜩이나 빵집 앞에 서는 고객들의 줄은 더 길어졌다. 대표 메뉴인 튀김 소보루를 먹기 위해서 보통 1시간 30분 정도 줄을 서야 한다. 서울 백화점에서 입점 요청이 끊이지 않지만 전국적으로 프랜차이즈 베이커리 사업을 할 계획은 없다고 한다.

성심당은 직원들에 대한 처우도 좋다. 대표를 비롯해 모든 임원과 말단 직원이 같은 종류와 크기의 책상을 쓴다. 직원들이 나중에 개업할 때면 기술 지원도 아끼지 않는다. '남는 빵을 팔아 이윤을 더 남기자'고 말하는 직원들도 있다. 그러나 임 대표에게 추가 이윤은 관심 밖이다.

"돈을 몇 푼 더 버는 것보다 더 가치 있는 일은 어려운 사람을 돕는 것입니다."

성심당의 빵 기부는 100년을 내다보고 있다. 업체를 물려받을 예정인 서른 살의 아들 대환 씨 역시 '소중한 전통인 만큼 계속 실천하고 싶다'고 했기 때문이다.

그런가 하면 일본 도쿄 기치조지역에는 일본 최고의 양갱가게 '오자사'의 이나가키 아츠코(85) 사장이 있다. 오자사에서는 양갱과 모나카(찹쌀과 팥소를 넣어 얇게 구운 과자)를 파는데 연간 매출이 3억 엔(30억 원)을 넘는다. 그리고 3.3제곱미터(1평)짜리 가게는 매일 새벽 4~5시부터 줄을 서서 기다리는 고객들로 장사진을 이룬다. 필자가 방문한 몇 해 전에도 전날 숙박하고 새벽 일찍 행렬에 가담하는 사람이 많았다.

이 가게는 양갱을 하루에 딱 150개만 만들어 판다. 7킬로그램짜리 작은 가마솥 3개에 팥소를 넣어 숯불에 40~50분간 졸이는데, 아주 짧은 순간 팥소에서 보랏빛이 나면 성공한다는 원칙을 지킨다.

"실수로 땀방울 하나라도 떨어뜨리면 이 색깔이 나오지 않아요."

쫀득하면서 탱글하고 입에 사르르 녹는 식감의 교차점을 찾고 이를 시간으로 기록해 데이터를 분석하는데, 이나가키 사장은 제품 품질이 좋지 않으면 그날 장사를 아예 접어 버린다.

그가 성공한 법칙은 제품 공급업자들과 수십 년간 쌓아 온 신용, 그리고 고객들에게 가격을 올리지 않는 정책, 나아가 크든 작든 사회적 책임을 다하는 철학을 지키는 것이다.

1971년, 백화점 3곳이 생겨 존망의 기로에 놓인 오자사는 당시 3년간 국책 민간 연구소 관계자들과 함께 팥의 새로운 품종 개발 현장을 찾아다니며 자료를 모았다. 이를 바탕으로 일본 전국의 팥 공급업자들과 세밀하게 분석했다. 매일 직원 3명이 업자들이 보내온 수천 개의 팥알을 밤을 새워 가며 검사하기도 했다.

"재료 납품이 아니라 고객에게 같이 물건을 파는 걸로 생각해 달라고 접근해 마음을 움직였습니다. 오랜 기간 공급업자들과 신용을 '저축'하는 사이가 되었죠. 덕분에 내가 망하더라도 '이 사람이 만들면 함께하겠다'는 수십 년 된 공급업자들과 일하고 있습니다."

가격은 최근 15년간 한 번도 안 올랐다. 1951년(양갱 120엔, 모나카 10엔)과 비교해 지금 가격(양갱 200엔, 모나카 54엔)은 싼 편이다. 세계은행에 따르면 일본의 국내 총생산(GDP)은 1960년 443억 달러(50조 원)에서 2015년 4조 1230억 달러(4700조 원)로 성장했다. 경제 규모가 55년간 백 배 가까이 성장했는데도, 제품 가격은 거의 변한 것이 없는 거나 마찬가지다. 마지막으로 1990년대부터 26년간 전체 직원의 2~3명은 다른 기업에서 입사를 거절당한 장애인을 꼭 고용한다. 정부의 장애인 고용 지원금도 받지 않는다. 아무리 작아도 무조건 사회적 책임을 다하고 보자는 철학을 고수할 뿐이다.

61

K팝 대표 작곡가 용감한 형제,
평생 모은 돈 기부하겠다

악보도 볼 줄 모르면서 작곡에 도전한 문제아
전 재산 기부 선언 뒤에 숨어 있는 특별한 사연

"안녕하세요. 용감한 형제입니다."

손담비의 〈미쳤어〉, 〈토요일 밤에〉, 빅뱅의 〈마지막 인사〉, 〈거짓말〉, 씨스타의 〈나혼자〉, 〈가십걸〉, AOA의 〈심쿵해〉, 거미의 〈거울을 보다가〉, 브라운아이드걸스의 〈어쩌다〉 등 수많은 히트곡을 작곡한 용감한 형제(본명 강동철·38)는 K팝을 대표하는 히트 작곡가이자 프로듀서다. 현재 한국음악저작권협회에 등록된 그의 곡은 400여 개에 이른다. 수많은 히트곡 덕분에 음원 수입으로만 수백 억 원을 벌었다. 2012년부터 본인이 직접 '브레이브 엔터테인먼트'란 기획사를 차려 경영과 작곡 활동을 병행하고 있다. 본격적인 사업가의 길로 들어선 것이다.

고등학생 시절 잦은 싸움으로 소년원에 수감되기도 한 그는 고등학교를 중퇴하고, 룸살롱 영업부장, 일용직 막노동꾼, 가수 준비생 등 파란만장한 인생 끝에 음악으로 큰 부자가 됐다. 그의 음악이 대중들의 사랑을 얻을 수 있던 이유는 무엇일까? 그는 음악으로 사랑을 받으려면 감성을 건드려야 한다고 말한다.

"아무리 기술이 좋아져도 음악의 본질은 사람의 감성을 건드리는 데 있습니다. 그 본질은 누구나 겪는 일상생활에서 나오거든요. 그래서 대중음악은 듣는 입장에서 만들어야 해요. 지금까지 만든 히트곡들은 가만히 있다가 머릿속에 떠오르는 단어가 출발점인 경우가 많았어요."

그는 자신의 작곡 노하우라며 스마트폰 메모장을 열어 줬다. 메모장 안에는 평소에 틈틈이 메모해 놓은 1000여 개의 노래 제목과 가사 아이디어가 빼곡히 담겨 있었다. 일상생활의 영감이 히트곡의 원천이었던 것이다.

"예를 들어 유키스의 〈만만하니〉란 히트곡이 있어요. 이건 예전에 제 친구가 저에게 황당한 행동을 했을 때 제가 뱉은 말이거든요. 씨스타의 〈가십걸〉은 포장마차에서 소주를 먹고 있는데 옆 테이블에서 수다 떠는 여자들의 이야기를 듣다가 '진짜 가식적이다'라는 생각이 들어 '가십걸'이란 제목으로 곡을 지었어요. 그렇게 좋은 키워드가 떠오르면 곧바로 스마트폰에 저장하고 작업실로 뛰어갑니다. 10년 넘게 유지하고 있는 원칙입니다."

그는 불과 15년 전만 해도 이런 돈과 유명세를 가질 것이라고 생각도 못했다. 인터뷰 도중에도 용감한 형제를 찾는 가수와 연예계 관계자들의 전화가 쇄도했다. 그는 자기 소속사 가수들의 곡만 만드는 게 아니라 다른 기획사 소속 가수들의 앨범도 제작해 납품한다.

"지금 7개의 앨범을 작업 중입니다. 제가 만드는 곡으로 매달 가수 3~4팀이 데뷔하거나 컴백하고 있어요."

용감한 형제는 서울에서 태어나고 자랐다. 초등학교 시절에는 경시

"음악을 막 시작해서 가난할 때
먹고 싶은 치킨을 못 사 먹어 운 적이 있어요. 그때 생각했습니다.
'나중에 성공하면 돈이 없어 밥을 굶는 사람들에게 밥을 사 줘야지.'
가장 기본적인 기부가 사람들에게 필요하다고 보거든요."

대회에서 여러 번 상을 받은 모범생이었다. 그러나 중학교에 올라가면서 엇나가기 시작했다. 싸움하는 친구들과 어울리면서 공부와 멀어졌고 고1 때는 큰 싸움 끝에 소년원에 수감됐다. 2년 후 보호 관찰에서 풀려난 뒤 룸살롱 영업부장으로 일했다.

"잘못된 길을 걷고 있다는 생각이 들더군요. 인생에 회의가 들어 소주 10병을 마시고 죽으려고 자해도 했습니다. 그러다 미국의 유명 힙합 가수인 사이프러스 힐의 노래를 듣게 되었는데 난생처음 '나라고 못할 게 뭐가 있어'라는 각오가 생기더군요."

2000년 들어 룸살롱 영업부장을 그만뒀다. 스물두 살 때의 일이다. 그리고 그는 서울 망우리에 월세 10만 원짜리 지하 단칸방을 얻은 다음 각종 음악 장비와 음악 컴퓨터 프로그램을 구할 수 있는 종로 낙원상가를 매일 찾았다.

"주변 지인들에게 1만~5만 원씩 빌려 컴퓨터로 음악을 만드는 70만 원짜리 소프트웨어 프로그램과 10만 원짜리 신시사이저를 구했습니다. 악보를 볼 줄도 몰라요. 코드 짜는 법도 배운 적이 없습니다. 하지만 컴퓨터로 음악을 만드는 데 있어 거창한 음악 이론을 꼭 알 필요는 없습니다. 음악은 기술로만 하는 게 아니거든요. 밥 먹는 시간 빼고는 매일 골방에 틀어박혀 건반을 눌러 보고, 컴퓨터 프로그램으로 비트를 짜고, 편곡을 했습니다."

수입이 없어 1000원, 2000원으로 버티는 날이 허다했다. 막노동으로 받은 일당 3만 5000원으로 일주일을 버텼다. 2년간 노력 끝에 형 흑철(41) 씨와 함께 '용감한 형제'라는 이름의 힙합 듀오를 결성해 데모 테이프를 만들어 기획사에 뿌렸다. 여러 기획사 가운데 YG 양현석 사장에게 연락이 왔다. YG에 들어와 앨범을 준비해 보라는 것이었다.

"'도라이', '골 때리는 이야기', '방아쇠를 당겨' 등 제목을 보면 아시겠지만 수위 높은 가사가 많은 갱스터 음악이었어요. 양현석 사장님이 독특하지만 사회적으로 안 좋은 이미지가 생길 수 있다고 판단해 데뷔를 못했습니다. 그러다 양 사장님이 '가수 말고 프로듀서로 전향할 생각은 없느냐'고 하더군요. 음악을 너무 하고 싶고 알리고 싶었기 때문에 바로 수락했습니다."

2005년 렉시의 〈눈물 씻고 화장하고〉란 곡을 만든 이후 프로듀서로 날개를 달았다. 손대는 노래마다 대박을 치면서 '히트곡 제조기'란 별명을 얻었다. 2004~2008년까지 YG의 프로듀서로 일했다. 그 후 YG를 나와서 여러 가수의 앨범을 만들고 제작하다 2012년 정식으로 기획사를 설립했다.

그의 하루 일정은 일반 직장인과 정반대다. 낮에는 회사 경영에 집중하고 오후 4시부터 곡 작업에 들어간다. 집에서 새벽 내내 작업하고 오전 7~8시에 잠에 든다. 3~4시간 쪽잠을 자고 나면 다시 일상이다. 통상 한 앨범에 들어가는 곡은 5개. 한 곡을 녹음하고 믹싱·마스터링 작업까지 하는 데 2~3개월이 소요되는데 매일 새벽 작업을 하는 까닭에 당뇨와 고지혈증, 공황 장애 등 크고 작은 질병을 달고 산다.

"이 일을 멈출 수 없는 것은 음악을 사랑하기 때문입니다. 제가 번 돈을 어려운 사람들과 나누고 싶습니다. 사실 음악을 시작할 때 '이걸로 먹고살아야겠다'는 생각을 한 것은 아닙니다. 돈을 벌든 못 벌든 한 획을 그어야겠다는 각오로 시작했지요. 돈 벌 목적으로 시작했다면 아마도 중간에 그만뒀을 겁니다."

그는 필자와 인터뷰를 하던 중 '전 재산을 사회 빈곤층에 모두 환원하겠다'는 신인을 했다. 2016년부터 그는 매주 한 차례 탑골공원 등을 찾아 200~300명에게 도시락과 물품을 나눠 주는 봉사도 해 오고 있다.

"칭찬받으려고 이야기하는 게 아니에요. 그런데 이 이야기를 지금 밝히는 이유는 약속을 반드시 지키기 위해서입니다. 제가 약해지면 안 되니까요. 꼭, 꼭 실천하고 싶기 때문입니다. 이르면 쉰 살에 음악 사업을 접고 일흔 살까지 20년간 밥 봉사만 하며 모은 재산을 모두 사회에 환원할 겁니다. 그 이후에는 시골에 내려가 노후를 보내고 싶습니다. 그때가 오기를 손꼽아 기다리는 중입니다."

그는 어렸을 때부터 성공하면 마지막에 모두 나누는 것이 꿈이었다고 한다. 지금은 264제곱미터(80평)짜리 펜트하우스를 비롯해 여러 채의 집을 보유하고 있지만 그 생활이 그리 행복하지 않다고 한다.

"'행복에 겨운 소리 하네'라는 말을 들을 수도 있겠죠. 그렇지만 제가 가장 행복했을 때가 언제인지 돌이켜 보니 피땀 흘려 번 돈을 나눠 줄 때더라고요."

기부 계획도 구체적으로 세웠다. 한 대당 하루 500~1000인분의 음식을 대접할 수 있는 밥차 서른 대를 구입해서 독거노인과 형편이 어려운 청소년들에게 1주일에 1만 5000인분, 한 달에 6만 인분의 식사를 제공할 계획이다. 그런데 지금 모은 돈으로는 장기적인 기부 활동이 불가능하기 때문에 더 많은 돈을 모아야 한다. 1000억 원 이상의 현금을 확보하는 것이 목표. 다만 목표를 이루지 못하면 기부 계획이 공수표가 될 수 있기 때문에 매주 하루를 정해 식사와 물품 봉사를 하고 있다. 기부 품목을 '밥'으로 정한 이유는 돈이 없어 밥을 못 먹을 때의 서러움을 누구보다 잘 알고 있기 때문이다.

"세상에서 가장 서러운 것이 뭔지 아세요? 밥 못 먹는 겁니다. 음악을 막 시작해서 가난할 때 먹고 싶은 치킨을 못 사 먹어 운 적이 있어요. 그때 생각했습니다. '나중에 성공하면 돈이 없어 밥을 굶는 사람들에게 밥을 사 줘야겠다.' 가장 기본적인 기부가 사람들에게 필요하다고 보거든요."

그는 자기 사업을 시작하면서 전에 없던 스트레스에 시달리고 있다. 외부 가수들에게 만들어 주는 곡은 히트하는데 정작 소속사 가수들의 성적이 기대에 못 미치기 때문이다.

"그러나 아직 창업 5년 차예요. SM이나 YG도 역사가 20년이 넘었는데 초창기부터 '빵' 터진 게 아닙니다. 아시아의 최고 엔터테인먼트 회사를 만들 겁니다. 그래야 큰돈을 벌어서 하루빨리 기부 계획을 실천에 옮길 수 있을 테니까요."

그는 음악으로 성공하려면 인생 전부를 걸어야 한다고 조언한다.

"음악 듣는 게 취미라며 덜컥 도전하면 안 됩니다. 음악으로 성공하려면 대단한 용기가 필요합니다. 아르바이트를 정기적으로 하면서 음악을 병행하는 것은 두 마리 토끼를 다 놓치는 일이라고 생각합니다. 그렇게 하면 아르바이트가 본업이 되고 정작 음악 활동은 취미가 되어 버리는 경우가 많아요. 하루 20시간 음악만 해도 모자랍니다. 죽지 않을 정도의 돈만 있다면 무조건 음악에 몰입해야 합니다."

62

20년간 100억 원 기부한
중졸 회장님

전 재산 99% 내놓겠다, 돈은 잠시 맡아 보관하는 것
소망화장품 창업주가 돈을 버는 이유

그런가 하면 아예 기부하기 위해 스물여덟 살에 사업을 시작해 그 약속을
거의 30년째 지킨 사업가도 있다. '꽃을 든 남자' 브랜드로 유명한 소망화
장품 창업주 강석창(55) 소망글로벌 회장 이야기다.

만성 두드러기를 앓다 덕수상고를 중퇴한 그는 작은 화장품 회사에 입
사해 10년간 영업 사원으로 일하다 만 스물여덟 살이 된 1992년 소망화
장품을 창업했다. 1995년부터 매년 매출의 1~2%, 때론 이익의 30%를
기아대책·월드비전 같은 구호 단체에 기부해 왔다. 지난 20여 년간 누적
기부액이 100억 원을 넘는다.

'꽃을 든 남자', '다나한' 등의 브랜드로 매출은 1999년 245억 원에서
2005년 892억 원으로 올랐고 2010년에는 1219억 원을 달성했다. 2011
년엔 KT&G에 본인 지분의 60%를 607억 원에 매각하며 화제가 됐다. 소
망화장품 경영에서 손을 뗀 이후 해외 부동산 사업을 병행하면서 최근 천
연 화장품 회사 미네랄바이오를 인수하며 화장품 업계에 복귀했다.

그는 필자와 만난 자리에서 지금부터 은퇴할 때까지 단계적으로 전 재산의 99%를 사회에 환원하겠다고 약속했다. 현재 재산은 수백 억 원대에 이른다.

"돈을 더 벌면 매출의 5%까지 기부를 늘리고 싶습니다. 꾸준히 기부하다가 은퇴 전까지 단계적으로 재산의 99%를 기부할 겁니다. 제 꿈은 1조 원을 벌어 9900억 원을 기부하는 거예요."

왜 기부하는가. 그는 이렇게 말한다.

"쉽게 말하면 제가 버는 돈은 제 돈이 아니기 때문입니다. 돈은 '잠시 맡아 보관하는 것'입니다. 그래서 '200원짜리 물건을 팔아 남은 100원은 무조건 내 것이다'라고 생각하지 않아요. 저는 필요한 사람에게 돈이 돌아가는 '공유 경제'가 매우 중요하다고 믿습니다. 아깝지 않냐고요? 전혀요. 골프 치러 가는 사람이 골프 치는 돈을 아깝다고 합니까? 기부는 저한테 골프 같은 겁니다. 즐겁고 보람찹니다. 기부 세계에서 저는 명함 내밀 수준이 아닙니다. 몽골에서 사업하다 알게 된 분이 있습니다. 한국에서 월급 2000만 원 받던 의사였습니다. 그분은 고연봉 직장을 포기하고 몽골에서 월급 100만 원 받으며 의료 봉사 단체에서 일합니다. 그런데 봉사하면서 받는 100만 원도 기부하는 겁니다. 본인 전세금을 빼서 기부하는 사람도 있더군요. 이런 영웅들에 비하면 저는 부끄럽습니다. 제가 번 돈을 다 낸 것이 아니라서요."

기부처별 기부 금액으로는 기아대책이 50억 원으로 가장 많다. 시각 장애인에게 무료 안과 진료를 하는 실로암 안과병원과 월드비전에도 많이 기부해 왔다. 앞으로 목표는 1조 원을 벌어 9900억 원을 기부하는 것이다. 그러나 현실이 된다 해도 자신의 몫 1%(100억 원)가 너무 많다고 한

"사실 기업가는 나쁘게 말하면 고객들에게
돈을 빼앗아 오는 사람 아닙니까. 그러니 당연히 어려운 사람들에게
돌려줘야 하는 겁니다. 자발적으로 기부하면
업무 스트레스도 풀립니다."

다. 그조차 사회에 환원해야 할 것 같다고 말한다. 회사는 자녀에게 상속하지 않을 거란다. 그는 3남매를 두고 있고, 장남은 대학교 4학년이다.

"자식들은 마음속으로 반대할 수 있어요. 그러나 '오너 자녀가 회사를 물려받는 행위'는 제 사전에 없습니다. 우리 아이들이 정말 뛰어난 경영 실력을 쌓으면 월급쟁이 사장은 될 수 있을 겁니다."

초등학교 1학년 때 먼지가 쌓인 과자를 먹고 식중독에 걸린 강 회장은 제때 치료하지 않아 오랜 기간 피부병에 시달렸다. 1시간 동안 책상에 앉아 있는 것조차 힘들어 고등학교 3학년 때 중퇴했다. 공부만이 인생의 성공 요인은 아닐 것이라 생각한 그는 1982년 두발 미용 제품을 파는 현대화장품(현재 웰코스)에 영업 사원으로 입사했다. 그가 기부를 시작한 것은 1987년 과장 시절부터다.

"우연히 신문에서 우리 돈으로 월 1만 5000원이면 아프리카 한 가족이 한 달을 먹고살 수 있음에도 굶어 죽는다는 기사를 봤습니다. 이때부터 월급에서 조금씩 모아 4~5개월에 한 차례씩 50만 원, 100만 원씩 기부했어요."

1987년 대우 르망 승용차를 타고 춘천에 있는 거래처를 방문하러 가다 16톤 트럭에 부딪혀 승용차가 박살 났다. 당시 현대화장품 김상희 회장은 새 차를 사라며 그에게 1200만 원을 건넸다. 그러나 강 회장은 그 돈으로 차를 사는 대신 당시 모은 월급 1200만 원을 합쳐 2400만 원을 실로암안과에 기부했다. 시각 장애인을 치료하는 데 필요한 의료 장비를 사도록 보탠 것이다.

그 시절에 2400만 원이면 작은 아파트 한 채를 살 수도 있었다. 그러나 그는 그 돈을 모두 기부하고 60개월 할부로 프라이드를 한 대 뽑았다. 월급을 조금씩 기부하다 처음으로 큰돈을 기부했는데 아깝기는커녕 오히려 일할 맛이 났다고 한다.

'더 큰돈을 벌어 기부하겠다'며 1992년 자본금 5000만 원으로 10제곱미터(3평)짜리 사무실을 얻어 직원 2명과 함께 소망화장품을 창업했다.

"거래처를 찾아갈 때마다 '브랜드도 없는 제품을 어떻게 믿고 쓰나요?' 란 소리를 들었습니다. 그래도 '품질을 과장해 판매하지는 말자'는 원칙을 지켰습니다. 주문이 성사되면 거래처가 원하는 대로 최선을 다했고, 피부에 좋은 화장품을 개발해 팔면서 신뢰가 쌓였습니다. 월 매출액이 1년 만에 1억 원, 2년 만에 2억 원을 찍었습니다. 1995년 직원들에게 동의를 구하고 기부를 시작했습니다."

강 회장은 지금까지 고급 승용차를 타 본 적이 없다. 교통사고로 반파된 르망과 60개월 할부로 산 프라이드, 10년 탄 라비타를 거쳐 지금은 스포티지를 탄다. '불편해서 싫다'며 개인 기사도 두지 않는다. 혼자 다닐 땐 지하철을 이용한다.

"벤츠나 아우디를 보면 '차가 참 멋있다'는 생각은 합니다. 그러나 부담스럽습니다. 벤츠가 긁히기라도 하면 얼마나 마음이 아플까요. 큰 가치는 없다고 생각합니다. 크게 성공했다가 갑자기 기울어진 동료 사업가들도 외제차를 많이 탔습니다. 물론 외제차를 타고 싶으면 타야 합니다. 다만 차가 '권위의 상징'이 되는 것은 문제입니다. 또 많은 돈을 과시하는 사람은 타락합니다. 복권을 사서 벼락부자가 된 사람들도 잘못되는 경우가 많지 않습니까. 부자들이 기부에 인색한 것은 기부에 대한 정의가 다르기 때문입니다. '기부=세금'이라고 생각하십시오. 사실 기업가는 나쁘게 말하면 고객들에게 돈을 뺏아 오는 사람 아닙니까. 당연히 어려운 사람들에게 일부 돌려줘야 합니다. 자발적으로 기부하면 업무 스트레스도 풀립니다. 그리고 세상을 떠나기 직전에 몰아서 돈을 기부하는 것은 가치가 떨어집니다. 작지만 내가 벌 때 쪼개서 하는 게 도리라고 봅니다. 기부는 기쁨입니다. 부자가 아니더라도 버는 돈의 일정 금액, 소득의 10%를 정기 기부하는 문화가 확산되면 좋겠습니다. 돈에 얽매이는 삶에서 자유로워지면 인생이 편안해집니다. 먹고 싶은 거 먹으면서 행복하게 일하는 것, 이 정도면 성공한 인생 아닙니까."

남들이 비웃는 그 길에 정답이 있다

최근 만난 스물일곱 살의 한 취업 준비생은 우리나라에서 가장 뛰어난 수재들이 몰린다는 민족사관고등학교를 나와 좋은 대학에 들어갔다. 그는 이런 질문들을 쏟아 냈다.

'영업직은 실적을 따져 힘들지 않을까요?', 'OO직업을 선택하면 일과 여가의 균형을 이룰 수 있을까요?', '전문가가 되고 싶지 그냥 회사원은 싫은데 뭘 해야 할까요?', '창업은 너무 위험하지 않나요?'

여러 기업에서 인턴십과 대외 활동 프로젝트를 경험하며 스펙을 쌓았지만 이 청년은 삶의 목표를 못 정한 것 같았다. 자신이 뭘 잘하고 뭘 좋아하는지에 대한 질문이 없었다. 그저 직업을 '쇼핑'처럼 생각했다. 어떤 직업은 좋아 보이지만 야근을 많이 해야 할 것 같고, 또 야근을 별로 안 하는 직업은 그럴듯해 보이지 않고……. 만약 이 청년이 자신이 정말 잘하는 것이 무엇인지 발견했다면 이런 고민들을 하고 있지는 않을 것이다.

마지막으로 이런 고민을 해결하는 데 중요한 힌트를 줄 두 젊은 사업가를 소개할까 한다. 한 사람은 솔직함과 영리함으로 대기업과의 경쟁에서 당당히 승리를 거뒀고, 또 한 사람은 강한 자신감으로 주변의 부정적인 시선과 편견을 보란 듯이 이겨 내고 300억 원대의 회사를 키웠다. 내가 가장 잘할 수 있는 것을 찾아 자신감 있게 밀고 나가는 것. 그것 말고 또 다른 성공 원칙이 있을까?

Play Smart 이렇게 하면 대기업도 이길 수 있다
창업 7년 만에 매출 500억 원, 삼성전자를 철수시킨 30대 다윗

2008년 글로벌 금융 위기 때 삼성전자를 나와 창업한 청년이 있다. 배기식(38) 리디북스(Ridibooks) 대표다. 2009년 말 전자책(e-book)을 파는 온라인·모바일 플랫폼을 시작해 2010년 매출 4억 원을 기록했다. 이듬해 매출 11억 원을 넘더니 2015년 317억 원, 2016년 505억 원으로 폭풍 성장했다. 지금은 직원 160명을 둔 리디북스는 종이책보다 30~40% 싼 가격으로 전자책을 사고 읽을 수 있는 '전자 책방'이다.

215개국에 225만 명 회원을 두고 있다. 2016년 누적 다운로드 수 1억 건을 돌파했다. 그리고 국내 출판사 2000곳과 제휴해 70만 권에 달하는 전자책을 보유하고 있다. 이익금은 전자책 단말기 'PAPER' 사업에 재투자해 왔으며 2017년 흑자 전환을 예상하고 있다.

벤처 업계에서는 배 대표를 '다윗과 골리앗' 일화의 다윗에 비유한다. 창업하고 얼마 지나지 않아 교보문고, 웅진씽크빅, 북큐브의 전자책 분야를 제친 데 이어 후발주자로 뛰어든 삼성전자도 시장에서 몰아냈다. 현

"총알을 많이 가진 대기업을 이기려면 적은 자원으로
무엇에 집중하느냐가 중요합니다.
리디북스는 집중 대상이 바로 고객이었습니다."

재 1000억 원 규모의 단행본 전자책 시장에서 시장 점유율 50%를 기록하며 1위를 달리고 있다. 최근엔 '리디스토리'란 이름의 웹소설 플랫폼을 출시하며 웹소설 연재 시장에도 뛰어들었다.

"창업할 때 가장 중요한 것은 대기업을 어떻게 넘어설 수 있느냐는 겁니다. 두 가지를 잘하면 됩니다. 첫째, 자기 업(業)의 핵심을 이해하는 것, 둘째 과도할 정도로 고객의 요구에 집중하는 것입니다."

창업 첫날부터 '전자책은 돈이 안 된다'는 소리를 지겹도록 들었다.

"어떤 투자자는 '리디북스가 매출 100억 원을 넘기면 손에 장을 지진다'고 하더군요. 그런데 100억 원이 넘었습니다. 그랬더니 또 누군가 '죽을 때까지 매출 500억 원을 못 넘길 것이다'라는 말을 했습니다. 그러나 2016년에 넘었습니다. 저는 고객에게 정말 좋은 서비스를 잘 만들면 전자책으로도 돈을 벌 수 있다고 믿었습니다. 국내 시장만 해도 매출이 2000억~3000억 원까지 커질 수 있다고 생각합니다. 가격 경쟁력과 접근성, 보관 편리성이 전자책의 장점입니다. 그 장점을 뛰어넘는 서비스를 만들면 됩니다."

리디북스는 '종이책 읽는 느낌이 드는 편안한 전자책'을 지향한다. 볼펜을 들고 줄을 치며 책을 읽는 것처럼, 스마트폰으로 책을 읽다 다양한 색깔로 줄을 칠 수 있다. 좋은 문구는 책을 읽는 도중에 드래그해 자기 메모장에 저장할 수 있고, 카카오톡·라인·페이스북 친구와 공유할 수 있다. 음성으로 들을 수도 있으며, 원하는 목차와 페이지로 바로 건너뛸 수도 있다. 다양한 글꼴과 글자 크기, 줄 간격으로 보는 장점도 있다. 책을 읽는 도중 그 책에 대해 사용자들이 남긴 리뷰를 바로 보거나 남길 수도 있다.

경기고와 서울대 전기공학부를 나온 배 대표는 2006년 삼성전자에 입사해 벤처투자팀 소속으로 일했다. 그러다 삼성벤처아메리카로 옮겨 미국 실리콘밸리 회사들을 경험했다.

"소프트웨어에 큰 물결이 일고 있었습니다. 페이스북, 트위터 같은 회사들이 빠르게 성장하고 있었어요. 전자책 '킨들'을 출시한 아마존도 그중 하나였습니다. 소프트웨어와 인터넷을 결합하면 뭔가 새로운 걸 만들 수 있겠다 생각했지요."

2008년 변변한 아이템 없이 삼성을 뛰쳐나왔다. 그저 아이템을 소셜커머스, 전자책, 웹툰처럼 장래가 밝은 분야에서 고르자는 두루뭉술한 생각이 전부였다. 글로벌 금융 위기로 나라 안팎의 사업 환경이 크게 어려울 때였다.

"돌이켜 보면 무식했습니다. 다만 제 지론은 '위기일 때 베팅하라'는 것입니다. 실제 애플이나 마이크로소프트는 과거 미국 석유 파동 시절 생겼습니다. 경제가 어려운 시기에는 새로운 도전과 혁신을 꺼리는데 불황이야말로 새 시도를 할 기회입니다."

공동 창업자 2명과 모은 돈 5000만 원으로 2008년 서울 시내 작은 오피스텔에서 아이템 구상에 매달렸다.

"투자자를 만났는데 '당신 사업을 대기업에서 베껴 가면 어떻게 할 거냐'고 묻더군요. 대기업은 저마다 신사업팀이 있고 작은 회사를 내버려 두지 않거든요. 그러므로 대기업이 따라올 경우를 감안해 사업 계획을 짜야 합니다. 커머스 분야는 이미 신세계, 롯데, G마켓이란 장벽이 있었습니다. 유통 분야는 경쟁이 격화될수록 돈 싸움으로 치닫기 때문에 어려워 보였습니다."

2008년 '아이팟 터치'가 인기를 끌 때 앱 스토어로 만화 앱을 팔았다. 만화책 한 권을 앱 하나로 만든 일명 '앱북'. 앱북 하나당 1000~2000원에 팔았는데 한 달 매출이 수백 만 원 나왔다. 그러나 '이대로 가다간 끝이 없다'는 생각이 들었다. 유료 만화를 제대로 팔려면 플랫폼을 만들어야 하는데, 이미 주요 포털 사이트에서 웹툰을 무료로 제공하고 있었다. 마침 전자책 단행본 시장은 대기업이 없었다. 중견 기업인 교보와 웅진이 선두 업체였지만 막대한 현금과 자원을 가진 대기업이 아니었고, 무엇보다 전자책 모바일 기반 서비스가 없었다. 그래서 단행본 전자책 사업을 하기로 하고 출판사 영업을 뛰었지만 가는 곳마다 거절당하기 일쑤였다.

"'이대로 가면 안 됩니다. 미래가 없습니다. 종이책 콘텐츠를 디지털화해야 합니다'라고 설득했습니다. 그러나 출판사 사장님들은 대부분 50~60대였어요. 이미 벌 만큼 벌어 자식까지 결혼을 시킨 분에게 '미래가 바뀐다'는 말이 통하지 않았습니다. 그래서 30~40대 젊은 사장님이 있는 출판사부터 집중적으로 만났습니다. 2~3년간 매일 4~5개 업체를 만나 200개 회사와 제휴했습니다. 그래도 영업에서 깨달은 것이 있습니다. '어떤 업종이든 10~20%는 깨어 있는 사람이 있다'는 겁니다. 그 사람들부터 잡는 것이 시작입니다."

2010년 들어 아이폰 열풍이 불었고 리디북스도 순항해 수년 만에 시장 점유율 1위로 치고 올라갔다. 그러다 2012~2013년 삼성전자, SK텔레콤 등 대기업들이 전자책 시장에 뛰어들었다. 대기업에서 리디북스 직원을 스카우트하려고 했다. 기존의 대형 서점들도 무슨 일인지 '리디북스에 책을 공급하면 종이책을 안 팔아 주겠다'며 출판사들에게 으름장을 놓기도 했다. 창업 초기 투자자가 말한 대기업이 뒤에서 따라오는 상황이 닥친 것이다. 그때 그가 찾은 해법은 단순했다.

"머리는 복잡했지만 해결 방법은 간단하더군요. '회사를 잘되게 하는 것은 경쟁사가 아니라 고객이다'라는 것입니다. 고객 입장에서 회사 서비스를 밑바닥부터 까 보자고 했습니다. 매일 9시 전 직원이 한자리에 모였습니다. 전날 회사에 들어온 각종 고객의 요구와 건의 사항, 욕설까지 면밀하게 검토하고 회의했어요. 회의 이후에 모든 직원이 나서서 해결하기 시작했습니다. 중요한 것은 고객이 왜 그런 민원을 넣는지 이면을 살피는 거예요. 예를 들면 '왜 휴대폰 결제가 되지 않느냐'는 건의 사항은 자세히 들여다보면 '신용 카드로 결제할 형편이 안 된다'는 뜻일 수 있거든요. 필요하면 고객들에게 연락해 직접 만났습니다. 누구도 따라올 수 없게 서비스를 단단하게 만들었지요. 지금도 매일 전 직원들이 고객들의 목소리를 이메일로 받고 있습니다."

전자책에 밑줄을 그을 수 있도록 만들고 친구와 문구를 공유할 수 있도록 서비스를 개선했다. 맥북용 서비스도 출시했다. 경쟁에서 밀린 삼성전자는 2014년 12월 전자책 서비스인 '삼성북스'를 완전히 철수한다고 밝혔다. 다른 기업들도 전자책 사업을 없애거나 축소했다.

"종종 '큰 기업들이 있는 시장에서 어떻게 자리 잡느냐'는 질문을 받습니다. 사실 작은 스타트업은 투입할 자원이 적어 총알이 1~2발밖에 없어요. 총알을 많이 가진 대기업을 이기려면 적은 자원으로 무엇에 집중하느냐가 중요합니다. 리디북스는 집중 대상이 고객이었습니다. 또 대기업의 견제를 받아도 살아남을 사업 계획을 처음부터 짜야 합니다. 대부분 청년 창업자들이 이런 큰 그림 없이 창업에 뛰어듭니다. 무엇보다 불나방처럼 유행을 좇으면 안 됩니다. 대신 아무리 사소한 거라도 고객이 존재하는 상태에서 제품만 제대로 만들면 성공할 수 있습니다."

그는 전자책 콘텐츠로도 성장할 수 있다는 것을 보여 주고 싶다고 한다.

"그동안 유료 디지털 콘텐츠를 팔아 성장한 회사는 게임사밖에 없습니다. 그러나 우리는 전자책도 가능하다는 걸 보여 줬지요. 장기적인 경쟁자는 아마존입니다. 아마존이 못하는 것을 만들어 해외로 진출할 겁니다. 지금은 제 사업 목표의 5~10%밖에 달성하지 못했으니까요."

Be Yourself 단점인 뚱뚱한 외모를 성공 비결로
취업 실패 후 나만의 강점 찾아 창업, 2년 만에 매출 290억 원
내 월급은 300만 원, 아직 누릴 때 아니다

대기업 입사에 실패하고 중소기업을 전전하는 청년이 많다. 이쯤 되면 '나는 루저다'라고 생각할 수 있다. 씨엔에디의 모해란(29) 대표도 평범한 대한민국의 중소기업 직원이었다. 그러나 그녀는 현실에 안주하지 않았다. 화장품 수출 업체를 만들어 창업 2년 만에 290억 원 매출을 기록했다. 심지어 남들은 다 단점이라고 생각하는 자신의 '뚱뚱한 외모'를 경쟁력으로 만들었다. 인생 궤적을 요약하면 이렇다.

대기업 입사 실패 → 연봉 1800만 원 중소기업 → 연봉 1900만 원 중소기업 → 연봉 3000만 원 중소기업 → 창업 2년 만에 매출 290억 원…….

씨엔에디는 한국의 중소·중견 화장품 제조 업체들이 만든 화장품을 추려 홍콩에 수출하는 회사다. 인지도는 낮지만 품질은 좋은 제품을 찾아 글로벌 시장에 내보내는 것이다.

홍콩 현지인들이 좋아할 만한 40~50개의 화장품 브랜드로 2014년 창업 첫해 매출 8억 8000만 원을 낸 데 이어 2015년 100억 원, 2016년 290억 원(영업 이익률 10%)을 기록했다. 홍콩 매출 비중은 99%. 직원 10여 명을 둔 그녀는 2017년 500억 원의 매출을 예상하고 있다.

메디힐(엘앤피코스메틱)·SNP·AHC·한불화장품 같은 중소·중견 화장품 제조 업체들이 만든 마스크팩과 로션, 에센스 등을 주로 수출한다. 5만 원 미만의 제품이 많지만 이보다 비싼 화장품도 있다. 마스크팩은 1주일에 2만 장씩 팔린다. 그녀의 창업 모델은 '매력적인 중소·중견 기업 제품을 해외로 수출하자'는 것이다.

"사실 화장품을 만드는 국내 중소기업이 수백 곳에 달합니다. 그러나 대부분 마케팅이 약하고 해외 유통 채널이 부족합니다. 제품 개발력은 세계에서 가장 뛰어난데도 말이죠. 예를 들어 일본 화장품 제조 업체의 제품 개발 주기는 6개월~1년입니다. 그러나 우리나라는 웬만하면 3개월에 하나씩 마스크 브랜드를 낼 정도로 제품 아이디어가 많고 손이 빨라요. 그런데 중국 소비자들은 화장품에 빠르게 질립니다. 그럴 때 빨리 소비자가 원하는 제품으로 대체해야 하는데 한국 기업들만큼 빠른 곳이 없습니다."

그녀는 '마스크팩만 봐도 한국 중소기업들이 최고'라고 한다.

"다른 나라는 그냥 수분량이 많은 하얀색 마스크팩을 판다면, 우리나라는 아이디어가 많아요. 숯이나 세계 3대 진미라는 송로버섯을 이용해 팩을 만들기도 합니다. 저는 이런 브랜드를 발굴하지요. 예를 들어 '에끌라두'라는 품질 좋은 선크림 브랜드가 있는데, 한국 구로의 한 화장품 업체에서 만듭니다. 원래 한국 마사지숍에만 제품을 납품해 온 기업인데, 우리가 홍콩에 수출하면서 이 업체는 매달 홍콩에서만 매출이 1억 원씩 나오고 있습니다."

중·고등 학교를 중국에서 나온 그녀는 중국 상해재경대학에서 무역학을 공부했다. 남들은 모 대표의 경력을 '스펙'이라고 생각할 수도 있을 것이다. 그러나 그녀의 이력은 전혀 안 먹혔다. 2008년만 해도 취업 준비생 신세였다.

"학점은 3.8점이었습니다. 그런데 대기업 문턱이 너무 높은 겁니다. 사실 상해재경대학은 경영과 경제 분야에서 비교적 알아주는 학교인데 서류에서 떨어졌습니다. 일단 일부터 하자는 생각에 중소기업에 들어갔지요. 2~3년만 악착같이 버티면 어디든 올라갈 수 있다고 생각했어요."

2009년 인천 남동공단의 한 친환경 에너지 업체에 중국 담당 영업 사원으로 들어갔다. 연봉은 1800만 원.

"3개월 일하다 회사가 어려워졌습니다. 3개월치 임금을 못 받고 퇴사했어요."

그다음 회사는 휴대폰 액정 부품을 파는 중소기업이었다. 연봉은 100만 원이 올랐다.

"매달 중국과 대만에 출장을 다녔어요. 중국어는 자신이 있었기에 파트너 사를 열심히 설득하고 굵직한 계약도 여러 건 따냈습니다. 그런데 한국 화장품을 사서 중국 기업에 선물했더니 상대 여성 파트너가 너무 좋아하는 거예요. 출장 갈 때마다 '이번에 새롭게 나온 한국 화장품이 뭐냐'고 계속 물어볼 정도였죠. '한류는 살아 있다, 화장품이 답이다'라는 확신이 들었습니다."

머릿속으로 창업 결심이 섰지만 창업을 하는 대신 휴대폰 부품 업체로 이직했다.

"일을 하면서도 주위 사람들에게 '난 사장님 할 거다'라고 이야기하고 다녔어요. 서른이 되기 전에 작지만 내가 할 수 있는 걸 해 보고 싶었거든요. 그런데 회사 부장님이 피식 웃으면서 '말도 안 되는 생각 하지도 마라'라고 딱 잘라 말하는 겁니다. 하지만 6개월 만에 그만뒀습니다."

그녀는 차곡차곡 모은 월급과 대출금을 합해 5000만 원으로 홍대에 10제곱미터(3평)짜리 사무실을 차렸다. 저렴하면서 품질이 좋은 중소·중견 기업 제품이 많은 서울 화곡동 화장품 유통단지를 매일 돌아다녔다. 처음에는 소소하게 50만~100만 원어치의 물건을 떼어 와서 인터넷 검색으로 연락이 닿은 화장품 바이어들에게 팔았다.

"정말 재밌었습니다. 새벽 4시까지 일해도 전혀 지치지 않았어요."

크게 해 봐야겠다는 생각이 들었다.

"중소·중견 기업들도 스타트업이 찾아가면 만남을 거절합니다. 물건을 팔지 않겠다며 만나 주지도 않아서 채용 공고를 보고 전화한 적도 많아요. 그러나 결국 거래가 성사되더군요. 화장품 쇼핑몰을 운영하는 여성 대표는 많지만 수출을 하는 화장품 회사를 차린 20대 여성이 드물기 때문에 신기하게 봤던 것 같습니다."

그녀는 '통통한 외모가 경쟁력이었다'고 말한다.

"후덕한 외모가 영업할 때는 오히려 도움이 되더라고요. 다들 저를 30대 중반쯤으로 보거든요. 믿음직스러워 보이는지 손님들이 제 거래 제의를 잘 믿어 주시더군요. 제가 예쁘고 날씬했다면 오히려 어려움이 많았을 거예요. 비즈니스 관계에서 불필요한 오해를 살 수도 있고요. 개인적으로 화장하는 데 시간을 쓰지 않기 때문에 일에만 집중할 수 있습니다. '여성

CEO라는 편견' 같은 것도 저는 느낀 적이 없어요. 또 불필요한 시기나 질투를 받지도 않고요. 그래서인지 사업을 하면서 더 뚱뚱해졌습니다. 그런데 저는 뚱뚱한 것이 좋아요."

사실 여성으로서 자신의 '뚱뚱한 외모'가 장점이라고 말할 수 있는 사람이 몇이나 있을까. 그러나 모해란 대표는 당당했다. 보통 여성이라면 부끄러워할 개인적인 콤플렉스를 오히려 장점이라고 대놓고 말한다.

노력 끝에 국내 화장품 구매처를 확보한 그녀는 중국 본토가 아닌 홍콩으로 수출처를 정했다.

"홍콩이 아시아의 얼굴이라고 생각했거든요. 장기적으로 동남아시아에 진출하려면 중국 상하이나 베이징보다 홍콩 시장에서 이겨야 한다고 생각했어요. 홍콩은 자유 무역 지구이고 다양한 인종이 사는 곳입니다. 또 전 세계 사람들이 홍콩을 여행하고, 환승도 홍콩에서 많이 하거든요. 경쟁은 치열하지만 잘하면 성공할 수 있겠다 생각했습니다."

당시만 해도 '따이공(보따리상)'을 통해 화장품을 파는 것이 관행이었다.

"처음엔 홍콩 쪽 보따리상들에게 물건을 납품했는데 이들이 갑자기 잠적하는 바람에 1억 원 이상 손해를 보기도 했습니다."

그러다 보니 현지에서 물건을 받아 팔아 줄 안정적인 파트너가 필요했는데 답은 가까이에 있었다.

"공교롭게도 제 형부가 홍콩 현지인이거든요. 원래 여행 업체를 운영했는데 잘 안 되었어요. 형부를 설득했습니다. '한국에서 좋은 브랜드를 구매해 납품할 테니 홍콩 영업과 판매를 담당해 달라'고요. 그렇게 해서 KC 코리아라는 화장품 유통 회사를 홍콩에 세웠어요. 제가 현지 제품 판매와 납품까지 하기에는 여력이 부족하거든요. 그래서 씨엔에디는 좋은 중

소·중견 기업 제품을 발굴하고, KC코리아는 판매와 공급을 담당하도록
했습니다."

씨엔에디와 같이 창업한 KC코리아는 2016년 500억 원의 매출을 올렸
다. 자체 오프라인 매장도 열면서 현재 홍콩에서만 12개 매장을 운영 중
이다.

"안정적인 판로를 확보하니 중소·중견 기업 본사 영업도 수월해졌습
니다. 사실 유통 단계가 복잡한 화장품 세계는 가격에 진짜 민감하거든
요. '진짜 못해 먹겠다'는 생각이 들 때는 단돈 10원 가지고도 도매업체들
과 '이렇게 싸게 못 판다', '팔아라' 하며 싸웁니다. 처음에는 마진을 전혀
남기지 못한 채 수출할 때도 많았어요. 그러다 직접 본사에서 물건을 떼
어 와 마진율도 좋아졌어요."

단기간에 대박을 쳤지만 그녀는 사치를 하지 않는다. 월급은 300만 원
만 가져간다. '월급 250만 원을 못 주는 직원들도 있는데, 사장이라고 지
나치게 많이 가져갈 수 없다'는 게 이유다.

"위화감만 조성하거든요. 회사가 성장 단계라서 버는 돈을 대부분 재투
자하고 있습니다. 제 꿈이 5년 안에 상장하는 거예요. 아직 누릴 때가 아
닙니다."

배기식 대표와 모해란 대표의 스토리는 이 책에서 말하려는 것을 모
두 보여 준다. 일단 그들은 남들이 다 가는 길, 스펙 경쟁에 매몰되지 않
고 창업으로 자신의 길을 개척했다. 그리고 그들에게는 강한 정신력이 있
었다. 단점이 수두룩한 현실을 성공을 위한 기회로 생각했다. 그들은 자기
가 사랑하고 재미를 느끼는 것이라면 무조건 밀고 나아갔다. 때로는 눈물
겨운 '미생'의 세월을 보내기도 했다. 아르바이트로 창업 자금을 모으거나

박봉 직장인으로 살기도 했다. 그러나 미생으로 사는 육체적·정신적 고통은 큰 꿈을 이루기 위한 준비 과정일 뿐이었다. 그 고통이 미래를 향해 뛰는 심장을 짓누르지는 못했다.

또한 그들은 창업 후 제법 돈을 벌었지만 사치를 하지 않는다. 단기간에 치고 빠지는 '돈만 추종하는 삶'을 살지 않기 때문이다. 보다 큰 목적을 이루기 위해 부단히 노력한다. 그럴 때 진정한 성공이 따라온다고 믿는다. 이런 삶이 진짜 멋진 삶 아닐까.

지금부터라도 사랑하는 일을 찾아보라. 보람찬 일, 내가 미칠 수 있는 일에 뛰어들면 나도 모르게 성공이 따라올 수 있다. 힘들 때면 '비웃는 길을 따라가는 것이 정답이다'라고 한 투자자 짐 로저스의 말을 기억하자. 인생을 걸어 볼 만한 일을 만났다면 코뿔소처럼 나아가 보라. 남들이 비웃는 그 길에 당신이 앞으로 미소를 지으며 살아갈 미래가 담겨 있다.

한국의 젊은 부자들

초판 1쇄 발행 2017년 5월 8일
초판 14쇄 발행 2022년 9월 30일

지은이 | 이신영
발행인 | 강수진
편집인 | 성기훈
마케팅 | 곽수진
디자인 | 석운디자인
교정 | 신윤덕
이미지 | 잡스엔(jobsN)

주소 | (04075) 서울특별시 마포구 독막로 92 공감빌딩 6층
전화 | 마케팅 02-332-4804 편집 02-332-4806
팩스 | 02-332-4807
이메일 | mavenbook@naver.com
홈페이지 | www.mavenbook.co.kr
발행처 | 메이븐
출판등록 | 2017년 2월 1일 제2017-000064

ⓒ 이신영, 2017(저작권자와 맺은 특약에 따라 검인을 생략합니다)
표지 그림 ⓒ 박용석, 2017
ISBN 979-11-960676-0-1 03320

이 도서의 국립중앙도서관 출판예정도서목록(CIP)은 서지정보유통지원시스템 홈페이지(http://seoji.nl.go.kr)와 국가자료공동목록시스템(http://www.nl.go.kr/kolisnet)에서 이용하실 수 있습니다. (CIP제어번호: CIP2017009979)